부실채권 관련법 개정에도 직접 투자 가능!

왕초보자 당신만을 위한
경매·NPL 투자 비법

부실채권 관련법 개정에도 직접 투자 가능!

왕초보자 당신만을 위한
경매·NPL 투자 비법

초판 1쇄	2016년 11월 3일
2쇄	2017년 1월 12일
3쇄	2017년 4월 20일

지은이 | 우형달
펴낸곳 | (주)채움과 사람들

판매처 (주)채움과 사람들 Chaeum and People, Inc.

출판등록 | 2016년 8월 8일(제 2016-000170호)
주　　소 | 서울시 서초구 사평대로 52길 1, 3층(서초동)
전화번호 | 02-534-4112~3
팩스번호 | 02-534-4117

이 책의 저작권은 저자와 출판사에 있습니다.
서면에 의한 저자와 출판사의 허락없이
책의 전부 또는 일부 내용을 사용할 수 없습니다.

ISBN : 979-11-958695-2-7-13320　　가격 : 22,000원

저자와 협의에 의해 인지는 붙이지 않습니다.
잘못 만들어진 책은 구입처나 본사에서 교환해 드립니다.

부실채권 관련법 개정에도 직접 투자 가능!

왕초보자 당신만을 위한
경매·NPL 투자 비법

| 우형달 지음 |

머리말

돈, 경험, 시간, 멘토 없는 독자에게 드리는 선물!
고가낙찰에 길을 잃은 경매투자자에게 대안을 제시한 책!
『NPL 매입투자 + 경매낙찰』로 맛 볼 수 있는 15가지를 제시!
대부업법 개정 문제점을 전면적으로 해부하여 대안을 제시한 책!
『부실채권 매입 + 특수물건』 낙찰로 짜릿한 투자방법을 보여준 책!

이 책을 집어들고 망설이는 독자의 얼굴을 잊어 본 적이 없다

이 책을 쓰고 있는 내내 종자돈 모자라고, 경매 경험별로 없고, 공부할 시간도 발 벗고 도와줄 멘토조차 변변히 없는 독자가 우연히 『NPL – 경매 이야기』를 누군가로부터 듣고, 심하게 용기를 내서 이 책을 집어 들고 있을 어쩌면

절박할 심정을 잊지 않았다. 팔자가 경매 NPL 관련 책을 지속적으로 쓸 수 있는 원동력은 『내일은 오늘보다 나아야 한다고 믿고 애쓰는 사람』 독자들이다.

대부업법 개정으로 오히려 블루오션으로 변한 NPL 시장

『대부업법 개정으로 병아리 투자자 대거 수장(水葬)

⇕

NPL 투자 시장 참여자 급감

⇕

NPL 투자 시장 급냉각

⇕

NPL 채권 소매가격 하락

⇕

NPL 투자자 투자수익 증가

⇕

유동화 전문회사인 NPL 유통업자 NPL POOL 매입 시 저가 입찰

⇕

응찰가격 하락에 따른 NPL 생산 공급자 수익감소

⇕

NPL 유통업자는 저가 입찰로 물건 확보 후

⇕

최종소비자인 일반 투자자에게 저가 매각

⇕

최종소비자인 일반 투자자, 저가 매입 수익 증가』의

투자사이클이 완성된다.

즉, 여기서도 『수요 – 공급의 법칙』이 적용된다. 정부의 NPL 관련 법 개정으로 NPL 시장에 얼음 냉수가 물 폭탄으로 쏟아졌다. 그 결과로 셀 수 없이 많은 병아리 투자자들이 떠내려가고 익사당하고 행방불명되었고, 간신히 목숨 정도만 부지한 병아리들도 더 이상 투자할 엄두도 못 내고 있는 것이 현재 NPL 시장의 현황이다. 그렇지만 이와같은 시장 참여자들의 상태나 숫자와는 상관없이 경매 NPL 물건 공급은 계속되고 있어, 시간이 갈수록 증가할 것이다.

상황이 이러하다면 답은 간단하다. 팔려는 물건은 증가하는데, 사려는 사람이 줄어들면 매매 가격은 내려가지 않을 수 없다. 또 다른 한 측면을 보자.

NPL 시장은 이러함에도 불구하고 경매시장은 참여자들의 뜨거운 열기로 화상마저 입고 나뒹구는 병아리 환자들이 속출하고 있다. 우리는 화상당하는 자들과 수장당하는 자들 사이에서 우리의 투자수익 구조만 발견하시면 된다고 생각한다.

『극(화상)과 극(수장)』이 공존하는 경매 – NPL 투자판

한쪽은 과열로 화상을 입겠다고 아우성인 반면, 법 개정으로 수장당하는 속출하고 있는 곳이 바로 『대한민국 NPL – 경매투자판』이다.

향후 5년 안에 경매물건 2건 중 한건은 NPL 경매물건이란다

NPL 관련 법 개정으로 냉기가 감도는 부실채권(NPL·Non Performing Loan)이란 무엇인가?

부실채권(=NPL)이라는 개념은 물론이고 용어부터 생소하다는 분들도 계신다. 인터넷 포털사이트 검색창에 "부실채권(=NPL채권 또는 유동화채권)" 또는 "부실채권투자"라는 검색어로 검색부터 해 볼 것을 권한다. 놀라게 될 것이다. 부실채권 개요와 시장현황을 확인할 수 있고, 투자사례를 통한 고수익 구조의 신천지를 발견할 수 있다.

"담보부 부실채권(=담보부 NPL)"이란 한마디로 경매당한 부동산의 저당권을 말한다. 대출금과 이자상환이 3개월 이상 연체된 부실대출을 말하고, "부실채권(NPL)투자"란 경매당한 부동산의 저당권에 투자하는 것을 "부실채권투자"라고 한다.

이런 이유들로 향후 5년 안에 경매물건 2건 중 한건은 NPL 경매물건이 될 것이라는 정부 기관의 내부 자료도 있다.

날로 뜨거워지고 있는 NPL 투자시장

부실채권투자가 수익률이 높아 돈이 된다는 입소문과 기사들이 돌면서 투자시장에 참여하는 세력들이 급속히 증가하자 정부는 법개정이라는 칼을 뽑아들었고 효과는 상당하다. 그렇지만 효과가 그리 오래 길게 가지는 못할 것이다. 기관 투자자는 물론이고, 경매법인, 중소형 AMC회사, 대부업체, 경매관련 일부전문가는 물론이고, 고가응찰에 일반경매시장에서 매력을 잃은 일반개인들까지 전열을 재정비하여 투자 대열에 다시 뛰어들고 있다. 이 책의 존재의미는 『NPL 매입투자 + 경매응찰 시장』이 갈수록 뜨거워질 것이라는데 있다.

『NPL 매입투자 + 특수물건 + 경매낙찰』의 진수를 보여준 책

필자는 이 책을 통해『NPL 매입투자 + 특수물건 + 경매낙찰』로 누릴 수 있는 15가지 투자즐거움이 보여드리겠다. 기존의 어느 책에서도 볼 수 없는 즐거움이다.『부실채권투자 + 특수물건 + 직접낙찰』로 누릴 수 있는 "부실채권투자" 효과 15가지는 다음과 같다.

『① 투자의 높은 안정성

② 부실채권 매입 시 융자효과

③ 빠른 회전율과 높은 수익률

④ 용이한 투자결정과 직접 낙찰효과

⑤ 상계신청으로 자금부담 경감

⑥ 배당소득에 대한 비과세 효과

⑦ 깡통물건 투자효과

⑧ 부동산 종류와 투자 목적의 다양성

⑨ 하자 이용해서 매입가격 낮추기

⑩ 용도변경을 통한 수익극대화

⑪ 양도세 절세 효과

⑫ 재경매 물건의 입찰보증금 차지효과

⑬ 기본적인 권리분석만 필요

⑭『고가응찰전략』에 따른 확실한 낙찰효과

⑮ 합법적인『UP – 계약서』작성 효과가 그것이다.

부실채권투자, 경매투자로 누릴 수 있는 근본적인 행복이다. 부실 채권투자에서 돈 되는 물건 고르는 방법도 함께 살펴보겠다. 담보부 NPL 투자로 누릴 수 있는 15가지 즐거움을 이야기하는 책은 이 책이 처음이다.

방어벽이 높다고 뚫리지 않았던 성은 역사상 없었다

필자가 『NPL 투자비법』이라는 책을 쓰기 전까지는 NPL 투자고수들은 『부실채권투자』라는 달콤한 꿀단지를 통째로 독식해 오면서 쉬쉬했다. 유통구조와 투자방법을 아는 극소수 몇 사람들만 놀라운 고수익에 더 없이 행복했다. 속된 말로 며느리에게도 알려주지 않으면서 말이다. 눈치 빠른 일부 사람들이 마음먹고 공부 좀 해 보려고 해도 쉽지 않았다.

일반인들은 NPL투자 관련 공부를 어떻게 시작하고, 부실채권을 어디서 만나는지 도대체 알아내기가 어려웠다. 욕심쟁이 고수들은 투자방법을 알려주지 않았고, 책을 써서 내용을 세상에 퍼뜨려야 할 일부는 비겁하게 배부른 고수 편에 섰다. 그 결과는 NPL 투자과정을 소개하는 변변한 책 한권 없는 이유가 되었다.

지금까지 그랬었다고 고수들의 욕심을 탓하지 말자. 방어벽이 높다고 뚫리지 않았던 철옹성은 역사상 없었다. NPL 입문자들은 대신해서 필자가 부실채권 시장판에 전면전을 선포했었다. 이 책을 통해 NPL 철옹성이 무너진 것을 알게 되고, 뚫린 성벽사이로 드러난 NPL의 세계를 더 자세히 들여다보게 될 것이고,

고수들만 유유자적 해왔던 NPL투자의 고수익의 세계에 합류할 수 있게 될 것이다. 그 판에 진입하기 위해서는 먼저 해야 할 일이 있다.

담보부 부실채권 투자구조를 제대로 이해하려면
부동산 시장, NPL 유통구조와 담보부 저당권 매입(각)가격 결정 시스템, 그리고 경매부분까지를 섭렵해야 한다.

담보부 NPL 투자구조를 이해하려는 초보 입문자용 책
필자는 2012년 매일경제신문사 출판부를 통해 펴낸 『NPL 투자비법』으로 대한민국 부실채권(NPL)투자시장을 완전히 공개해 버렸고, 불과 3년 만에 담보부 부실채권 투자를 둘러싼 시장상황이 완전히 달라졌다. 이 책은 달라진 담보부 부실채권 투자시장의 상황에 부합하고자 전면 개정작업의 결과이고, 『담보부 NPL 매입 + 경매투자 구조』를 이해하려는 초보 입문자용 책이다. NPL 투자구조 부동산 경매를 이해하는데 이 책이면 충분하다.

내일은 좋아질 거라고 믿는 사람들에게 보내는 희망의 노래
이 책이 세상에 나오기까지는 많은 분들의 땀과 수고가 있었다. 평소에 필자는 책은 쉽게 읽혀야 한다는 철학을 가지고 있다. 이 책도 그 원칙을 벗어나지 않으려고 애썼다. NPL 유통구조와 NPL 투자구조, 그리고 경매 투자의 즐거움을 쉽게 설명하려고 노력했다. 필자의 노력이 초보 입문자들에게 읽기 쉽고

이해하기 편안한 가이드가 된다면 그것으로 충분히 행복하다.

   어렵지만 오늘 애쓰면 내일은 좋아질 거라고 굳게 믿는 사람들에게 보내는 희망의 노래이고 싶다.

내일은 오늘보다 나아야 한다는 믿음을 가지신 분들게

강변역이 보이는 구의동 사무실에서

우형달 드림

추천사

세상살이 막막하다며 안달하는 당신에게 우박사가 던지는 역작!!

이 책은 투자의 기본이라고 생각해버리는 돈, 시간, 경험, 멘토 네 가지가 부족한 당신에게 우박사가 보내는 선물이다. 비록 네 가지는 당장 없지만 용기를 잃지 않고 세상을 한번 뚫어보겠다는 강한 신념을 가진 사람들에게 보내는 글이란다. 만족하지 말고 주저하지 마란다.

제대로 알려주는 사람도 제대로 된 입문서도 없던 시장

투자의 세계란 싱싱하게 살아 퍼떡이는 힘찬 물고기와 같다. 돈 되는 투자시장은 하루가 다르게 변하고 또 변한다. 어제의 지식과 시장상황을 판단으로 오늘

투자를 감행하면 실패할 가능성만 높아진다. 부동산 경매시장은 어떤가? 마찬가지다. 『NPL 투자개념』의 확산으로 하루가 다르게 급변하고 있다.

다른 시장에 비해 유난히 더 폐쇄적이던 NPL 투자시장

NPL 투자시장은 다른 투자 판에 비해 유난히 더 폐쇄적인 시장이었다. 투자구조를 아는 일부의 사람들끼리 비밀리에 꿀단지를 끌어안고 독식하던 것이 NPL 투자 판이었다. 그러던 판에 우박사가 2012년 매일경제신문사를 통해 전격적으로 출판한 『NPL 투자비법』이라는 책을 기점으로 『담보부 NPL 투자』의 대중화가 시작되었다는 평가는 정당하다. 그 책이 나오기 전까지는 제대로 가르쳐 주는 고수도, 교육기관도, 관련 책도 별로 없는 불모지가 바로 "담보부 부실채권(= 담보부 NPL)" 분야였다.

관련법 개정으로 수익성이 더 높아져가는 NPL시장

경매 좀 한다는 사람들의 이구동성이 이제 일반경매로 재미 보던 시절은 갔다고 합창을 한다. 맞는 말이다. 일반 경매는 우리가 알던 재미나는 시장의 매력은 상실한지 오래다. 펄펄 끓어 수익성이 한없이 낮아지고 있는 경매시장에서 살아남을 생존전략을 제대로 보여주고 있다.

경매시장과는 반대로 NPL 시장은 최근 정부의 법 개정을 통한 간섭으로 일반 투자자들의 관심과 열기에 찬 물이 물폭탄으로 쏟아졌다. 병아리들이 많이도 떠내려가고 말았다. 중요한 점은 병아리들의 수장(水葬)으로 시장 참여자들은 확 줄었지만, 경매 NPL 물건수는 오히려 증가하고 있다는 점이다. 여기에도 『수요 – 공급』의 법칙이 작용 하리라는 점은 더 말할 일이 아니다. **화상과 수장을 입을까 두려운 경매 – NPL시장에서 살아남을 생존전략을 이처럼 완벽하게 조합한 책을 쓸 수 있는 사람은 대한민국에서 우박사뿐이다. 감히 장담한다.**

일반투자자가 담보부 NPL 매입하는 3가지 루트

담보부 부실채권투자는 그 특성상 일반인들이 공부하기도 쉽지 않고, 직접 담보부 NPL물건의 매입처나 매입방법을 파악하기조차 힘든 부분이 있다. 이 책의 가치가 여지없이 빛나는 부분이다.

일반 투자자가 NPL 저당권을 매입하는 방법으로

『① 유동화 전문회사 물건 매입(=직접투자),

② 대부업등록 업체 통한 간접투자,

③ NPL 투자를 위한 대부업등록』으로 명확하게 구분한 공로 역시 인정해야 한다.

시중에는 부동산 경매는 몰라도 되고, NPL만 알면 NPL 투자가 가능하다는 식으로 함부로 말하는 책과 선생도 있다. 정직하지 못한 자세다. 누가 뭐라해도 경매와 NPL은 수레의 두 바퀴로, 떼려야 뗄 수 없는 불가분의 관계다.

이 책은 경매투자와 담보부 NPL의 "혼합투자"의 장점을 전면적으로 언급하고 있다. 담보부 부실채권투자와 경매투자를 따로 하지 마란다. 담보부 부실채권투자와 경매투자는 따로 하고 싶다고 할 수도 없다. 담보부 NPL 물건 찾는 방법, 매입가격 결정 노하우를 생생히 들려준다. 또한 덤으로 NPL 저당권을 매입해서 낙찰 받고 명도하고 임대로 월세를 받는 투자과정을 실제 사례로 전부를 보여주고 있다. 대부업법 개정으로 투자의욕을 상실 당했던 초보 투자자에게 많은 도움이 될 것이 분명하다.

대부업법 개정에 때를 맞추어 기왕에 출판되었던 책을 또 다시 전면적으로 수정 보강하여 독자들에게 더 편안하고 쉽게 NPL 경매세계를 보여주는 우박사의 열정과 노고, 집필 능력에 찬사의 박수를 아낌없이 보낸다. 참 수고 했다.

온갖 어려움을 무릅쓰고도 후퇴하지 않고 오히려 전진의 속도를 더하는 우박사로 인해 경매 NPL 투자에 관심 있는 독자들은 참 행복하겠다.

건국대학교 부동산 대학원

이정우 교수

Contents

머리말 **004**

추천사 **012**

| Chapter 1 | 자본주의가 망할 때까지 블루오션인 경매·NPL 투자!   **020**

    01 대한민국 경매판에 터진 NPL이라는 핵폭탄   **024**

    02 『중학교 축구팀』과 『대학교 축구팀』의 경기?   **032**

    03 시중 언론에 비친 NPL 시장현황과 지뢰밭   **037**

    04 욕을 먹더라도 누군가는 쓸 수밖에 없었다   **045**

    05 외국투기자본에 헐값에 팔렸던 저당권 유통실상   **049**

    06 속고쟁이까지 다 벗어주게 만든 이 땅의 영웅들   **057**

    07 『자산유동화법』對『대부업법』   **063**

    08 부실채권 매입(투자)방법은 크게 2가지   **068**

| Chapter 2 | 부실채권 종류, 유통구조, 경매와 관계   **082**

    01 부실채권(NPL)의 발생 및 참여자들   **086**

    02 부실채권 시장의 도·소매 유통구조   **093**

    03 부실채권 종류와 유형, 그리고 분류 기준   **098**

    04 부실 채권(=NPL 채권)의 세부 종류 10가지   **102**

    05 여전히 미 개척지로 남아있는 무담보 NPL   **108**

    06 NPL 물건 매입처별 특징과 장단점   **112**

    07 경험에서 배운 실전 고수가 말하는 투자유형   **118**

    08 NPL 매입 후 처리과정과 경매와 상관관계   **128**

| Chapter 3 | 병아리가 돈 되는 NPL 물건 만나는 방법 　　　　　　　　　136

    01 돈 되는 우수 NPL 물건 만나는 방법 　　　　　　　　　140
    02 NPL은 아니지만 매입 가능한 부실채권 　　　　　　　　　143
    03 돈 되는 부실채권 물건선정 노하우 　　　　　　　　　147
    04 돈 되는 부실채권 매입 가격결정 노하우 　　　　　　　　　152
    05 돈 되는 부실채권 매입 협상부터 종료까지 　　　　　　　　　156
    06 NPL 채권매입은 질권융자, 낙찰은 경락잔금 　　　　　　　　　164
    07 부실채권 투자금 회수하는 방법 네 가지 　　　　　　　　　167
    08 도매상은 재매각이고 투자자는 소비자다 　　　　　　　　　176

| Chapter 4 | 부자들만의 리그 NPL 투자판에 끼어들기 　　　　　　　　　182

    01 우박사가 전하는 돈 되는 NPL 물건 고르는 비법 　　　　　　　　　186
    02 부동산의 1순위 저당권을 가졌다는 특별함 　　　　　　　　　197
    03 투자의 꽃! 깡통물건과 NPL의 행복한 만남 　　　　　　　　　205
    04 사장님, 아저씨 그리고 영원한 세입자 　　　　　　　　　211
    05 날로 뜨거워지고 있는 경매 부실채권 시장 　　　　　　　　　220
    06 부실채권 관련 책 쓰지 마시란다 　　　　　　　　　225

| Chapter 5 | 『NPL + 경매투자』로 맛보는 15가지 달콤함 　　　　　　　　　228

    01 투자의 높은 안정성 　　　　　　　　　233
    02 부실채권 매입 시 융자효과 　　　　　　　　　234
    03 빠른 회전율과 높은 수익률 　　　　　　　　　236
    04 용이한 투자결정과 직접 낙찰효과 　　　　　　　　　237
    05 상계신청으로 자금부담 경감 　　　　　　　　　239
    06 배당소득에 대한 비과세 효과 　　　　　　　　　242
    07 깡통물건 투자효과 　　　　　　　　　245
    08 부동산 종류와 투자 목적의 다양성 　　　　　　　　　248

09 하자 이용해서 매입가격 낮추기 ... 250
10 용도변경을 통한 수익극대화 ... 252
11 양도세 절세 효과 ... 253
12 재경매 물건일 때 입찰보증금 차지효과 ... 259
13 기본적인 권리분석만 필요 ... 261
14 「고가응찰전략」에 따른 확실한 낙찰효과 ... 262
15 합법적인 「UP - 계약서」 작성 효과 ... 265

| Chapter 6 | NPL 투자! 잘 못하면 내가 망할 수도 ... 268
01 NPL 매입가격보다 낮은 가격에 낙찰되기 ... 272
02 경매가 진행 도중 정지되어버리는 경우 ... 275
03 투자받은 투자매니저가 돈 들고 잠적해버린 경우 ... 279
04 NPL 강사가 수강생들을 상대로 공동투자 진행 ... 282
05 투자전문펀드가 원금을 까 먹어버린 경우 ... 286
06 당초 예상과 다르게 배당표가 작성된 경우 ... 288
07 NPL 공동투자에서 원금마저 까먹은 경우 ... 294
08 공동투자에서 매니저가 재투자를 권유하는 경우 ... 297

| Chapter 7 | NPL 투자를 위한 기본은 경매공부 ... 300
01 기본적인 경매공부는 하고 나서 시작하자 ... 304
02 기본적인 권리분석은 알고 나서 투자하자 ... 307
03 유료 경매정보지는 볼 줄 알아야 한다 ... 314
04 NPL 경매물건 유료정보지 보는 방법 ... 321
05 기본적인 배당표는 쓸 줄 알아야 한다 ... 329
06 소액임차인에게 배당되는 최우선변제 변동내역 ... 337
07 NPL 투자자에게 중요한 또 다른 최우선배당 ... 342
08 대항력, 최우선변제보호, 우선변제, 확정일자 ... 345

| Chapter 8 | 13억 원 저당권을 3억 3천 만원에 매입한 사례   350

   01 『채무인수 방식』으로 투자한 2012-5121 경매 정보지 해석   354
   02 NPL 매수 제안서(의향서)   363
   03 NPL 계약서 전문 실물   367
   04 NPL 계약금 영수증 실물   373
   05 경매 기일입찰표 실물   374
   06 대(잔)금지급기한일 통지서 실물   376
   07 경락잔금 융자확정 내역서 및 계산서   378
   08 낙찰대금 완납 증명원(서) 실물   381
   09 2012-5121 배당표 실물   383
   10 경매낙찰인의 신청에 따른 인도명령결정문   387
   11 낙찰 받은 상가건물임대차 계약서 실물   389
   12 일자별로 본 NPL 투자 한 건 총 소요시간   392

| Chapter 9 | NPL 관련 대부업법 개정의 내용과 시장 상황   394

   01 대부업법 개정에 따른 NPL 개념정리, 시장 상황 정리   398
   02 대부업법 개정 후 대부업자의 정의   400
   03 개정 대부업법 주요내용 요약   410
   04 개정된 대부업법의 문제점   415
   05 개정 대부업법 하에서 주된 NPL 투자 방법 세 가지   417
   06 대부업법 관련 개정 법령   424

| Chapter 10 | 『경매 · NPL 투자』로 1,000명 100억 만들기 · 동호회   430

   01 『경매 · NPL 투자』로 1,000명 100억 만들기 카페   434
   02 NPL 교육 어디서 받고, 물건 어떻게 찾나   438
   03 그 동안 필자가 써 낸 경매 · NPL 관련 주요서적   443
   04 가위질로 책을 쓰는 신통한 능력을 가진 사람들에게   444

Chapter 01

자본주의가 망할 때까지 블루오션인 경매·NPL 투자!

Auction

- **01** 대한민국 경매판에 터진 NPL이라는 핵폭탄
- **02** 『중학교 축구팀』과 『대학교 축구팀』의 경기?
- **03** 시중 언론에 비친 NPL 시장현황과 지뢰밭
- **04** 욕을 먹더라도 누군가는 쓸 수밖에 없었다
- **05** 외국투기자본에 헐값에 팔렸던 저당권 유통실상
- **06** 속고쟁이까지 다 벗어주게 만든 이 땅의 영웅들
- **07** 『자산유동화법』對『대부업법』
- **08** 부실채권 매입(투자)방법은 크게 2가지

누구도 부정 못하는 대한민국 NPL 전도사

필자가 지금까지 써 온 NPL 관련 책들은 경매공부와 경매투자만을 고집해온 『일반 경매쟁이』들에게 경매투자의 고수들만의 리그이자 꿀단지였던 NPL 투자 세계로의 초대장이다. 경매공부와 일반 경매만을 해 온 사람들에게도 NPL 투자 판으로의 본격적인 여행이 가능하도록 한 책들이다. 법원 경매 공부는 좀 해서 기본은 알고 있지만, NPL은 처음 접하는 분들을 위한 입문서가 없는 현실에 답답해하는 분들이 많고, 그 분들의 요구에 부응하고자 NPL 관련 10여종의 책들을 세상에 내 놓았다.

초대받지 못했던 꿀단지 파티에 당당히 함께 하자!

여러분들의 사랑과 성원에 힘입어 이제는 대한민국에서 NPL(=부실채권)투자를 논할 때 필자를 빼고서는 이야기가 성립되지 않는 판이 형성되었다. 필자의 책들로 인해서 NPL 투자개념이 일반화되었고, 대한민국 경매판의 패러다임은 변했다. 고수들만의 리그여서 지금까지 초대받지 못했던 꿀단지 파티에 참여할 수 있다는 희망을 여러분들께 드렸다.

경매 NPL관련법 개정에도 불구하고 얼마든지 투자 가능

2016년 7월 25일은 경매 NPL 투자자들에게는 기억해야 할 날이 되었다. 과열되어 터지기 직전까지 간 부실채권 시장에 정부가 급제동을 걸었다.

NPL 유통의 곁가지 법 중 하나인 "대부업법"을 개정하여 금융위원회에 등록한 "대부법인"만이 저당채권(=NPL)을 매입할 수 있게 하였다. 그러나 언제나 그랬듯이 준비된 자들에게는 오히려 더 큰 기회가 온 것이다. 엉터리 전문가들의 이상한 헛소리에 병아리 투자자들이 겁에 잔뜩 질려 기가 죽어 있는 이 시기가 또 한번의 기회라는 것은 시장에서 살아남은 자의 촉각으로 알 수 있다.

NPL 시장에서 나타나고 있는 우려스러운 현상들!

그런데 작금의 실상은 어떤가. NPL 관련 책 한 두 권 읽고 공부 다 했다고 자족하는 학습자나, NPL 경매시장의 과열에 편승해서 책 한 두 권 쓰고, 물건 몇 개 소화시켜 본 정도로 『A플러스』 강사네, 『대한민국 최고!』네 하는 얼치기들이 있다. 비싼 수수료 지불하면 팔자라도 고쳐줄 것처럼 행세하는 자들도 출몰하고 있다.

다시 분명히 말씀드리지만, 부실채권 관련법 개정에도 불구하고 일반 투자자가 지속적으로 얼마든지 NPL 투자가 가능하다. 필자의 주장의 정당성과 구체적인 근거는 이 책을 통해 생생히 보여드리겠다.

01 대한민국 경매판에 터진 NPL이라는 핵폭탄

도대체 NPL이라는 핵폭탄이 뭐지?

간단하게 말하면 『NPL(=부실채권)투자』란 부동산 소유권 매입이 아닌 은행이 가지고 있던 경매 당한 부동산의 저당권을 매입하는 것』이다.

부실채권 투자의 1차 대상은 부동산 자체가 아닌 NPL 저당권이 투자대상이라는 것이다. 더 간단히 정리하면 경매투자는 경매 당한 부동산의 『소유권』에 투자하는 것이고, NPL 투자는 경매 당한 부동산의 『저당권』에 투자하는 것이다.[1]

---

[1] 여기서는 『담보부 부실채권』에 한정해서 설명하는 점을 주지하시면 된다.

경매 부동산의 저당권을 투자 대상으로 하는 담보부 NPL 투자(=저당권 매입)는 채권 회수만을 염두에 두는 무담보부 부실채권 투자와도 차이가 있다. 담보부 부실채권의 투자의 기본 성격은 부동산 법원경매를 바탕으로 하고 있다. 즉 법원 경매와 담보부 부실채권투자는 상호 불가분의 관계다.

따라서 담보부 부실채권에 투자하여 투자금과 수익금을 회수하려면 법원경매를 거쳐야 하기 때문에 담보부 부실채권(=NPL)투자로 성공하려면, 법원경매 구조를 먼저 이해 해야 한다. 필자가 대한민국 NPL 판에 본격적으로 부실채권 투자관련 책을 쏟아 붓기 전까지는 부실채권 투자에 대해서 최소한을 다룬 책 한 권이 없는 실정이었다.

필자가 핵폭탄을 터트리기 전까지 경매 부실채권 시장실태?

필자의 아래 책들이 나오기 전까지 IMF가 시작된 1998년부터 2012년에 이르는 십수년간 은밀히 고수늘 몇 명만이 자기들끼리 둘러앉아 달곰하기 그지없는 향기로운 꿀단지를 끌어안고 통째로 독식하면서 며느리에게도 알려주지 않고 쉬쉬 해 왔다.

부동산 담보부 NPL 투자 비법을 아는 극소수 몇 사람만 행복하고 달콤했던 파티가 무려 15년 지속되었다. 『자산유동화법』의 제정 시행으로 NPL 개념이 이 땅에 도입된 지 15년 만인 2012년부터 써 내기 시작한 책들로 인해 일부 고수들만의 행복했던 파티가 끝나버렸다.

『투자독점』의 잔칫상은 뒤집어지고, 『고수익』의 꿀단지는 깨지고 말았다. 깨지고 뒤집어진 잔칫상을 뒤집어 쓴 고수들은 깨진 꿀단지 파편을 필자에게 집어 던지며 원성을 보냈지만, 깨진 꿀단지 사이로 흘러나오는 꿀맛을 보게 된 일반 경매 투자자들은 갈채를 보내고 있다.

대한민국 경매 NPL판에 필자가 터트린 문제의 책들

≪NPL 투자비법(매일경제신문사, 2012년 4월)≫,

≪부실채권투자 교과서(고려원 출판사, 2012년 9월)≫,

≪NPL 실전투자 케이스 스터디(매일경제신문사, 2013년 1월)≫,

≪NPL 부자들(매일경제신문사, 2013년 4월)≫,

≪저요, 저요 NPL이 도대체 뭐예요?(매일경제신문사, 2013년 7월)≫,

≪경매와 NPL 愛 흠뻑 빠지다!(매일경제신문사, 2014년 1월)≫,

≪차원이 다른 경매·NPL 투자비법(한국경제신문사, 2015년 2월)≫가 지금까지 저자가 써낸 NPL 투자 관련 책이다.

누구도 부정 못하는 대한민국 NPL 전도사

필자의 책들은 지금까지 경매공부와 경매투자만을 고집해온 『일반 경매쟁이』들에게 경매투자의 고수들만의 리그이자 꿀단지였던 NPL 투자세계로 초대하는 초대장이다. 경매공부와 일반 경매만을 해 온 사람들에게도 NPL 투자판으로의 여행이 가능하도록 한 대한민국 최초의 책들이다. 법원 경매 공부는 좀 해서 기본은 알고 있지만, NPL은 처음 접하는 분들을 위한 입문서가 없는 현실에 답답해하는 분들이 많고, 그 분들의 요구에 부응하고자 위의 책들을 세상에 내 놓았다.

여러분들의 사랑과 성원에 힘입어 이제는 대한민국에서 NPL(=부실채권)투자를 논할 때 필자를 빼고서는 이야기가 성립되지 않는 판이 형성되었다. 필자의 책들로 인해서 NPL 투자개념이 일반화되었고, 대한민국 경매판의 패러다임은 변하고 있고 더 변해 갈 것이다.

고수들만의 리그여서 지금까지 초대받지 못했던 꿀단지 파티에 당당히 함께 할 수 있다는 것이다. 이 책을 통해 부실채권 개요와 투자구조의 전체 구도를 간략하게 정리해서 보여드리겠다. 복잡하게 생각할 독자도 있겠지만 복잡할 일 하나 없다. 구도를 이해하고 나면 말이다.

『부실채권(=NPL)투자』와 『경매 투자』의 차이

> NPL 투자와 경매 투자의 차이?
> **NPL 투자**는 경매된 부동산의 "저당권"을 사는 것
> **경매 투자**는 경매된 부동산의 "소유권"을 사는 것

"『부실채권(=NPL)투자』와 『경매 투자』의 차이를 쉽게 설명 좀 해주세요?"

"NPL 투자는 경매 당한 부동산의 저당권을 사는 것입니다!"

"은행이 융자해주면서 설정한 저당권을 산다는 말씀이신가요?"

"그렇습니다. 경매 당한 부동산의 1순위 저당권이 유통(=유동(流動)[2]되고, 담보부 부실채권에 투자한다는 의미는 유통되는 저당권(=부실채권=NPL)에 투자한다는 말인가요?"

---

2 流動(흐를 流, 움직일 動) : '유동'이란 흘러 돌아다닌다는 의미. 하여 부실채권 유동화의 본 뜻이 『저당권의 유동화』란 저당권이 돌아다닌다는 의미다.

"NPL투자와 경매투자의 차이가 바로 이 점입니다."

"법원경매 투자는 법원입찰을 통해 경매된 부동산의 소유권을 취득한다는 것은 나도 알고 있습니다."

"경매 당한 부동산에 설정된 저당권을 먼저 매입하는 것은 NPL투자고, 이렇게 NPL투자로 매입한 저당권을 지렛대 삼아 해당 부동산을 경매 낙찰 받은 것이 『NPL - 경매투자』라고 이해하시면 됩니다."

"『부실채권(=NPL)투자』와 『경매투자』의 연결고리가 이 부분이라는 말씀이시죠?"

"그렇습니다!"

"좀 더 구체적으로 말씀해 주세요!"

『담보부 부실채권(=NPL)투자』와 『경매 투자』 연결고리?

NPL 투자와 경매 투자의 연결은?
NPL 투자로 경매된 부동산의 "**저당권**"을 사서
경매 투자로 경매된 부동산의 "**소유권**"을 낙찰받는 것

"이 표를 보니 이해가 쉽게 되네요!"

"경매된 부동산에 설정된 『저당권』을 먼저 매입해서, 이를 바탕으로 해당 부동산을 경매 입찰로 『소유권』을 취득하는 것이 두 가지 투자가 완성되는 것입니다."

"부실채권 투자와 경매투자의 공통점과 차이점은 알겠는데요. 이렇게 복잡하게 할 이유가 있나요?"

이유는 충분하다.

이 책 전체를 통해서 경매 NPL의 기본 개념은 물론이고, 일반경매만으로 부동산 투자를 하는 경매투자자와 부실채권(=NPL)투자를 병행하는 『NPL 투자자』의 차이와 우월함을 보여드리겠다.

부실채권(=NPL)을 매개로 돈 되는 부동산을 저가에 취득

필자는 필자의 책을 통해 일반 경매쟁이들은 도저히 따라 올 수 없는 고가입찰이지만 해당 부동산을 반값으로 내 것으로 만드는 NPL 투자비법의 기본적인 사항도 아울러 보여드리겠다. NPL 투자구조를 모르시는 분들은 NPL의 『고가입찰』과 경매투자의 『저가 매입』은 상호 양립할 수 없는 언어도단이라고 생각하시는 것이 정상일지도 모른다.

여러분들은 말도 안 될 것 같은 모순(?)된 투자 방법을 다른 책에서는 보지 못하셨을 것이다. 하여 『고가입찰=저가 매입』이 어떻게 말이 되냐고 고개를 갸웃거리며 인상 험해지는 모습이 눈에 선해진다. 이해는 고사하고 말도 안 되는 헛소리라고 고개를 흔드시는 분들도 있을 것이다. 그런데 중요한 것은 진실이라는 점이다. 헛소리로 하는 잠꼬대가 아니다.

담보부 NPL 채권 – 특수경매물건 – 낙찰로 소유권 취득

두 차원 정도는 높은 투자 방법이다. 담보부 NPL 채권 매입과 경매를 통한 『고가입찰』로 돈 되는 부동산을 시세의 반값으로 구입하는 방법을 살펴보자. 『NPL 부실채권 – 특수경매물건 – 낙찰로 소유권 취득』이라는 두 차원 높은 투자전략을 구사하면 종자돈 부족한 독자라도 얼마든지 돈 되는 부동산을 시세의 반값으로 구입이 가능하다.

부실채권 시장이 과열되자 정부는 NPL 관련법을 개정

앞에서 말한 것처럼 필자의 책들로 인해 대한민국 경매 NPL 판이 뜨거워지는 부작용이 발생하기도 했다. 그러자 정부는 2016년 7월 25일자로 부실채권 투자 관련 법 중의 하나인 『대부업 등의 등록 및 금융이용자 보호에 관한 법률 (이하 대부업법)』[3]을 개정하여 그 간의 문제점으로 지적된 사항들을 바로 잡으려는 노력을 하였다.

NPL 시장은 자산유동화법과 대부업이 따로 적용된다

정부는 부실채권 관련법 중 하나인 대부업법을 개정하여 시장질서를 바로잡는 방법으로 『금융위원회에 등록된 대부법인』만이 금융기관이 담보를 제공받고 저당권을 설정한 대부채권 투자를 가능하도록 하였다.

그러자 공부도 안하고 떠들기부터 하는 사이비들이 여지없이 또 나타나고 있다. 『대부업법』 개정으로 금융위원회에 등록된 대부법인이 아닌 일반 투자자는 NPL 채권 매입이 불가능하다고 반쪽짜리 전문가들은 엉터리 복음을 설파하고, 병아리 신자들은 고개를 주억거리는 사태가 벌어지고 있지만, 사실은 전혀 다르다.

말도 안 되는 유언비어가 병아리 NPL 투자자들 사이에 대책없이 확산되자 필자는 개정판을 쓰지 않을 수 없게 되었다.

---

3 [시행 2016.7.25.] [법률 제14072호, 2016.3.3.일부개정] 이 법의 개정 내용에 관해서는 이 책 제 9장을 참조 요망.

자산유동화법에 의해 NPL 물건을 매각하는 유동화전문회사들은 개정된 대부업법의 적용 대상이 아니다. 즉 대형 유동화전문회사인 대신AMC 같은 회사들이 보유하고 있는 NPL 채권은 『채무인수방식』을 통해 일반인들도 기존처럼 얼마든지 매입 – 투자가 가능하다. 필자는 이 책을 통해 유언비어의 전말을 여지없이 보여주겠다.

NPL 관련 모법(母法)이자 기준법은 『자산유동화법』이다

필자의 앞의 책을 통해 담보부 NPL 시장이 돈이 된다는 소문이 돌자, 별 준비 안 된 병아리들이 너도나도 시장에 뛰어들어 물을 흐렸고, 여기에 편승해서 일부 전문가라는 사람들이 혹세무민하여 병아리투자자들을 상대로 『원금을 보장하겠다!!』, 『확정 수익을 주겠다!!』는 식으로 코 묻은 투자금을 받아 손해를 끼치는 일이 발생하자, 정부는 『대부업법』을 개정하였다. 일부 효과는 있겠지만 이런 정도의 대책으로 담보부 NPL 시장을 온전히 통제하기는 쉽지 않을 것이다. 바로 이 점이 이 책의 독자여러분들이 기 죽지 않아도 되는 대목이 된다.

다시 말씀드리지만, NPL투자의 기축이 되는 자산유동화의 모법은 『자산유동화법』이다. 즉, 자산유동화법에 의해 영업을 하는 유동화전문회사들은 2016. 7. 25.자로 개정된 대부업법과는 별 상관없이 영업을 하고 있다. 그리고 대형 유동화전문회사들은 정부에 대부채권 개념에서 『저당(채)권』은 제외해 달라고 요구하고 있는 실정이다. 이 부분은 필자의 판단으로도 입법오류의 가능성이 보인다. 향후 법률적인 저항이 있을 것으로 판단된다.

02

『중학교 축구팀』과
『대학교 축구팀』의 경기

힘의 균형이 한 쪽으로 급속히 기울고 있다

　대한민국 경매 입찰장에서 현재 어떤 일들이 벌어지고 있는가. NPL이라는 강력한 신형무기로 무장한 『NPL 경매쟁이(대학 축구팀)』에게 『일반 경매쟁이(중학교 축구팀)』들은 『백전백패』 당하고 있다. 일반 경매쟁이들은 NPL 저당(채)권을 매입해서 낙찰로 소유권을 취득하고자 달려드는 NPL 경매쟁이들에게 도저히 이겨 먹을 수 없는 구도가 만들어져 가고 있다. 다시 말하면 부동산 경매시장의 응찰가격구조 변경에 의해 힘의 균형이 한쪽으로 급속히 기울고 있다. 아니 이미 기울어져 버렸다.

　간단히 말하면 지금까지 일반 경매쟁이들이 구사해 왔던 경매 응찰가격 결정 구조가 송두리째로 바뀌고 있는 대격변기의 와중이다. 일반 경매 투자자들의 아직도 『NPL이 뭐지?』, 『부실채권이 뭐지?』하는 의구심 속에서 한 발자국도

전진하지 못 하는 사이로 NPL 확산으로 경매 투자판 자체가 근본부터 바뀌고 있는 것이다. 법원경매판을 뒤 흔들고 있는 진원지는 말 그대로 『NPL 경매쟁이』들이다.

『중학교 축구팀』과 『대학교 축구팀』이 돈 따먹기를 한다면?

『중학교 축구팀』과 『대학교 축구팀』이 친선경기가 아닌 돈내기 도박 축구를 한 판 한다면 누가 이길까. 돈이 걸린 한 판이니까 한 치 양보 없는 사생결단의 게임이 벌어질 것이다. 결과는 어떨까. 궁금할 일 하나 없다. 하나마나한 경기가 될 것이고, 결과는 보나마나다. 『일반 경매쟁이(중학교 팀)』와 『NPL 경매쟁이(대학교 축구팀)』가 돈 되는 경매물건을 두고 한 치 양보 없는 입찰경쟁을 벌인다면 결과는 어떨까? 이 또한 하나마나 한 입찰이 될 것이고, 보나마나한 결과일 것이다.

필자는 이 책에서 NPL 경매쟁이에 비해 절대 약체인 일반 경매쟁이(중학교 팀)에게 NPL 투자구조의 대강만이라도 보여드리려고 한다.

뭐가 NPL(=부실채권)이고 NPL 투자는 어떻게 하는가?

대중화의 길에 들어선 법원 경매공부는 해 봐서 경매는 어느 정도 이해하고 있는 독자들 중에서도 NPL이 뭔지 궁금하신 분들이 아직도 상당하다. 앞에서도 잠깐 보셨지만 여기서는 간단하게만 생각 해 주시라. 뒤에서 다시 보겠지만 은행 등 금융회사가 대출을 실시했으나 채무자가 대출금상환과 이자를 일정기간 이상 연체하는 경우 은행은 이 대출채권을 부실채권으로 분류한다.

부실채권으로 분류하는 기준은 원리금 상환이 3개월 이상 연체된 무수익

여신을 "부실채권"이라고 부른다. 은행 등 채권자는 채무자의 채무불이행으로 부실채권으로 분류된 채권을 회수하기 위해 경매에 넣은 다음, 부실채권시장을 통해 경매진행 중인 부동산에 설정된 저당권을 매각 유통시키는 것이 NPL 채권이다.

이처럼 연체되어 경매 진행되고 있는 부동산의 저당권을 금융기관은 낙찰되어 배당받을 때까지 기다리지 않고, 이 저당권을 일반에게 매각하고, NPL 경매쟁이들은 이 저당권을 매입해서 배당을 받거나, 해당 부동산에 직접 응찰하여 소유권을 취득하는 것이 큰 틀로 봤을 때 NPL 투자(=담보부 부실채권 투자)라고 보면 된다.

그런데 문제는 NPL 경매쟁이 입찰가격 구조를 알지 못하고 무장하지 않은채 NPL 투자자의 경매 물건에 도전해봐야 결과는 뻔하다. 싸움 결과는 『일반 경매쟁이』는 『NPL 경매쟁이』에게 『백전백패(百戰百敗)』 당할 뿐이다.

NPL 이론을 무장하지 않은 채로 경매 전쟁터에 나가면 어떤 꼴을 당하게 되는지를 한 가지만 보여드리겠다.

고가입찰을 구사하는 NPL 경매쟁이

NPL 투자방법 중 일명 『유입법(=직접낙찰법)』이라는 투자방법이 있다. 저당권 매입이라는 채권투자와 부동산 소유권취득이라는 투자방법이 혼합된 투자방법이다. 담보부 부실채권(=저당권)을 인수한 경매물건에 직접 응찰하여 소유권까지 취득하는 투자법이다. 다른 투자방법에 비해 투자수익률이 높은 것으로 알려져 있다.

『NPL 경매쟁이』는 관심을 둔 경매물건의 NPL 저당권 매입으로 『일반 경매쟁이』보다 입찰에서 유리한 고지를 선점하게 된다. 매입한 NPL 저당권을 활용하여 해당 부동산에 『고가응찰』로 경쟁자를 따돌리고 손쉽게 낙찰에 성공하게 된다. 일반 경매 투자자보다 월등히 유리한 입찰방법이다. 이유는 간단하다. 당일최저응찰(매각)가격에 구애받지 않고, 실채권청구액 또는 채권최고액까지 응찰가격을 높게 쓸 수 있기 때문에 100% 최고가매수인으로 선정된다.

이런 이유로 NPL 채권을 매입한 NPL 투자자가 해당 물건의 입찰에 참가하면, 일반 경매응찰자는 응찰해 보나마나 낙찰 받지 못한다. 좀 심하게 말씀드리면 NPL화 된 경매물건에서 해당 NPL 저당 채권을 매입하지 못한 일반 경매쟁이는 입찰법정에 응찰하러 갈 필요조차 없다. 왜냐면 입찰결과는 보나마나이기 때문이다.

당연한 이야기지만 『일반 경매쟁이=중학교 축구팀』이다. 다음은 『NPL경매쟁이=대학교 축구팀』의 현란한 몸 놀림을 실제 투자사례를 통해 보여드리겠다.

극찬 받아 마땅한 NPL 투자자의 『고가응찰』 실제 사례[4]

필자가 진행하고 있는 『경매 – NPL 오프라인 교육과정』의 수강생이 입찰한 고가입찰의 실제 사례다. 경매정보지를 보면 최초 경매감정가격은 2억 2,000만 원이었고, 5회 유찰로 입찰당일 최저 응찰가격이 36,975,000원(감정가격 대비 16.8%)이다. NPL 투자자가 2012년 7월 3일, 입찰일에 응찰한 입찰가격은 1억 3,000만 원(감정가격 대비 59.1%)이다.

---

4 천안 6계, 2011-6877

NPL 투자구조를 모르는 일반 경매쟁이는 도저히 이해할 수 없는 입찰가격일 것이다. 그러나 NPL 투자 구조를 아는 『NPL 경매쟁이』 입장에서 보면 아름답고 당당한 입찰가격이다. 한마디로 극찬을 받아 마땅한 너무 잘 한 응찰이라는 것이다.

『초고가 응찰』로 응찰하면 원하는 수익이 발생할까?

『NPL경매쟁이』가 비장의 한 수로 구사하는 『초고가 응찰』로도 수익이 발생할까 궁금하실 것이다. 당연히 그렇다. 그것도 고수익이 발생한다. 『NPL 경매쟁이』가 보도의 전가처럼 휘둘러대는 『초(超)고가입찰』의 비밀의 구조는 대강 이렇다. NPL 투자자는 부실채권 매입으로 NPL 저당채권의 생산자인 『금융기관』의 지위에 선다. 즉 은행이 누릴 모든 권리를 누린다는 점이다. 이 점이 핵심이다. 저당권자인 금융기관의 입장에서는 해당 경매물건이 비싸게 낙찰될수록 즐거울 것이다. 더 물어볼 일이 아니다. 10원이라도 더 비싸게 낙찰되어야 한 푼이라도 더 회수할 수 있기 때문이다. NPL투자자가 금융기관의 입장에 선다는 것이 NPL 투자의 핵심 중 핵심이다.

03 시중 언론에 비친 NPL 시장현황과 지뢰밭

메이저 은행들의 부실채권증감 현황 [5]

지난 2011년 한 해 동안 무려 4조 원이 넘는 부실채권을 정리하며 한 때 10조 원 아래로 떨어지기도 했던 5대 시중은행의 부실채권 규모는 2년 6개월 만에 다시 4년 전 수준으로 원 위치됐다. 16일 금융감독원이 국회 정무위원회 소속 김기식 새정치민주연합 의원에게 제출한 '5대 시중은행 고정이하여신규모 및 연체율 증감현황'에 따르면 우리은행을 비롯해 국민·신한·하나·외환은행 등 5대 시중은행의 고정이하여신(부실채권) 규모가 12조 9,461억 원에 달했다.

---

5 주석 : 37페이지에서~39페이지까지 세계일보 2014. 10. 16. 기사인용

5대 시중은행의 부실여신 변동 현황

□ 5대 시중은행 고정이하여신규모 증감 및 연체율 증감

(단위: 억원)

은행명	구분	'10년말	'11년말	'12년말	'13년말	'14년6월말
신한	고정이하여신	20,342	18,150	18,141	19,849	20,009
	고정이하여신 증감	5,354	△ 2,192	△ 10	1,708	160
우리	고정이하여신	56,183	28,925	28,645	53,592	46,065
	고정이하여신 증감	28,919	△ 27,257	△ 280	24,947	△ 7,527
하나	고정이하여신	16,241	12,300	12,778	18,103	16,802
	고정이하여신 증감	5,212	△ 3,941	478	5,325	△ 1,301
외환	고정이하여신	9,264	8,660	9,078	9,399	10,825
	고정이하여신 증감	2,614	△ 604	418	321	1,426
국민	고정이하여신	36,567	28,945	27,130	33,269	35,760
	고정이하여신 증감	13,818	△ 7,622	△ 1,815	6,139	2,491

(단위: %, %p)

은행명	구분	'10년말	'11년말	'12년말	'13년말	'14년7월말
신한	연체율	0.50	0.62	0.64	0.39	0.52
	연체율증감	0.06	0.12	0.02	△ 0.25	0.13
우리	연체율	0.86	0.85	1.23	1.18	1.19
	연체율증감	0.22	△ 0.00	0.38	△ 0.05	0.00
하나	연체율	0.58	0.47	0.50	0.40	0.59
	연체율증감	0.02	△ 0.11	0.03	△ 0.11	0.19
외환	연체율	0.51	0.55	0.68	0.51	0.57
	연체율증감	0.06	0.04	0.13	△ 0.16	0.05
국민	연체율	0.95	0.88	0.99	0.74	0.96
	연체율증감	0.35	△ 0.07	0.11	△ 0.25	0.22

* 은행계정 원화대출금 및 신탁계정 신탁대출금 기준

2014년 6월말 기준 우리은행의 부실채권은 4조 6,065억 원, 국민은행은 3조 5,760억 원으로 각각 파악됐다. 이들 두 은행의 부실채권만 합쳐도 약 8조 2,000억 원으로, 5대 은행 전체 부실채권 합산금액의 63.1%를 차지했다. 통합을 앞둔 하나은행(1조 6,802억 원)과 외환은행(1조 825억 원)의 부실채권을 더하면 2조 7,627억 원으로, 우리은행과 국민은행에 이어 세 번째로 부실채권이 많았다. 국내은행 중 리스크관리가 가장 잘 되고 있다는 신한은행의 부실채권도 2조 원을 넘어섰다.

특히 우리은행은 지난해 무려 2조 4,947억 원 증가했던 부실채권을 반년 만에 7,527억 원이나 털어냈지만, 여전히 5대 은행 가운데 최대 규모의 부실채권을 보유하고 있다. 지난 2011년 한 해 사이에 5대 은행 모두에서 부실채권을 4조 1,616억 원 줄이면서 9조 6,980억 원으로 10조원 밑으로 축소하기도 했으나, 2년 6개월 만에 약 3조 2,500억 원 늘면서 도로 4년 전 수준으로 되돌아갔다. 2010년 말 기준 5대 시중은행의 부실채권은 약 14조 원이다.

5대 시중은행의 연체율도 높다

2014년 7월말 우리은행의 연체율은 1.19%로 5대 은행 가운데 최고수준을 기록했다. 이어 국민, 하나, 외환, 신한은행 순으로 연체율이 높았다. 특히 국민은행의 연체율은 0.96%로 1%에 근접했다. 지난해 말 0.74%까지 낮아졌던 국민은행의 연체율은 7개월 만에 0.22%p 급등했다. 하나은행 연체율은 0.59%, 외환은행은 0.57%, 신한은행은 0.52%를 각각 나타냈다. 지난 8월말 18개 국내은행 전체의 원화대출 연체율(1개월 이상 원리금 연체기준)이 0.96%를 기록했던 점을 감안하면 우리은행과 국민은행 연체율은 은행권 평균을 웃돌고 있다. 경기침체가 장기화되면서 5대 시중은행의 부실채권 규모가 확대되고 증가하는 추세에 있는 만큼 대손충당금 적립부담도 커지고 있다. 이는 시중은행의 실적악화로 연결된다.

계속 커지는 국내 은행의 부실채권 추이[6]

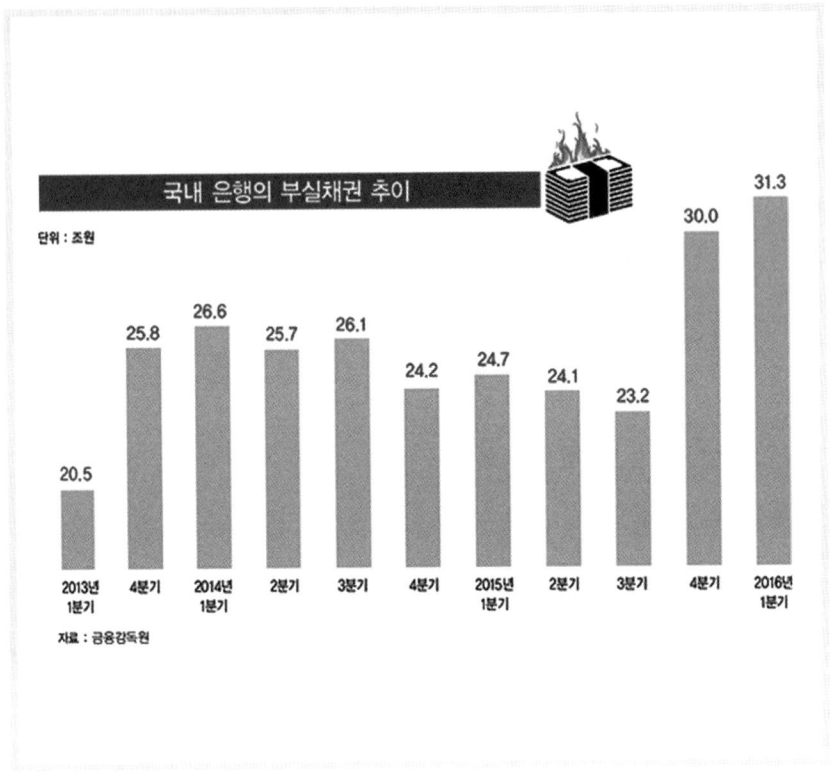

　금융감독원이 2년이 지난 6월 2일 발표한 2016년 1분기 말 국내 은행의 부실채권 규모는 31조 3,000억 원에 달한다. 작년 말보다 1조 3,000억 원, 1년 전과 비교하면 6조 6,000억 원 늘어난 것으로, 2001년 3월 말 38조 1,000억 원 이후 15년 만에 최대 수준이다. 이 중 기업 여신이 29조 2,000억 원, 가계 여신이 2조 원, 신용카드 채권이 2,000억 원을 차지했다

6　한경비지니스 2016. 8. 17. 기사인용

사상최저수준의 금리와 부실채권현황

한국은행 금융통화위원회가 사상 초저금리인 연 2.00%로 기준금리를 불과 두 달 만에 추가 인하한 영향으로 은행의 예대마진에도 비상이 걸린 상태다. 예대마진은 대출이자에서 예금이자를 뺀 나머지로 금융기관의 수입이 되는 부분이다.

한 시중은행 관계자는 "주택담보대출 연체율과 주택담보대출을 제외한 가계대출의 연체율이 전부 한 달 전보다 오른 데다, 중소기업대출 연체율도 신규연체가 늘면서 상승하고 있다"며 "중소기업과 일부 취약업종의 연체율 악화가능성을 감안해 리스크 관리를 할 예정이다"고 밝혔다.

양지가 있으면 음지도 있는 법

그러나 개인투자자가 NPL에 투자할 때는 '신중'이 필요하다는 목소리도 적지 않다. 부실채권 투자열풍 현상이 '위험'하다는 지적이 계속되고 있다. 부동산시장 침체가 장기화되면서 마땅한 투자처를 찾지 못한 개인들이 부실채권(NPL)시장으로 눈을 돌리고 있지만 신중해야 한다는 목소리다. 특히 최근엔 일부 업체의 고가입찰현상이 NPL시장에도 형성되고 있어 개인투자자들의 주의가 필요하다. 부실채권 시장은 지난해 10조 원을 돌파했다. 개인들의 NPL투자 경매가 부쩍 늘고 있기 때문이다.

NPL투자는 경매물건으로 설정된 부실채권에 투자해 연체이자만큼의 수익을 얻거나 실제 경매물건을 낙찰받아 투자금을 회수하는 투자방식이다. 이처럼 NPL시장에 개인 투자자들이 쉽게 접근할 수 있는 환경이 조성되면서 부실채권 사기도 극성을 부리고 있다.

NPL투자를 미끼로 컨설팅을 하면서 수익내기 어려운 물건을 낙찰받게 하는가 하면, 수익성 없는 물건을 고가에 입찰받게 하는 등 수법은 다양하다. 특히 물건 정보에 취약할 수밖에 없는 투자자들을 과장된 수익률로 현혹하는 개인이나 업체는 경계해야 한다.

NPL 투자는 통상적으로 경매낙찰가보다 10% 이상 싸게 매입이 가능하고, 부동산 실물투자에 비해 상대적으로 환금성도 양호한 매력적인 시장이지만 사기 가능성도 높다. 때문에 철저한 검증과 분석이 더해져야 개인투자가들에게 유리할 것이라는 게 전문가들의 조언이다. 대체투자의 새로운 강자로 떠오르고 있는 '부실채권'시장이 한국 경제에 어떤 영향을 미칠지 관심이 모아 진다.[7]

날로 치솟는 NPL 매각입찰가율

은행발 부실채권 매각 시장 규모는 2008년 1조 6,000억 원에서 지난해 10조 원으로 8배 이상 급성장했다. 시장 확대만큼 NPL 가격도 급등하고 있다. 개인 투자자들이 가장 선호하는 주택담보대출을 기준으로 지난해까지 원금의 60% 수준에서 형성되던 가격이 최근 80%를 웃돌고 있다. 급기야 정상 채권의 원금에 육박하는 가격까지 등장했다. 하나은행이 지난 3월에 매각한 742억 원 규모 NPL이 733억 원에 팔렸다. 원금 대비 98.8%의 낙찰율로 NPL 입찰 사상 최고치다.

---

7 Weekly 2014.8.12.일자 기사인용

『NPL 투자비법』의 전면 개정판을 또 다시 쓰는 이유

"박사님이 NPL투자자를 위한 입문서를 썼던 2012년과는 부실채권(=NPL) 시장 상황이 많이 변했다는 것이 또 다시 개정판을 쓰게 된 이유라는 말씀인가요?"

"그렇습니다! 부실채권 투자환경이 너무나 달라졌습니다."

"어떤 부분이 달라졌나요?"

"한마디로 말씀드리면 NPL 고수들만의『독점적 투자구도』가 와해되어가고 있습니다."

"『부실채권 투자에 관심을 갖게 된 사람들이 많아졌다!!』는 이야기처럼 들리는데요?"

"대부업법도 개정되었습니다!"

"그게 책 개정판을 써야하는 이유가 되나요?"

"됩니다. 정부의 규제 시도에 NPL물건 공급자, 중간 유통사, 소비자 모두 급격한 상황변화를 겪고 있는 중입니다."

"요인이 뭘까요?"

"가장 큰 이유로는 부실채권투자 시장 참여자가 증가했다는 점이라고 봅니다."

"분기점을 2012년 박사님의 책 출판이라고 보신다는 이야기시죠?"

"그렇습니다, 2012년 출간된 제 책『NPL 투자비법』이 NPL 대중화의 시발점이었다는 점은 부정하기 어렵습니다. 그 책을 기점으로 NPL 투자는 음지를 벗어나 투자의 큰 한 축으로 자리 잡았다고 할 수 있습니다.

단순 경매만 강의하는 경매학원도 한물갔다?

재테크 투자의 큰 축으로 한 시절을 풍미했던 『경매학원, 경매강좌』도 이제는 NPL을 강의하지 않으면 수강생들이 모이지 않고, 경매관련 재테크 서적도 이제는 반드시 NPL이 설명되어 있어야 독자들의 선택을 받고 있다. 대부업법 개정으로 정부가 일정한 규제를 시도하고 있다고 해도 자본주의 본질상 경매 NPL 시장의 매력을 줄어들 수가 없다.

"과열시장에서 병아리들이 주의해야 할 점은 뭘까요?"

"책 한 두 권 읽고 공부 다 한 것처럼 행동하시거나, 비싼 취급수수료 지불하게 하고 자기들이 소개한 NPL투자하면 팔자라도 고쳐줄 것처럼 행세하는 시중의 사이비들의 그럴싸한 헛 풍선에 넘어가지 않으셔야 합니다."

"그 점은 나도 잘 알고 있습니다. 돈 되는 훌륭한 물건이라면 수수료 몇 푼 된다고 우리에게 주겠어요. 자기들이 해 먹지!"

"책 한 두 권 쓰고, 물건 몇 개 소화시켜 본 정도로 『A플러스』 강사네, 『대한민국 최고!』네 하는 낯간지러운 과장광고의 이면에는 분명한 자기 흑심 있습니다."

"병아리 학생들은 『밥』이나 먹잇감으로 생각한다는 말씀이시죠?"

남의 돈으로 뭘 해보겠다는 소위 전문가라는 사람치고 오래가기 어려운 것이 이 판이다.

04
욕을 먹더라도
누군가는 쓸 수밖에 없었다

대한민국 부실채권 시장의 불모지를 개척한 우박사

"박사님이 NPL 투자에 관한 입문서를 출판한 지가 언제였나요?"

"2012년 이였습니다."

"그것밖에 되지 않았나요?"

"지금은 격세지감을 느낍니다. 그때까지만 해도 일반 경매투자자들이 참고할 만한 NPL 입문서는 거의 없었죠!"

"불과 몇 년 사이에 경매 투자자들이 NPL 투자에 관심을 가지게 된 시발점이 우박사님이 매경출판사에서 펴낸 『NPL 투자비법』이라는 책이었다는 이야기를 들었습니다."

"맞습니다. 그 때까지만 해도 NPL 강의를 하던 선생들까지도 『쉬~! 쉬~!』하면서 NPL 투자가 꿀단지라는 것이 소문날까봐 입단속하면서 행복해했었죠!"

"기존의 고수들한테 욕 좀 먹었을 것 같은데요?"

"면전에서 비난하는 사람도 있었습니다."

"정말로요?"

"이해됩니다. 밥그릇에 관한 문제잖아요!"

"용기가 필요했을 것 같아요."

"이해해주시니 감사합니다."

다음의 대화는 불과 몇 년 전 실상이다.

부실채권에 투자하라는 목소리 예쁜 누나

"여보세요 안녕하세요!"

"처음 보는 번호~네~에~~ 어디세요~~?"

"**베스트먼트라는 부실채권투자 회사인데요!"

"그런데요?"

"잠시 통화 좀 가능하시죠~! 부실채권 설명 좀 드리려고요!"

"뭐요? 부실채권이라고요!"

"네~ 에~ 맞아요!"

"부실채권 그게 뭔데요?"

"저희 회사가 가지고 있는 저당권에 투자 좀 하시라고 전화 드렸어요!"

"무슨 저당권에 어떤 투자를 하라고요?"

부실채권(NPL)을 대량 매입한 투자회사(AMC)가 목소리 예쁜 전화부대 누나들 동원해서 일반인들에게 무차별적으로 전화를 걸고 있다.

"**은행에서 나온 부실 저당권을 우리 회사가 대량으로 구입했는데 그것을 일반 투자자들한테 쪼개서 팔고 있는 중이거든요!"

"부동산 담보(부)채권인가요?"

"부실채권 투자에 대해서 좀 아시는 분이시네요 그렇죠! 맞습니다, 저희 회사는 저당권만 매각하고 있습니다!"

"1순위 저당권인가요?"

"간혹 후순위 저당권도 있습니다!"

"얼마짜리를 얼마에 판다는 말이세요?"

"저당권 가격대비 평균 38%에 팔고 있습니다."

"실 채권액이 1억 원 이라면 3,800만 원에 사라는 건가요?"

"대강 말씀드리면 그렇습니다!"

"비싸네, 1순위 채권이라고 해 보았자, 50%도 배당받기가 어렵잖아요?"

"관심 있으시면 좀 더 할인해 드릴 수도 있고!"

"권리 상 하자는 없나요?"

"약간 하자가 있는 물건도 있습니다, 그런 물건은 더 싸게도 팝니다."

"예상 수익률은 어떻게 보세요?"

"확답을 드릴 수는 없지만, 년 수익률로 따지면 은행이자는 게임이 안 되죠!"

"투자금액은 최저가격이 얼마인데요?"

"건당 1천만 원 대부터 20억 원 대까지 다양합니다."

"현재 경매 진행되고 있는 물건들인가요?"

"경매 들어가 있는 물건도 있고, 예정인 물건도 있습니다!"

"주택만 인가요?"

"아파트, 연립, 단독, 임야, 공장, 상가 등 물건은 다양합니다!"

"그러면 매물 리스트 좀 보여주실래요?"

"연락처 알려주시면 보내드리겠습니다!"

2012년 이전 상황이다. 이 때는 유동화회사에서 전화를 했었다. 주소만 알려주면 매각리스트를 우편으로 유동화회사가 직접 발송해주고, 매각물건 관리 담당자 연락처까지도 알려주었다.

달라진 건 없다

부동산 건물은 우리나라에 그대로 서 있었다. 소유권도 그대로였다. 저당권의 권리만이 채권화 되어『은행에서 ⇒ 자산관리공사 ⇒ 외국계펀드(1차 AMC), 또는 일부 대형 유동화전문회사』로 팔려 다녔다.

채권화된 저당권을 구입한 도매상(1차 AMC)들은 소매상에 약간의 마진을 받고 쪼개 팔았고(그래도 수백억 원 단위의 거래다), 그렇게 구입했던 소매상들은 개인투자자들에게 전화부대를 동원해서 다시 처분하였다.

지금은 완전히 입장이 뒤바뀌었다

NPL 물건 하나 매입해보려고 유동화회사에 전화라도 한번 해본 분들은 유동화회사의 갑(甲)질에 어이가 없는 경우를 자주 경험하시게 된다.

대부업법이 개정되었다고 해도 달라진 것은 없다. 싸게 사서 이윤을 붙여 되파는 장사꾼으로 행태를 비난해서는 안 된다. 거래가 손해라고 생각하면 안 팔면 되고, 안 사면 되는 것이다. 그들은 상황이 나쁠 때 싸게 사서 좋아지기를 기다리고 있다가, 상황이 좋아져 가격이 오르자 오른 가격에 팔아 수익을 올리고 있는 것 뿐이다.

05 외국투기자본에 헐값에 팔렸던 저당권 유통실상

부실채권 그랜드 바겐세일

외환위기 이전 성남에 있던 모 신용금고에 근무했던 필자는 외환위기의 슬픔을 생생히 기억한다. 1998년 초 부터『신용금고(당시) – 후발은행 – 지방은행 – 대형은행』을 따지지 않고 줄 도산하는 광경을 눈물지으면 지켜보았다. 필자가 근무했던 신용금고도 이 때 도산 했다. 필자도 당연히 실업자 대열에 합류 당했었다. 이 당시 원화 환율은 미달러당 1,750원 대까지 치솟았던 걸로 기억이 난다. 이게 무슨 말인가. 나라 전체가 거지꼴 난 것이다. 덕분에 수많은 알짜배기 기업과 건설회사가 부도처리 되었다. 대우가 무너졌고 한보가 문을 닫았다. 63빌딩으로 유명한 "대한생명"도 부도대열에 가세했다. 이런 지경에 처하자 내다 팔 수 있는 건 모조리 내다 팔아야 했다. 말도 안 되는 헐값에 말이다. 『건설사 – 금융권』은 도산의 광풍에 휩싸였다. 부도난 금융기관들이 가지고 있던 채권들을 다른 금융기관, 자산관리공사, 한아름종금, 외국계 투자회사에 아무리 생각해도 말도 안 되는 떨이가격으로 넘겨주어야 했다.

매입주체가 누구인지, 어떤 자금인지, 투자의 목적이 뭔지, 조건은 어떤지를 따져볼 여력 같은 것은 아예 없었다. 사겠다고만 하면 일단 팔았다. 이렇게 팔아치우고 난 다음 어떤 험한 꼴을 당할지 따져보고 고민하는 정책관료나 정치인은 없었다.

호시탐탐 때를 노리던 투기자본의 등장

이때를 맞추어 "투기자본"이 등장한다. 핏빛으로 빨개진 눈동자를 이리저리 바쁘게 굴리면서 지구 전체를 뒤져 먹잇감을 찾아 헤매던 외국계 "투기자본"들에게 한국의 알짜 기업과 은행, 부동산은 훌륭한 먹잇감이었다. 1997년에 미 달러당 약 800원이던 평균 환율이 1998년에는 1,750원이 되었다. 우리는 미국 달러 사는데 두 배의 원화를 지불했고, 외국펀드는 1달러 주고 두 배의 원화를 받아갔다. 그리고는 그 원화로 우리의 『부동산 - 기업 - 은행』을 매집했다.

외국계 투기자본은 때를 놓치지 않고 펀드로 조성한 막대한 자금을 동원하여 『부동산 - 기업 - 은행 - 원화 등』을 닥치는 대로 매집하였다. 우리는 하나 팔아서 받을 수 있던 달러를 받기 위해 두 개를 팔아야 했고, 외국계자본은 하나 살 수 있던 달러로 두 개를 샀다. 그늘의 투자논리는 간단하다. 싸게 사들여서 비싸게 팔았다. 그것이 전부다. 그때 우리는 뭘 했을까.

돌고 돌았던 저당권 유통과정

다시 외환위기 시절로 돌아가 보자. 『부실채권공장(부실채권을 보유한 은행 등) ⇒ 한국자산관리공사 ⇒ 대형 매입자 ⇒ 중대형 AMC ⇒ 중소형 AMC 및 대부법인 ⇒ 일반투자자』로 연결되는 부동산 채권 그랜드세일이 몇 년에 걸쳐 계속되었다.

매각가율은 대체로 이러했다.

『부실채권공장(10%)으로 하고,

"1차 도매상(12~13%)",

"중대형 AMC(15~17%)",

"중소형 AMC(20~25%)",

"소형 AMC 및 대부법인(30~30%)",

"일반투자자(35~40전후)"』였다고 한다.

부도난 금융기관이나 건설사 부실채권을 약 10%(1조 원 이라면 1,000억 원) 정도에 1차 도매상인 자산관리공사에 매각되었다.

여기에 투자했던 일반투자자는 1순위 저당권을 기준으로 60% 전후의 배당을 받아서, 25% 내외의 수익을 올렸다. 그때가 대체로 2003~2007년 무렵이었다. 미국계 투기펀드 『론스타』가 외환은행을 삼켜버린 것이 2003년이다.

손해를 감수하면서도 매각해야 했던 이유

"국제자기자본비율이라고 들어보셨죠?"

"BIS[8]말씀하시는 거죠!"

"네~~에~~! 부실채권이 있으면 이 비율이 낮아지고, 대손충당금도 그 만큼 쌓아야하니 금융기관입장에서는 헐값으로라도 털어버리는 게 대외신용도 상으로 봐도 유리하죠!"

"악성부실채권을 상대적으로 우량한 담보부부실채권과 묶어서 대량 매각한다는 것이 NPL의 출발점이다 이 말씀이시죠?"

"바로 그거죠. 이점이 부실채권에 일반인들이 투자해도 먹을 게 남아 있는 단서죠!"

"그렇게 보니 누이 좋고 매부 좋은 면이 있기도 하네요?"

"은행돈 빌려서 뭔가 해 보려는데 잘 안 되면서 이야기는 시작되는 거죠?"

"채무자가 채무이행 못하면 결국 부실채권이 생긴다는 말씀이고, 그래서 부실채권투자가 영원할 것이라는 근거라는 말씀이시고요?"

"그렇죠!"

"그런데 궁금한 것은 부실채권이 생기면 은행이 직접 전부 해결해버리면 되잖아요?"

"회수 전망이 좋은 담보채권이야 직접 경매도 넣지만, 무담보채권이나 권리

---

8 국제결제은행(Bank for International Settlements/BIS)의 은행규제위원회에서 1987년 12월에 공표한 보고서를 토대로 1988년 12월부터 실시하기 시작한 자기자본비율규제. 이 규제의 대상은 국제금융 업무를 담당하는 모든 은행이다. 구체적인 규제 내용은 자기자본금액을 위험자산비율(risk asset ratio)로 나눈 자기자본비율을 1990년까지 7.25%, 1992년 말까지 8.0% 이상으로 할 것을 가맹국에 의무화시킨 것이다.

관계가 복잡한 경매물건은 끌어안고 갈 수도, 그런다고 전부를 직접 회수하겠다고 달려들어 봐야 그다지 효율적이지도 못하거든요!"

"비싼 은행 인력들을 회수전망도 불투명한 부실채권회수에 투입하는 것은 누가 봐도 현명한 일은 아니겠네요?"

"회수에 관한 전문성도 떨어지죠! 그러니 일정기간 누적된 악성채권을 환부 도려내듯 싹 처분해버리는 거죠."

국제자기자본비율을 일정 이상을 유지해야

국제자기자본비율을 일정 이상을 유지해야 하는 또 다른 이유는 해당 금융기관의 건전성에 영향을 미치기 때문이다.

"부실채권을 은행이 가지고 있으면 건전성이 나빠진다는데 그게 무슨 말입니까?"

"금융기관들은 국제자기자본비율을 일성 이상을 유시해아 신용등급이 낮이지지 않거든요!"

"은행에도 신용등급이 있나요?"

"개인에게도 있는 것처럼 국가도, 회사도, 은행에도 있습니다!"

"부실채권을 가지고 있다고 은행 신용등급에 무슨 영향을 주나요?"

"개인도 악성채무가 있으면 신용등급 낮아지잖아요, 빚 많으면 또 빚 얻을 때 높은 이자를 물어야 하고, 은행권에서 대출 다 받으면, 이자 더 높은 사채시장으로 가게 되잖아요, 같은 논리죠, 간단하게만 말씀드려도 은행이 후순위채를 발행할 때 신용이 낮으면 이율이 올라갑니다."

"그런 게 있었네요!"

"국내 금융기관의 부실채권발생요인들을 보면 대강 다음과 같습니다."

『"해외발 글로벌 경제 위기"

"중국 경제의 경착륙 가능성"

"유가 및 국제 곡물, 원자재 가격 상승"

"원화가치 상승에 따른 대외교역 수지 악화 및 수출 감소"

"금리상승"

"국내소비 지속적인 감소세"

"고용시장 침체 속에 실업률 상승"

"조선업, 중공업 불황"

"부동산 PF대출부실"

"미분양 아파트 적체"

"건설사구조조정 파산 및 법정관리, 워크아웃에 따른 NPL물건 대량 발생』

이다.

금융기관 내부적 요인으로는

『"BIS비율 제고"

"IFRS 시행"

"금융 감독기관의 부실채권 정리요청 강화."

"유동성 확보 및 순익감소."

"건전성 상승 및 유지』 등이 부실채권 물량의 공급원이다.

일부 저축은행 부실과 시중은행의 국제결제비율 준수로 부실채권물량이 증가하고, 아울러 투자에 관한 분위기도 달아오르고 있다.

병아리투자자들의 혼마저 빼놓은 부실채권투자

"이런 기사 보시면 눈이 휘둥그레지고 귀가 솔깃해지시죠!"

"은행이자 몇 푼 된다고 혹하지 않을 사람이 몇이나 되겠어요?"

"그래서 그런지 부실채권투자에 관심을 가지는 분들이 최근 들어 확실히 많아지고 있어요!"

"과열의 주범이라고 보시나요?"

"대부업법 개정의 빌미를 준 요인이기도 합니다!"

"그럴만큼 부실채권투자가 매력적인 투자수단인가요?"

"부동산시장에서 가장 매력 있는 투자방법 중 하나인 것은 확실합니다."

"이유를 좀 말해주세요?"

"확실한 틈새시장이고 블루오션이죠."

"내용을 말씀해주세요?"

"경매, 부실채권, 세금이 복합적으로 맞물려서 작동하고, 거기에다가 경락잔금과 깡통물건개념까지 혼합하면 누구도 따라올 수 없는 확실한 투자결과를 경험할 수 있거든요?"

"정부가 규제책을 들고 나오지 않았나요?"

"경매 NPL 투자의 매력이 줄어들지는 않습니다!"

"지금부터라도 본격적으로 공부 한 번 해 볼까요!"

"나쁘지 않습니다, 늦지도 않았고요? 부실채권 중에서 담보부부실채권 물건 중에서 1순위 저당권을 장부가격 이하로 산다는 것의 향기로운 매력을 일반인들은 물론이고, 경매를 좀 했다는 사람들도 잘 모르는 사람들이 많아요!"

"나도 마찬가지입니다, 아직은 무슨 말인지 잘 모르겠지만 그 말씀만 믿고 공부 한 번 해 보겠습니다."

"그래보세요~! 야무지게 공부하시면 분명히 만족하실 겁니다!"

"알겠습니다. 대신 많이 가르쳐 주세요?"

"경매물건의 제1저당권(경매신청권리 딸린)을 부실채권투자 형식으로 인수하면 누릴 수 있는 장점이 분명히 있습니다."

"장점이라는 것이 높은 수익률이라는 말씀이시죠?"

"그렇습니다!"

부실채권 인수를 매개로 하는 부실채권(NPL)투자는 알려져 있는 것보다 많은 투자의 매력을 가지고 있다.

06 속고쟁이까지 다 벗어주게 만든 이 땅의 영웅들

부실채권을 국내에 도입한 론스타(LONE ★ STAR)

부실채권 개념을 국내에 처음 도입한 창구 역할을 론스타가 수행했다. 물론 지극히 자기 이익에 필요해서라는 말은 할 필요조차 없다.

1989년 미국 댈러스에서 창립된 부동산투자 전문 헤지펀드(HEDGE FUND)다. 현재는 미국 텍사스주 댈러스에 본사가 있고, 폐쇄형 사모펀드이다. "론스타"라는 이름은 텍사스주의 별칭에서 따왔다. 주력 투자분야는 부실채권 처리와 부동산 운용 등이다.

특히 부실채권 처리 분야에서는 세계적인 투자은행인 도이체방크나 골드만삭스 등을 능가한다는 평가를 받고 있다. 아시아에서는 태국, 일본, 한국에만 투자하고 있다.

"국내 굴지의 로펌이 자산유동화법 제정에 앞장섰다고 하던데요?"

"론스타와 국내 1위 로펌이 외환위기 직후에 합작한 것 맞습니다!"

"결국 외국투기세력 입맛에 맞게 법이 만들어졌다는 것처럼 들리는데요?"

"처음부터 끝까지 외국투기세력의 요구에 부합하는 법률이 자산유동화법입니다."

"일본의 경우에는 일반 투자자가 해당은행 창구에서 직접 경매 부동산의 저당권을 매입할 수 있다고 하던데요?"

우리나라도 법 개정을 통해서 그렇게 해야 한다.

론스타의 주요 투자실적

『• 1998년 한국진출. 한국자산관리공사와 예금보험공사로부터 5,000억 원 이상의 부실채권을 사들임.

- 2001년 강남구 역삼동 스타타워 인수.
- 2002년 한빛여신전문㈜ 인수.
- 2003년 극동건설㈜, 한국외환은행㈜ 인수.
- 2006년 5월, 론스타, 국민은행과 지분 매매 계약.
- 2007년 9월, 론스타, HSBC와 외환은행 지분 매매 계약.
- 2009년 9월, HSBC, 외환은행 인수 포기.
- 2010년 4월, 론스타, 외환은행 매각 절차 개시.
- 2010년 11월, 하나금융, 론스타와 계약』 등이 기억에 남을 투자 실적이다.

외환은행을 론스타에 매각할 당시 정책결정자들[9]

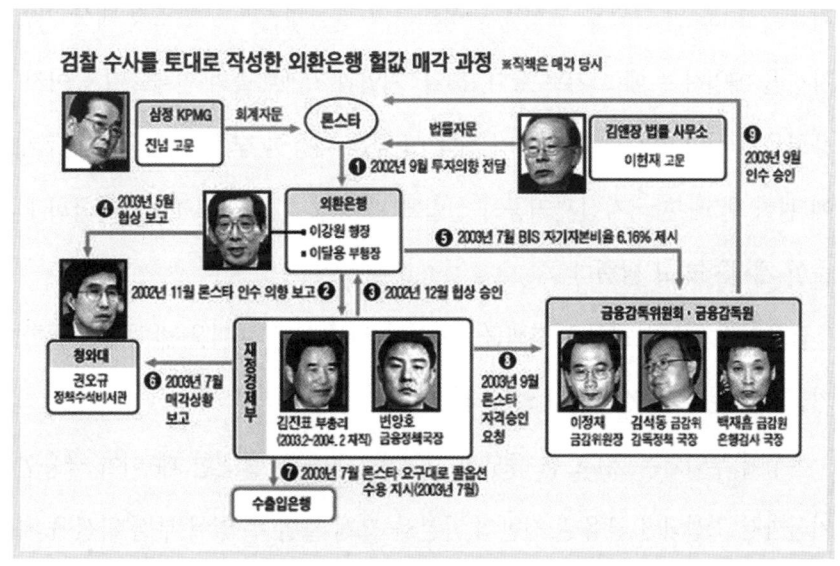

외환은행을 론스타펀드에 매각할 당시의 정책결정 당사자들이다. 이 분들이 같은 한민족이라는 사실이 참으로 자랑스럽다. 필자나 여러분들이나 익히 알고 있는 분들도 많이 계신다. 외환은행을 론스타펀드에 헐값에 매각하여 먹튀 논란을 야기하였다.

계속되는 정부의 방어전

외국계 투기펀드의 활약에 놀란 정부의 뒷북치기도 눈물겹다. 정부가 공적자금인 '금융안정기금'을 신설해 시중은행 상호저축은행 보험사 캐피털회사 등

---

9 blog.naver.com/korea1727/10130508797 인용.

건전성이 악화될 우려가 있는 모든 금융회사에 투입하기로 했다. 또 구조조정기금을 40조 원 규모로 조성해 금융회사의 부실채권과 구조조정 대상 기업의 자산을 매입하는 데 쓰기로 했다. 13일 "기업과 가계대출의 연체율이 높아져 금융회사 부실이 커지는 것을 막기 위해 이 같은 내용을 담은 '금융산업 구조개선에 관한 법'과 '한국자산관리공사 설립에 관한 법' 개정안을 4월 임시국회에 제출할 계획"이라고 밝혔다.

금융안정기금의 재원은 정책금융공사가 정부 보증 채권을 발행해 조달한다. 기금 규모는 아직 정해지지 않았다.

은행에 투입되는 20조 원 규모의 자본확충펀드가 출범한 데 이어 금융안정기금까지 조성되면 금융권 전반의 자본을 크게 늘릴 수 있어 부실 확산을 사전에 차단할 수 있을 것으로 금융위는 기대하고 있다.

이와 함께 금융위는 40조 원 한도의 구조조정기금을 자산관리공사 안에 만들어 2014년까지 금융회사가 보유한 부실을 정리하는 데 투입할 계획이다. 외환위기 당시 만든 부실채권정리기금 규모가 21조 6,000억 원이었다는 점에 비춰보면 정부가 최근 경제위기로 부실 규모가 어느 수준까지 커질 것으로 판단하는지 가늠할 수 있다.

구조조정기금도 정부 보증 채권을 발행해 조성되며 채권 발행 시기 및 규모는 채권시장 상황을 고려해 결정하기로 했다.[10]

---

10 2009.3.14 한국경제신문 기사.

골드만삭스도 시장에 들어와

지난 8월 초 국민은행은 1,130억 원 어치의 NPL을 시장에 내놨다. 3~4개 NPL 투자회사가 입찰에 참여, 마이애셋자산운용이 낙찰받았다. 관심을 끈 것은 낙찰 가격이었다. 원금의 99% 수준이었기 때문이다. 원리금 상환이 3개월 이상 연체된 부실채권임에도 불구하고 원래 가격과 거의 비슷한 수준에 팔렸다.

한 NPL투자회사 관계자는 "지난해 초까지만 해도 원금의 70~80%에 NPL을 사왔는데 경쟁이 치열해지면서 최근엔 90% 안팎을 줘야 살 수 있다"고 말했다. 2월 하나은행이 내놓은 NPL(원금 기준 742억 원)도 SBI저축은행이 99% 가격에 사갔다. 이 같은 현상이 나타나는 것은 저금리 기조에 투자할 곳을 잃은 저축은행 자산운용사 등이 너도나도 NPL 시장에 뛰어들고 있어서다. 종전에는 유암코와 대신F&I(옛 우리F&I) 등 3~4개 NPL투자회사가 시장을 나눠 가졌다. 최근엔 마이애셋자산운용, 디스커버리 인베스트먼트, 골드만삭스, 현대캐피탈, SBI저축은행 등이 이 시장에 뛰어들었다.

대표적인 부실채권 투기펀드들

유럽을 휩쓸고 있는 유럽 국가들의 부도 도미노는 아시아를 한번 휘저어 털어먹은 것에 재미를 붙인 외국 투기자본의 장난질은 아닌지 궁금하다. 물론 의심스러울 뿐이다. 론스타는 물론이고 리먼브러더스, 도이체방크, 골드먼삭스, 씨티그룹 등등 우리가 알고 있는 대표적인 외국계 투기세력은 오히려 하수인일지도 모른다. 이들은 소총수에 지나지 않을 지도 모른다는 것이다. 빙산의 90%는 수면 아래에 잠겨 있다고 한다. 그래서인지 무대 뒤가 궁금해진다. 두 개의 유령이 아른거린다. 애국자인 냥 호들갑인 내부의 적과 보이지 않는 외국의 큰 형님이 말이다. 정신 안 차리면 언제든지 당할 일만 있는 것이다. 역사를 공부해야 하는 이유가 거기에 있다.

07

『자산유동화법』對 『대부업법』

대부업법 개정에 따른 NPL 시장에 관한 小考

저금리의 영향이 있기는 하지만 경매시장은 평균 이상의 수익(률)을 기대하기 어려운 상황이 당분간 지속될 것이다. 이는 부동산 시장을 둘러 싼 전반적인 상황을 고려해볼 때 대체적으로 예상해 볼 수 있는 견해일 것이다. 정부는 이런 저런 이유로 『대부업법』의 일부를 개정하였지만, 부실채권 시장 전체를 완전히 관리하기에는 한계가 분명해 보인다. 즉 담보부 부실채권 시장의 근간(母)법인 『자산유동화법』과의 상충되는 부분 때문이다.

『대부업법』 개정만으로는 『자산유동화법』의 근간을 흔들 수는 없다. 그렇다고 우리 입장만으로는 『자산유동화법』을 국내 상황에 맞게 개정할 수도 없는 구조적인 문제가 있다.

따라서 『대부업법』 개정 정도를 통해서 NPL 시장을 완전히 통제하려는 정부의 시도는 한계를 가질 수 밖에 없을 것이다. NPL 투자의 기본법인 『자산유동화법』은 손도 못 대는 정부의 한숨과 깊은 고민이 필자의 눈에는 보인다.

보이는 것만이 전부가 아니라는 것을 우리는 안다. 보이는 겉면만이 전부라 우기는 일부 얼치기 전문가(?)들에게 경매 NPL 투자판의 오묘함과 깊이가 보일 리 만무하다.

준비하고 대비하는 자가 판 전체를 먹는다

사실이 이러함에도 경매 NPL 전문가라는 일부 선무당들은 NPL 관련 모법인 『자산유동화법』의 존재는 망각한 채 눈앞에 보이는 『대부업법』 개정에만 혼이 나가 『이제 끝났다! 이제 끝났다! 이제 끝났다!』라는 일류 귀신조차도 알아들을 수 없는 엉터리 주문을 주절거리고 있는 상황이다.

대부업법 개정으로 일반 투자자는 NPL 투자가 불가능해졌다고 말하는 사이비들이 세상의 일부에 있지만, 한마디로 엉터리들이다. 이 점은 독자 여러분들도 목격하고 있는 사실이다.

살아남을 것인가 사라져 갈 것인가?

고수와 하수와의 차이는 좋은 시절에는 잘 드러나지 않지만, 상황이 조금만 나빠지면 양자의 차이는 바로 드러난다. 2등 이하 하수는 사소한 돌 뿌리 하나도 온전히 넘어가지 못하고, 작은 외풍에도 쓰러져 버리고 만다. 그럴 때 고수는 끝까지 살아남아 판 전체를 먹어 버린다. 준비하고 대비하는 자에게는 언제나 기회의 문은 열려 있다.

자본주의가 먼저 망할까? 내가 먼저 죽을까?

『자본주의가 먼저 망할까? 아니면 필자를 포함해서 독자분들이 먼저 사망할까?』를 내용으로 독자들에게 내기를 하나 제안하고 싶다.

필자는 내가 먼저 죽는 쪽에 걸겠다. 자본주의의 종말을 보지 못하고 내가 먼저 죽을 것이라는 점(占)괘를 내 본다. 먼저 걸었다고 반칙이라고 홍보하시지는 마시고, 너그러이 이해해 주실 것을 부탁드린다. 왜냐면 이런 점괘를 뽑아 드는데 순간의 망설임도 없었기 때문이다.

그러나 혹시라도 필자의 점괘에 이의가 있는 독자분은 언제라도 저에게 연락을 부탁드린다. 『자본주의가 먼저 망해 역사의 산물이 되는 꼴을 볼 수 있을 것이다!』라는 기발하고도 희한한 논리 한 수를 얻어듣기 위해 밤새 술대접할 의사가 내게는 있다.

그렇지 않고 필자의 점괘처럼 자본주의의 종말을 보지 못하고 우리가 먼저 죽어 이 세상을 떠나는 것에 동의하신다면, 경매 NPL 시장의 투자가치를 의심하지 않아도 될 것이다. 쉽게 말씀드린다. 자본주의가 지속되는 한 경매 NPL판의 투자 가치가 곁가지에 불과한 『대부업법』 개정 정도로 영향이 생길 일이 아니다.

엉터리 몇몇 인간들이 늑대를 불러들였다

앞에서도 잠깐 살펴 본 것처럼 2012~2016년 사이에 NPL 시장에서 있었던 투자 사기 등 여러 가지 불미스러운 사건들이 정부의 대부업법 개정이라는 규제의 늑대를 불러들인 측면은 분명히 있다.

정부가 이런저런 규제책을 마련한다고 해도, 자본주의가 지속되는 한 경매 NPL 물건과 투자매력은 줄어들지는 않는다. 정부의 규제로 투자에 약간의 불편이 더해, 병아리 투자자들이 떠난 이 때가 오히려 땅 짚고 헤엄칠 수 있어 더 재미있는 투자가 가능한 때라고 본다.

담보부 부실채권 가격변동현황

NPL 시장의 과열로 담보부 부실채권 평균 매각가격이 상승으로 반전됐으며, 건별 평균 낙찰가격도 상승하였다. 원인은 크게 3가지에서 찾을 수 있다.

첫째, 부실채권에 대한 일반인의 관심이 증가됨에 따라, 매입경쟁이 치열해지고 있다. 매도자가 제시하는 협상 가격이 상승했다.

둘째, 경매 입찰과정에서 채권금액을 지렛대 삼아 직접낙찰법을 구사하는 투자자가 증가했다. 즉, 부실채권에 투자하는 이들은 채권 투자액에 대한 경매기간 중 발생하는 배당수익을 얻기 보다는 물건 유입사례가 뚜렷하다.

끝으로 론세일로 부실채권 매입자가 직접 응찰하는 경우 상계를 통해 자금 동원 부담이 작아지는 한편 고가 낙찰로 인한 양도소득세 절세 효과를 기대할 수 있다. 낙찰 받은 물건은 대출을 통해 레버리지를 발생시키기 위해서는 고가 낙찰을 활용하고 있는 점에 기인하는 것으로 판단된다.

부동산경매 투자자 NPL투자로 중심축 이동

부동산경매를 통해 수익을 올렸던 이들은 외환위기 이후를 기억에 떠 올린다. 불경기로 인해 경매물건은 급속히 증가했지만 부동산 경매투자에 대한 부정적인 인식이 있었다. 이런 사회분위기와 일반인들이 쉽게 경매투자를 시작하기 어려운 환경 등과 맞물려 경매참여자가 많지 않았다. 따라서 시장참여자들은 상대적으로 높은 수익을 올릴 수 있었다. 그러나 지금은 경매투자 시장 환경이 급변했다. 법원 경매시장의 대중화로 이전과 같은 고수익을 경험하기가 어려워졌다. 투자수익의 한계를 느낀 경매투자자들이 아직은 덜 알려져 있는 부실채권투자시장으로 관심을 옮기고 있다.

은행 담보채권 부족… 부실채권 수익률 하락할 것[11]

부실채권(NPL) 시장에서 은행계 담보채권 공급은 제한적인 반면 수요가 늘면서 전체적 수익률이 하락할 것이라는 전망이 나왔다. 다만 신용카드사, 캐피탈사, 저축은행 등 제 2금융권의 NPL 투자가 증가하면서 NPL 종류가 다양해질 것이라는 분석이다. 또한 NPL 정리시장의 규모가 확대될 여지는 남아있다는 판단이다. 무담보채권의 경우 매각을 통한 채권 양도보다 추심으로 회수하는 경우가 대부분이다. NPL 정리시장이 확대되면서 노하우가 쌓이면 무담보채권까지 NPL 정리시장으로 매각될 수 있기 때문이다.

NPL 수요가 늘어나면서 입찰가격이 상승, 전체 NPL 수익률은 하락할 수 있다는 지적이다. 비교적 안전하면서도 높은 수익률을 제공하던 은행계 일반담보채권 공급이 제한적이기 때문이다.

---

11 이데일리 2014.06.21. 기사인용

08 부실채권 매입(투자)방법은 크게 2가지

저당권 매입 방법 두 가지

일반 투자자가 NPL저당권에 투자하는 경우, 매입방법은 크게 두 가지로 『론세일 매입』방식과 『채무인수』방식이 있다.

1. 론세일(=Loan Sale : 저당권 완전 매각 방식)매입 방식

『론세일 저당(채)권 매입방식』은 현재는 대부업법 개정에 따라 금융위원회에 등록된 대부업체만이 가능한 투자방식이다. 일명 채권양도 방식이라고도 한다. 부실채권을 원리금기준으로 할인가로 매입하는 방법이다. 할인금액은 협의에 의하여 결정되나 담보부 부실채권의 경우 담보력의 크기에 따라 할인 폭이 결정된다. 계약방법은 일반계약과 같이 계약금, 중도금, 잔금 납부 방식으로 한다.

론세일 저당(채)권 매입방식

저당(채)권을 현재의 형식과 상태대로 양도한다는 특징이 있다. 즉 계약이행이 완료되면(중도금, 잔금까지 완납되면) 등기부 상의 근저당권 명의를 양수인 앞으로 이전한다. 즉 양도인은 양수인에게로 근저당권 이전등기를 해주게 된다. 저당권에 딸린 모든 권리를 NPL 투자자에게 넘긴다. 실무에서 근저당권이전비용은 양수인이 부담하며 채권최고액기준으로 약 0.4~0.6%(법무사비용 등 포함)정도 비용이 소요된다. 저축 은행 등에서 NPL을 매각할 때 주로 사용하는 방법이지만, 일반적인 매각방법은 아니다. 경매를 통해 원금과 밀린 이자를 모두 받을 수 있는 우량한 부실채권이라면 저당권자 입장에서 보면 굳이 매각할 이유가 없기 때문이다.

따라서 론세일방식으로 매각되는 부실채권은 악성일 수 있다. 토지별도등기, 법정지상권, 유치권 등과 같은 권리관계가 복잡한 물건이 주된 대상이다. 이자는 고사하고 원금도 날릴 정도로 유찰을 거듭하는 악성물건이라면 빨리 털어내고자 하는 건 당연하다. 이런 경우 파는 입장에서 할인을 해서라도 매각한다.

론세일방식은 배당금 수령법으로 투자하는 경우에는 수익을 달성하기가 어렵지만, 직접낙찰법으로 소유권 투자를 하는 경우에는 수익실현이 가능한 매입방법이다. 소유권 투자를 통해 고수익을 올릴 수 있는 지렛대 구실을 하기도 한다.

『론세일 방식』으로 매각되는 저당권의 특징

『론세일 매입(각)방식』으로 매각되는 저당권의 특징은 소형 물건인 경우가 대부분이다. 저당권 설정 금액 기준으로 5~10억 원 이하의 물건들이 대부분이고, 농협자산관리, 수협중앙회, 저축은행 등 제 2금융권이 저당권자인 NPL 물건이 주로 론세일 방식으로 매각된다.

"등기부 상 매입 저당권의 명의를 NPL투자자 앞으로 완전히 이전해준다는 의미에서『론세일 방식(=완전매각방식)』이라고 합니다."

"매입금액이 비교적 작은 물건이나 제 2금융권의 NPL물건을 매입할 때 사용되는 매입방법입니다."

"계약금액의 10%만 있으면 나머지는 질권 융자로 잔금납부가 가능하다는 말씀이신가요?"

"물건에 따라 차이는 있지만 크게 틀리지 않습니다."

"질권 융자 이용기간은 어느 정도 인가요?"

"경매가 실행된 상태에서 NPL을 매입하기 때문에 질권융자 기간은 보통 3개월이고 좀 길어지면 6개월 정도입니다."

"이율은 어느 정도인가요?"

"현재는 약 5.5~6% 정도입니다."

"부동산 담보대출에 비해서는 꽤나 비싸네요?"

"그래도 예전에 비해서는 많이 낮아졌습니다."

"어느 정도였나요?"

"불과 2~3년 전 만해도 8~10%수준이었습니다."

"많이 낮아졌네요! 이자지불은 어떻게 하나요?"

질권자가 약정이자를 월단위로 받는 것이 아니고 질권 이율을 부동산 등기부에 등기해서 나중에 배당에서 받아가는 구조다.

개정으로 일반 투자자는 NPL 직접 매입은 어렵다?

"대부업법 개정으로 일반 투자자는 NPL 직접 매입이 불가능해졌다고 하는데 정말인가요?"

"아뇨~전혀 그렇지 않습니다, 한마디로 웃기는 소리입니다!"

"그러면 대부업법이 개정되었다고 해도 여전히 일반 투자자가 NPL을 직접매입 할 수 있다는 말씀이세요?"

"그럼요!"

"박사님은 정 반대로 말씀하시네요, 못 한다고 하던데요?"

"그렇게 말하는 자는 엉터리이고 하수입니다!"

"NPL을 강의하는 전문가 선생님이 그렇게 이야기 하던데요"

"무늬만 선생인 가짜일겁니다!"

"시중에 알려진 것처럼 개인의 NPL채권 투자가 원천 봉쇄된 것은 아니네요!"

"그럼요, NPL 관련해서는 정부도 머리가 좀 아플 겁니다!"

"왜죠?"

"반 쪽짜리 법으로 NPL 시장을 규제하려니 옹색하지 않을 수 없으니까요!"

"무슨 말씀이세요?"

"NPL 관련 모법(母法)이『자산유동화법』이라는 것은 아시죠?"

"그건 압니다!"

"NPL 관련 모법(母法)인『자산유동화법』은 손도 못 대고, 곁가지 정도에 해당하는『대부업법』을 개정해서 무리하게 NPL시장을 통제하려 드니, 통제는 통제대로 안 되고 부작용만 발생하고 있거든요!"

"그러니까 그게 무슨 말씀이시냐고요?"

"누가 봐도 절반 이하의 성공에 불과합니다."

"대부업법 개정이 졸작이라는 말씀처럼 들립니다!"

"『자산유동화법』에 의한 유동화전문화사인 AMC 회사를 통한『채무인수방식』으로는 개인도 여전히 얼마든지 NPL 직접 투자가 가능하거든요!"

"그러면 이번에는 자산유동화법을 개정하려고 하지 않을까요?"

"그 법은 우리 정부의 의지만으로는 개정할 수 없다고 합니다!"

"무슨 말씀이세요?"

"『자산유동화법』을 손질하려면 한·미 FTA 조항도 고려해야 한다고 하더라고요!"

"그게 사실이라면『대부업법』개정의 효과는 반감되지 않을 수 없겠네요?"

"최근에는 선무당들이 악을 써대는 헛소리 주문 때문에 병아리 NPL 투자자들이 공포에 빠져 있습니다!"

"무슨 말씀이세요?"

"벌 받을까봐 무서워서겠죠!"

"병아리 NPL 투자자가 벌을 받는다는 말씀이세요?"

"그런 말입니다!"

"누구한테 무슨 벌을 받나요?"

"시킨대로 하지 않고 NPL에 투자하면 벌금에 징역살이도 시킬 수 있다는 저승사자의 엄포 때문이겠죠!"

"저승사자는 정부 관계부서인가요?"

"그렇게 보시면 됩니다!"

"그렇지만 방법은 있다는 말씀이시죠?"

『자산유동화법』에 의한 『채무인수방식』이면 일반 투자자가 NPL채권을 투자하는데 아무런 문제가 없다.

NPL 투자자가 『대부업자!=사채업자?』 란다

"또 어떤 문제가 있나요?"

"NPL 투자자를 인식이 영 불쾌한 『NPL 투자자=대부업자=사채업자』를 만들어 버렸다는 비판을 피할 수 없게 되었습니다!"

"듣고 보니 그러네요!"

"시장을 건전하게 키워 나갈 생각은 못하고, 손쉽게 규제책이나 만들어서 혼란을 부추기고 있습니다!"

"그렇게 말하는 사람들이 있더라고요?"

"아마 조만간 저항에 부딪히게 될 겁니다!"

"여론을 들어보거나 시행해보고 방향설정이 잘 못되었다고 판단되면 다시 법을 수정하지 않을까요?"

"그럴 수도 있겠죠!"

"절반 이하의 성공이라고 하셨는데 어떤 면에서 그런가요?"

"NPL 관련해서 받은 배당금에 대해서 과세하지 못하던 것을 과세체계 안으로 끌고 들어왔다는 점은 평가할 만합니다."

"박사님은 대부업법 개정의 주된 목적이 『과세』였다고 보시나요?"

"저는 그렇게 봅니다!"

투자하는데 무슨 자격이 왜 필요한가?

"또 어떤 문제가 있나요?"

"개정된 대부업법을 찬찬히 따져보면 엉성한 면이 여러 군데 있습니다!"

"하나만 더 열거해줘 보세요?"

"개인이 주식 투자하는데 무슨 제약이 있나요!"

"아뇨, 어떤 제약도 없습니다!"

"자기 돈 가지고 자기 의사대로 투자한다는데, 정부가 어떤 구실로 간섭할 대목이 있을 수 있나요?"

"대부업법에 그런 규제가 있나요!"

"자본금 3억 원 이상의 대부법인만 NPL채권에 투자할 수 있다고 규정하고 있습니다!"

"그럼 돈 없고 가난한 사람은 투자 같은 건 꿈도 꾸지 말고, 평생 노가다나 하다 죽으라는 말인가요?"

"좀 천박하게 이야기 하면 한 마디로 웃기는 소리죠!"

"규제에 따르지 않으면 처벌한다는 규정이 있다면서요?"

"일반 개인이 NPL채권을 업으로 매입투자하면 저당채권의 『양도자 – 양수자』 모두를 처벌한다고 되어 있거든요!"

"『주식투자 하는데 개인은 안 되고, 법인으로만 해라!』라는 것과 같다는 말씀이세요?"

"상당한 문제가 있다고 봅니다!"

"박사님 말씀하신 분위기가 위헌소송이라도 제기하겠다는 것처럼 들립니다!"

"해 볼 가치가 충분하다고 봅니다!"

개정 시행된 『대부업법』 핵심사항 최종 정리

『① 개인은 NPL물건에 업으로 직접 투자하지 못한다,

② NPL에 투자 하려면 자본금 3억 원 이상 등의 조건을 충족시킨 후,

③ 대부법인 설립 후 사업자등록을 하고,

④ 보증보험 등을 가입한 다음,

⑤ 금융위원회에 등록한 후에 투자하고,

⑥ 투자해서 이익 생기면 세금 내라,

⑦ 따르지 않으면 처벌하고, 대부업자 등록 취소하겠다!』로,

이는 『론세일 매입 방식』을 염두에 둔 법 개정이다.

2. 『채무인수방식』[12]을 통한 NPL투자법

이 책의 이 대목이 시중의 여러 NPL관련 책들과 확연히 차별성을 분명하게 드러내는 대목이다. 필자는 여기서 『대부업법』 개성에 따라 일반투자자들은 더 이상 NPL투자를 할 수 없다는 잘 못된 일부 견해를 반박하고, 일반 투자자들도 법 개정 이전과 마찬가지로 NPL투자를 계속할 수 있는 길을 제시하고 있다.

이는 오로지 필자만의 연구의 산물로, 이 주장은 대한민국 수많은 NPL 전문가들 중에서 오직 필자만이 여기에서 처음으로 말하고 있다. 이 부분에서 필자는 밥값을 했다고 자부하고, 독자분들은 충분히 행복하셔도 된다.

과도한 자랑(질)처럼 들릴 수도 있지만, 필자의 노력으로 막혀버릴 것 같았던

---

12 『사후정산 매각방식』 또는 『입찰이행조건(부)계약방식』이라고 한다.

NPL 투자 판에서의 분명한 방법과 선명한 길을 일반투자자들에게 확실히 보여드리고 있다. 막혀버리고 말 것 같은 답답한 상황에서 적어도 이 정도는 뚫어줄 수 있어야 그 판에서 밥을 벌어먹고 사는 전문가라고 할 수 있지 않을까 생각한다.

법 개정에도 일반투자자가 NPL 투자를 계속할 수 있는 근거

일반투자자가 어떤 제약도 없이 계속해서 NPL 투자를 할 수 있는 근거와 필자의 주장은 이렇다. 『채무인수방식』이라면 대부업법 개정 이전과 마찬가지로 NPL투자를 계속할 수 있다.

즉 NPL투자 방법 중 주된 방법인 『채무인수방식』은 저당권을 매입하는 것이 아니라, 『유동화회사』와 계약자(NPL 일반 투자자)가 경매과정이 다 끝난 사후에 정산할 것을 전제로 경매 당한 부동산의 저당권 권리를 계약할 뿐이다. 이 방법은 『론세일 매각방식』과 달리 등기부 상 저당권의 명의변경이 일어나지 않는다. 따라서 『대부업법』에서 처벌하겠다는 규정인 『저당채권의 양수도(=매각 – 매입)』가 아니다.

저당채권의 『양도 – 양수』가 아니어서 일반 NPL투자자를 처벌 할 수 있다는 『대부업법』 규정이 끼어들 여지가 없다. 자산유동화법의 이 규정을 적용해 유동화전문회사는 여전히 영업을 하고 있는 중이다.

이런 이유로 일반 NPL 투자자는 자산유동화회사를 통해 『채무인수방식』으로 하는 NPL 투자라는 방법을 취하면, 이전과 아무런 차이 없이 부실채권 투자가 가능하다는 점을 먼저 말씀드린다. 투자 효과 면에서는 NPL 완전매각방식인 『론세일방식』과 별다른 차이가 없다.

그럼에도 엉터리들은 대부업법 개정 때문에 일반 투자자는 NPL 투자를 할 수 없다고 우기고 있다. 모르면 공부하고, 공부하기 싫으면 조용히 있을 일이다. 부끄럽고 창피스럽다.

채무인수 방식은 고가물건이 대부분

채무인수 방식으로 매각되는 물건의 특징은 감정가 기준 10~100억 원 선의 물건이 많다. 매도자 입장에서는 고가물건을 전부 현금을 주고 매입할 투자자를 찾는 것도 쉽지 않으며, 계속 보유하는 데는 투자금에 대한 금융비용 및 관리비용 등이 크므로 매도자 매수자 양 쪽 모두 매각에 대한 압박을 받는 물건이다.

실무에서는 이런 물건을 "압박물건"이라고도 하며, 주로 채무인수방식으로 매각한다.

채무인수방식도 일반계약과 같이 계약금, 중도금, 잔금납부 방식이지만, 구체적으로는 일반 계약 형식과는 상당한 차이가 있다.

『① 계약금은 계약 시 채권매각대금의 10%가 대부분이다.

② 중도금은 입찰보증금으로 한다.(단, 입찰보증금이 NPL 계약금보다 많은 경우 그 차액은 추가로 납부한다.)

③ 잔금은 배당기일에 받는 배당금으로 대체한다.』

따라서 채무인수 방식으로 저당권을 계약한 NPL 투자자는 반드시 해당 경매물건의 입찰에 참여 해야 한다. 입찰에 참여할 때의 최저입찰가격은 계약서에 명시한다.

채무인수방식은 저당권 불완전 매각 방식

채무의 동일성을 유지하면서 그 채무를 인수인에게 이전할 것을 약정하는 계약으로 채권양도와 함께 채권관계 변경의 한 형태로 민법(453~459조)에 규정하고 있다.

채무인수방식은 NPL 투자 방법 중 일반적으로 사용되는 매입방법 중 하나다. 경매 당한 부동산의 해당 부실채권(=저당권)을 계약한 다음, 해당 부동산을 직접 유입하(낙찰받)고자 하는 경우에 사용된다. 대급지급방식은 계약금만을 지급한다. 나머지 잔금은 낙찰받은 후 낙찰자(=채무인수방식 계약자)가 납부하는 경락잔금을 납부하고 나면 경매법원은 배당을 실시한다.

이때 저당권을 보유하고 있던 유동화회사가 일단 배당을 받고 난 다음 정산해서 당초 매매금액에서 계약 시 받았던 계약금액을 뺀 나머지 금액을 잔금으로 받는다. 그리고 만약 차액이 남는 경우에는 채무인수방식 계약자에게 돌려준다. 사후정산방식이라고도 하는 이유다.

채무인수방식 계약자가 낙찰 받지 못하는 경우

「채무인수방식」은 부실채권 매입 후 해당 부동산을 낙찰 받는 것이 주된 목적이다. 경매과정에서 더 높은 가격에 응찰한 사람이 있어 채무인수방식 계약자가 낙찰 받지 못하는 경우가 생길 수 있다. 이 경우에는 채무인수방식 계약은 해지되고 계약금은 돌려준다.

채무인수방식은 본래는 장부가격이 큰 부실채권의 매각은 대체로 이 방법으로 처분되었는데, 대부업법 개정으로 유동화전문회사는 일반 투자자에게도 이 방식으로 NPL 채권을 처분하고 있다.

입찰결과 NPL 계약자가 낙찰받는 경우

채무인수 방식으로 저당권을 입찰 전에 유동화회사와 계약을 체결한 NPL 계약자가 최고가매수인이 되(낙찰받으)면, 당연히 잔금 납부책임은 NPL 계약자에게 있고, 계약금은 반환되지 않는다. 만약 경매잔금을 내지 않아 재매각이 되는 경우, 유동화회사는 계약금을 돌려주지 않는다. 경매 잔금납부 후 배당과정을 거쳐 양도인(=유동화회사)은 약정금액을 초과한 배당금액은 양수인(=채무인수방식 계약자)에게 환급한다.

대부업법 개정으로 한층 각광받는 투자방법

"『채무인수방식』이 그런다는 말씀이시죠?"

"『막히면 돌아가라!!』는 말이 딱 맞아 떨어지는 대목입니다!"

정리 해보자.

『① 개인투자자는 자산유동화법에 의해 설립된 자산유동화전문회사를 통해 저당채권(=NPL)을 「채무인수방식」으로 매입하면 되고, 다만 개인투자자는 론세일 방식에 의한 투자는 어렵고,

② 론세일이나 채무인수방식으로 투자하려면 "대부업법인"을 설립한 후, 관할 세무서에 업태를 『부실채권 매매업』 또는 『채권 매입업』으로 사업자등록을 한 다음, 그 사업자등록증과 기타 서류를 금융위원회에 제출하여 심사 후 『대부채권 매입업』 등록증을 받은 다음, NPL 투자를 하면 된다.』로 정리된다.

"박사님 밥값 제대로 하셨네요?"

"뭘요!"

"일반인들은 더 이상 NPL 직접 투자가 불가능하게 되었다는 잘 못 알려진 부분을 바로 잡아주셨잖아요!"

"배운 자가 해야 할 일이라고 생각합니다!"

채무인수 방식의 장·단점

채무인수 방식의 장점으로는 일반적으로 시세보다 10~30% 정도 가격이 저렴하다. 『론세일방식』의 단점은 저당권 변경 시 소요되는 비용, 선납하는 질권이자 등의 추가 비용 등이 발생되는 반면, 채무인수방식은 계약금만 지불하면 되므로 추가비용이 없거나 작다. 낙찰 잔금을 채무인수승낙서로 상계 처리할 수 있으므로 처음부터 목돈이 들어가지 않고, 소유권이전 후 금융권으로부터 대출을 받아 채권양도 잔금을 처리할 수 있다.

단점으로는 계약이후부터는 해당물건에서 발생하는 위험부담을 양수인이 부담하고, 경매낙찰 및 명도문제도 양수인 부담이다. 또한 경매로 양수인이 낙찰받지 못하면 계약은 무효가 되고 시간과 경비만 소비한 결과가 된다. 대형물건의 경우 사용용도를 명확히 하지 않고 낙찰시 양수인에게 큰 부담이 될 수 있다. 인수할 채무에 관하여 적법한 이의가 있으면 매수인은 배당기일이 끝날 때까지 이에 해당하는 추가 비용을 부담해야 하는 경우도 발생할 수 있다. 따라서 자금수요에 대한 예측이 잘못되는 경우 손실을 볼 수도 있다.

"또한 차액보전 방식을 요구할 수 도 있습니다!"

"채무인수방식의 대표적인 단점이라는 말씀이시죠?"

귀한 결론은 『대부업법』 개정에도 불구하고, 일반투자자들이 대부법인설립을 하지 않고도 『채무인수방식』[13]을 통해 기존의 방식대로 NPL 채권 투자가 가능하다는 점이다.

---

[13] 『채무인수방식』을 통한 실제 투자사례는 이 책 08장을 통해 처음부터 끝까지 투자과정 전체를 설명해드리겠다.

Chapter 02

부실채권 종류,
유통구조,
경매와 관계

- 01 부실채권(NPL)의 발생 및 참여자들
- 02 부실채권 시장의 도·소매 유통구조
- 03 부실채권 종류와 유형, 그리고 분류 기준
- 04 부실 채권(=NPL 채권)의 세부 종류 10가지
- 05 여전히 미 개척지로 남아있는 무담보 NPL
- 06 NPL 물건 매입처별 특징과 장단점
- 07 경험에서 배운 실전 고수가 말하는 투자유형
- 08 NPL 매입 후 처리과정과 경매와 상관관계

손해가 나더라도 NPL채권을 매각하는 금융권 (=생산자)

담보부 부실채권의 최대 생산자는 시중은행을 비롯한 금융기관이다. 시중 은행 등 금융권들은 자신들이 실행한 대출에서 원리금 상환에 당초 약속대로 이루어지지 않는 대출 중 연체가 3개월 이상이 지속되는 대출을 "부실채권"으로 분류한다. 부실채권이 담보부 대출인 경우에는 담보 목적물인 부동산을 "경매" 진행시켜 원리금을 회수하게 된다. 이 중 진행중인 일부 경매물건의 저당권을 매각하(=유통시키)는 것으로부터 NPL 유동은 시작된다.

AMC (Asset Management Company) 또는 대부업체 (=도·소매상)

NPL 유동화의 핵심체인 AMC와 대부업체의 대강을 살펴보자.

AMC나 대부업체는 부실자산 정리 전문회사로 주요 업무는 다음과 같다.

『① 채권회수업무 : 담보부 부동산 관리, 개발, 채무자 신용조사, 채권추심 (배당, 직접추심).

② 인수 및 매각업무 : 법정관리, 화의 절차 중인 채권, 혹은 부실기업.

③ 기업회생 : 출자전환, 신규자금 지원, 지급보증』 등으로 규정 할 수 있다. 또한 AMC나 외국투자(펀드)자는 입찰을 통해 매입해 온 부실채권을 직접채권 추심, 임의변제, 재매각, 기타 수익사업을 통해 수익을 창출한다. AMC나 외국투자(펀드)자는 1차유동화시장(=도매시장)을 담당한다.

일반투자자(=소비자)

NPL 관련법 중 하나인 대부업법 개정으로 일반투자자는 NPL 투자를 더 이상 할 수 없다는 풍문과는 다르게 『자산유동화』법을 통해 『채무인수방식(=사후정산방식)』으로 유동화 전문회사의 NPL 물건을 직접 매입해서 배당금을 수령하거나, 해당 경매물건을 유입(=낙찰)하여 투자 수익을 실현하게 된다.

또한 간접투자 방식인 『대부법인』이나 자산유동화펀드 등에 투자하여 수익을 올릴 수 있다. 물론 대부법인을 설립하여 본격적인 NPL 투자자의 길로 들어설 수 도 있다.

부실 채권(=NPL 채권)의 세부종류

『① 금융권 담보(주로 부동산 담보대출 물건, 부동산 개발 PF담보)대출, ② 금융권 일반 무담보대출, ③ 카드사, 대부업체 무담보대출, ④ 리스 할부 차량 부담보대출, ⑤ 광업권 담보(질권)대출, 어업권 담보(질권)대출, ⑥ 상사채권(공사대금, 물품대금, 임금, 임대료 등), ⑦ 민사채권(대여금 등), ⑧ 개인 보증채권, ⑨ 비상장 유가증권 중 부실화된 채권』이다.

01 부실채권(NPL)의 발생 및 참여자들

부실채권(NPL)의 발생 및 투자 개요

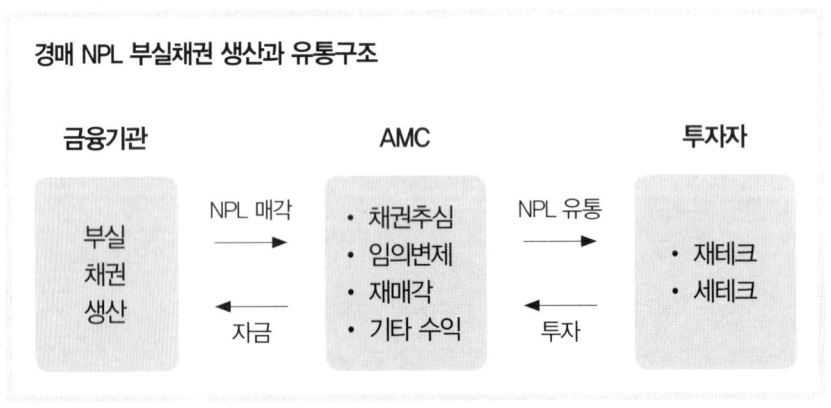

손해가 나더라도 NPL채권을 매각하는 금융권(=생산자)

담보부 부실채권의 최대 생산자는 시중은행을 비롯한 금융기관이다. 시중은행 등 금융권들은 자신들이 실행한 대출에서 원리금 상환이 당초 약속대로 이루어지지 않는 대출 중 연체가 3개월 이상이 지속되는 대출을 "부실채권"으로 분류하는 것을 앞에서 살펴보았다. 부실채권이 담보부 대출인 경우에는 담보 목적물인 부동산을 "경매"진행시켜 원리금을 회수하게 된다. 이 중 일부 경매물건의 저당권을 매각하는 것에서 "NPL 물건"이 생산되는 것을 지금 그림이 보여주고 있다.

"궁금한 점은 금융권이 왜 우량 저당권을 매각하는지 모르겠습니다!"

"여러 이유들이 있지만, BIS비율 때문에 부실채권을 빨리 털어버려야 하는 것이 가장 큰 이유라고 보면 됩니다."

"채권자는 연체채권이 발생하면 『경매』신청해서 낙찰대금에서 『배당』받아 돈을 받아내지 않았나요?"

"아직도 그 방법이 주된 채권회수 방법입니다."

"경매 도중에 해당 저당권을 매각한다면서요?"

"모든 경매 물건의 저당권을 매각하는 것은 아닙니다."

"회수 가능성이 낮은 악성 저당권만 매각하나요?"

"그렇지도 않습니다. 대형 시중은행들은 한 번 매각할 때 작게는 수 백 건에서 많게 2~3천 여 건의 경매물건 저당권을 팝니다."

"옥석 가리지 않고 판다는 말씀이시네요?"

"맞습니다, 옥석을 골라내는 수고는 우리 같은 NPL 투자자 몫이라고 보면 틀리지 않습니다."

"금융권은 AMC 또는 대부법인이라는 중간 도·소매상을 통해서만 매각하나요?"

"한 번 매각할 때 매각단위가 작으면 수백억 원, 크게는 수천억 원 규모여서 일반인들은 응찰에 참여할 수 없습니다."

"유동화전문회사나 대형 대부법인 또는 금융기관 컨소시움이라는 중간상을 거치지 않을 수 없다는 말씀이시네요?"

"현재 NPL 유통구조 하에서는 그렇습니다."

"그러면 다른 방법이 또 있다는 말씀이신가요?"

"여기에서 보여드리는 생산 공장의 범주는 『제 1금융권』이거든요."

"저축은행, 새마을 금고, 신협, 단위 농, 축, 수협 등은 여기서 말하는 NPL생산자 범주에 빠져 있다는 말씀이신가요?"

"중소형 금융기관들은 NPL POOL을 구성하고 싶어도 매물 수가 작아서 그렇지 못합니다."

"중소형 금융기관들은 그러면 자신들의 경매물건을 NPL로 매각하고 싶을 때는 어떻게 하나요?"

"궁금해 하신 그 부분이 우리 같은 일반 투자자들이 대부법인을 안 만들더라도 『NPL 중간 유통상=AMC』를 이용해서 간접투자 형태로 NPL 물건을 매입할 수 있는 창구가 될 수 있습니다."

"대부업법 개정과는 상관없이 일반인들로 유동화회사를 통하면 여전히 간접매입투자가 가능하다는 말씀이시죠!"

"그럼요, 대신 채무인수방식으로만 매입이 가능하다는 것 말고는 얼마든지 간접 투자가 가능합니다."

NPL 적정 매각가율

은행 등 금융회사는 부실채권을 생산해서 자산관리회사(=유동화 전문회사)나 저축은행 또는 다른 금융기관에 입찰 방식으로 매각한다. 매각 가격은 장부가격의 약 85~90% 선이 대략 낙찰가격으로 알려지고 있다. 경매진행이 예상되는 부실채권도 매각물건에 포함되지만, 대부분은 경매가 진행되고 있는 물건이다.

시중 은행 등 금융(기관)권에서 발생한 부실채권(담보부, 무담보부)을 AMC회사나 외국투자자에게 주로 공개 응찰방식으로 매각한다.

AMC(Asset Management Company) (=도·소매상)

AMC는 부실자산 정리 전문회사로 주요 업무는 다음과 같다.

『① 채권회수업무 : 담보부 부동산 관리, 개발, 채무자 신용조사, 채권추심(배당, 직섭추심).

② 인수 및 매각업무 : 법정관리, 화의 절차 중인 채권, 혹은 부실기업.

③ 기업회생 : 출자전환, 신규자금 지원, 지급보증』 등으로 규정 할 수 있다.

그러나 대부분의 AMC(Asset Management Company)는 부실자산 정리만을 전문으로 하는 페이퍼 컴퍼니이다. 일반인들로부터 받은 투자금으로 예전에는 담보부실채권을 경매에 붙여 투자금을 회수했지만, 요즘은 경매실행은 당연하고, 직접 채권추심, 재매각, 임의변제, 협의매수, 기타수익등을 통해 수익을 내고, 투자자는 이 수익을 받게 된다.

『• AMC(=유동화 전문회사)는 금융회사에서 발생한 부실채권을 장부가격보다 낮은 가격에 매입한다.

- AMC의 자금조달 방식은 자체자금, 투자자로부터 투자받은 자금, 금융기관에서 차입을 통해 조달하기도 한다.
- AMC는 매입한 부실채권을 직접채권추심, 임의변제, 재매각, 기타 수익사업을 통해 수익을 창출한다.
- AMC가 누리는 수익만큼 일반 투자자의 수익이 낮아진다고 보면 맞다.』

겠네요?"

"그렇습니다."

"이 부분에 대한 해결책은 없을까요?"

"해답 없는 문제가 세상에 어디 있나요!"

제 1금융권이 매각하는 NPL POOL을 공개입찰 방식을 통해서 매입하여, 일반인들에게 매각, 또는 경매에 직접 입찰하여 투자금액과 수익을 실현하게 된다. 매각파트너는 다른 AMC, 대부법인, 개인, 펀드를 가리지 않는다. 매입하겠다는 곳에는 제한 없이 매각한다. 그리고 중대형 중간상[=자산관리회사(=유동화 전문회사)나 저축은행, 캐피털] 또는 대부법인 등은 메이저 유동화회사로부터 매입하여 여러 개로 쪼개서 매각하는 NPL POOL을 매입하여, 이를 다시 더 작은 단위나 물건 수로 쪼개서 매각한다. 또한 경매과정에 직접 응찰하여 해당 경매 부동산의 소유권을 취득하기도 한다.

대부업법 개정에 따른 대부법인도 NPL 매입가능

대부채권을 매입하여 추심을 업으로 하려는 자는 금융위원회 등록대상이다. 구체적으로는

『① 2개 이상의 시도에 영업소를 설치하려는 자

② 대부채권 매입추심업자

③ 상호출자제한기업집단(대기업)에 속하는 자

④ 최대주주가 여신금융기관인자

⑤ 자산규모 120억 이상 및 대부잔액 50억 이상인 자』이다.

"이 책의 독자들 중 론세일 방식으로 NPL 투자를 하시려는 분들은『② 대부채권 매입추심업자』에 속한다고 보면 되겠네요!"

정부는 2016.7.25일자 시행 대부업법 개정을 통해 대부업법 상 대부업 영업을 『금전대부업』과 『매입추심업』[14] 분리하였다.

"정부는 대부업법을 개정하여 기존의 대부업과는 다른『대부채권 매입추심업』이라는 업태를 신설했습니다."

"금전대부와 NPL 채권 매입투자자를 분리했다는 말씀이시죠?"

"금전대부와 NPL 채권 매입투자자(=대부채권 매입추심업자)로 분리해서 관리 감독하기 시작했습니다."

"좀 억지스럽지 않나요?"

"그렇게 생각할 수도 있지만, 넓은 의미로 보면 은행이 돈 빌려주고 저당권 설정하는 행위도『대부』라고 볼 수 있습니다."

"그 저당권을 대부채권 이라고 규정한다는 이야기시죠?"

"맞습니다!"

---

[14] 대부업자 또는 여신금융기관으로부터 대부계약에 따른 채권을 양도 받아 이를 추심하는 것을 업으로 하는 것을 의미, 즉『대부채권매입추심업』이란 기존의 대부개념인『금전대부』를 말하는 것이 아니고, 은행등 여신금융기관이 금전을 대부하는 조건으로 채무자 또는 물상보증인의 부동산 등을 담보로 제공받고 여기에 주로 저당권을 설정한 대출이 부실된 경우에 이 저당채권을 매입하여 그 채권을 추심하는 것을 업으로 하는 것을 지칭한다.

"그 대부채권(=NPL)을 매입해서 채권을 회수하는 것을 업으로 하는 투자자를 『대부채권 매입추심업자』로 보고, 관리도 하고 감독도 하고, 세금도 징수하겠다는 의도라고 본다는 말씀이시죠?"

"개인 NPL 투자자에게는 배당수익에 대해 세금을 징수하지 못하는 상황을 돌파해보려는 의도도 다분하다고 봅니다."

"『대부업법인』으로 등록하려면 일정한 조건이 있다고 하던데요?"

"상세한 내용은 9장에서 설명하겠습니다."

일반 NPL 투자자(=NPL채권 최종 소비자)

일반투자자는 유동화 전문회사나 금융기관으로부터 NPL 물건을 매입해서 배당금을 수령하거나, 해당 경매물건을 유입(=낙찰)하여 투자 수익을 실현하게 된다. 또는 대부법인 등에 공동투자나 펀드투자형식으로 투자에 참여하는 방법도 있다.

"일반투자자는 AMC가 재매각하는 NPL을 직접 매입 할 수도 있나요?"

"거듭 말씀드리지만 자산유동화법의 적용이 되는 유동화전문회사를 통해서는 채무인수방식(=사후정산 방식=입찰이행방식)으로는 여전히 가능합니다!"

일반투자자는 유동화전문회사를 통해 NPL을 "채무인수방식(=사후정산 방식=입찰이행방식)"으로 매입할 수 있고, 또는 대부법인을 통한 간접투자도 가능하다. 대부법인을 통한 명의대여 방식으로 간접투자를 하는 경우, 계약금액의 2~3% 정도의 명의대여료를 대부법인에 지급하는 것으로 알려지고 있다. 이렇게 매입한 NPL 채권을 통해 원금과 배당금을 받거나, 경매에 참가해서 낙찰로 소유권을 취득할 수도 있다.

02 부실채권 시장의 도·소매 유통구조

NPL시장, 1차 시장과 2차 시장으로 분류

부실채권 시장은 1차(도매) 시장과 2차(소매) 시장으로 구분할 수 있습니다.

"처분 방식은 어떤가요?"

"1차 시장은 도매시장이라고 보면 됩니다."

"주된 인수대상자는 누군가요?"

"금융기관 등이 해당기관의 수백~수천 개의 부실채권들을 하나의 덩어리로 묶어서 국제입찰방식에 의해 매각하고, 자산유동화법에 의한 자산유동화증권을 발행해서 자금을 동원해서 유동화전문유한회사[15]가 매입하는 구조입니다."

---

15 유동화전문회사[special purpose company, 流動化專門會社] : 유동화전문회사는 자산의 유동화(流動化)를 위해 법에 의해 세워진 금융회사의 한 형태이다. 1998년 9월 제정된 '자산유동화에 관한 법률'에 근거해 회사를 세울 수 있다. 자산 유동화란 현금화되지 않은 자산을 현금으로 바꾸는 것을 말한다. 예를 들어 회사가 건물 등 부동산을 보유하고 있다고 할 때 그 기업은 건물을 팔지 않는 한 이를 현금화 할 수 없다. 그러나 건물을 담보로 돈을 빌릴 수 있다면 건물이라는 자산을 현금이라는 새로운 자산 형태로 바꿀 수 있다. 이런 형태의 금융 작업을 모두 자산 유동화라고 부른다. 건물 등 부동산은 물론이고 기업이 가지고 있는 기술까지도 모두 유동화의 대상이 된다. 유동화를 추진하는 자산 가운데 가장 대표적인 것이 채권이다. 유동화전문회사가 주로 유동화하는 자산은 채권이다. 채권은 돈을 빌려줬다는 것을 증명하는 일종의 증서이다. 따라서 채권은 만기가 돼야 발행한 기업으로부터 빌려준 돈을 이자와 함께 받을 수 있다. 만기가 되기 전 채권을 현금화하는 것이 채권의 유동화이다. 유동화전문회사는 은행 등 금융기관이 보유하고 있는 채권을 사들인 뒤 이를 증권으로 만들어 파는 방식으로 현금화를 진행한다. 유동화전문회사는 특정한 자산을 유동화하기 위해 만든 유한회사로 일종의 페이퍼 컴퍼니다. 회사를 세우기 위해서는 금융위원회에 등록을 해야 한다. 애초 계획된 유동화 업무가 끝나면 자동적으로 해산한다.

"1차 시장은 규모가 크겠네요?"

"크게는 수천억 원에서 작게는 수백억 원 단위로 묶어서 매각합니다. 외국계 투자기관이나 국내의 유암코, 대신AMC, 상호저축은행 등의 제 2금융권 등이 주로 입찰에 참가하는 투자자들입니다."

"1차 시장에 일반인 참여도 가능한가요?"

"아니오! 그러지는 못합니다."

1차 부실채권시장에서는 자산유동화법에 의해 사전에 허가받은 외국계 자본이나, 대형 AMC, 그리고 대형 대부법인 등이 입찰에 참여할 수 있고, 일반인에게 매각하는 것을 금지하고 있습니다.

부실채권 2차 시장(중·소 도매시장)

"2차 시장은 어떤가요?"

"2차 부실채권시장은 금융기관으로부터 큰 덩어리로 사들인 부실채권을 작은 여러 덩어리로 쪼개서 자산관리회사, 중소형 AMC 또는 대형 대부업체 등에 판매하는 시장이죠."

"여기도 단위가 크겠네요?"

"2차 부실채권시장은 공개, 비공개, 수의계약형태로 이루어지는 것이 보통이고 100~1,000억 원 단위로 쪼개서 매각합니다."

"그런 물건을 일반인들에게 다시 소매로 파는 건가요?"

"2차 시장에 판매되는 부실채권은 매입한 소형 AMC들이 직접추심이나 경매를 통해 추심하고 그중 일부를 마진을 붙여서 일반인들에게 재매각합니다."

『유동화전문회사』는 특정한 자산을 유동화하기 위해 만든 유한회사로 일종의 페이퍼 컴퍼니이다. 회사를 세우기 위해서는 금융위원회에 등록을 해야 한다. 애초 계획한 유동화 업무가 끝나면 자동적으로 해산한다.

NPL 유통구조와 세부 참여자들

"NPL이 발생하는 이유는 채무자가 빌린 돈을 갚지 못해서 발생하지만, 유통과정은 복잡하네요!"

"크게 세 단계로 발생, 유통, 처분 과정으로 구분됩니다."

"자세히 말씀 좀 해 주세요!"

"앞에서 말씀드린 것처럼 『생산자(금융기관) ⇒ 도매상(유암코 등) ⇒ 1차중간상인(중대형 투자펀드) ⇒ 2차중간상인(중소형 투자펀드, AMC) ⇒ 소매상(소형 AMC 또는 대부업체) ⇒ 소비자(개미투자자)』로 이어지는 유통구조가 만들어지는 거죠!"

"도매상은 누구인가요?"

"NPL을 소화시키는 대표적인 도매상들은 이렇습니다."

『• 유암코, 대신AMC 등 메이저 유동화회사

- 외국계 투자자본
- 한국자산관리공사(KAMCO)
- 우량 저축은행
- 대형 투자펀드』 등입니다.

"NPL의 유형도 있을 것 같은데요?"

"대체로 이렇게 분류할 수 있습니다."

『• 금융권 일반담보(주로 부동산 담보대출 물건),

• 금융권 일반 무담보 및 상각채권,

• 시중은행, 저축은행 및 카드사의 무담보 카드채권,

• 자동차 회사의 무담보 리스채권,

• 기업구조조정채권,

• 신용위원회채권』 등이다.

POOL마다 가격 대가 다양하다

"1차 금융기관이 1차도매상에서 수백~수천 건 단위로 매각할 때는 이들 채권들이 섞여 있나요?"

"그렇죠. 금융기관 담보부 대출채권에서 신용위원회 채권까지 온갖 부실채권들을 한꺼번에 매각하기 때문입니다."

"매입자금 규모는 어떻게 되나요!"

"매각되는 POOL에 따라 다르지만 작은 규모는 몇백 억 원 대부터 크게는 2~3,000억 원 대까지 다양합니다."

"일반투자자는 그림에 떡이겠네요?"

"그렇습니다!"

"매입 기관들은 NPL매입 자금을 어떻게 조달하나요?"

잠깐 말씀드린 것처럼 자산유동화증권[16]을 발행하기도 하고, 자신들의 자금이나 투자자금, 은행으로부터 차입 등 여러 방법을 동원하고 있습니다."

"건당 가격도 차이가 클 것 같아요?"

카드부실채권같이 수십~수백만 원에서 시작해서 몇 십억 원짜리 담보부 부실채권도 있다. 부실채권이라는 새로운 투자처에 대한 대강의 형상이 파악되었으면 충분하다.

---

16 자산유동화증권(ABS)[asset backed securities] : 기업이나 금융기관이 대출자산 및 부동산·어음 등 보유 자산을 담보로 발행하는 증권으로 『자산담보부증권』이라고도 한다. 1980년대 중반 미국에서 급성장했으며 자동차대출 담보증권, 리스대출 담보증권, 부동산대출 담보증권 등이 있다. 원래 자산담보부채권이라고 불렸으나 1998년 9월 자산유동화에 관한 법률이 제정되면서 유동화증권이라는 용어가 생겨났다. 기업이나 금융기관이 자금조달을 목적으로 보유 자산을 자산유동화전문회사(SPC)[special purpose company]나 신탁에 양도하고, SPC나 신탁회사들은 해당 자산의 현금 흐름 및 신용도를 바탕으로 증권을 발행한다.
자산을 보유한 기업은 ABS를 발행함으로써 자금조달 비용이 절감되고 일시에 대규모 자금을 확보할 수 있다. 또한 자산매각에 따른 현금 발생으로 기업의 재무구조가 개선된다. 금융기관의 경우 위험 자산의 축소로 국제결제은행(BIS)의 자기자본비율을 높일 수 있다. 또한 투자자들은 자산 보유자의 신용도와 상관없이 양질의 투자 대상을 확보할 수 있다. 한국의 경우 경제위기 이후에 나타난 자본부족 현상을 완화하고 채권시장을 활성화할 방안으로 1999년 10월에 도입되었다. 한편으로는 ABS 가운데 주택저당대출을 담보로 한 것을 주택저당담보부증권(MBS)[mortgage backed securities]이라 한다.

03
부실채권 종류와 유형, 그리고 분류 기준

NPL 부실채권(?) 모르는 사람들 아직도 많다

"부실채권(=NPL)에 대해 모르는 분들도 아직도 많습니다."

"간단히 말씀드리면 금융기관에서 보면 원금과 이자 회수가 어려운 상태의 대출을 말하죠!"

"채무자가 채무이행을 못하는 대출을 말하시네요?"

"그렇죠!"

"『담보대출 – 무담보대출』 모두가 포함되나요?"

"원금과 이자가 정상적으로 상환되지 않는 대출을 모두 말한다고 보면 됩니다."

"기준은 있나요?"

"다음 표에서 보는 것처럼 연체상태가 3개월을 넘는 대출을 "고정"이라고 하고,

그 이상 연체가 계속되는 대출을 말합니다."

"담보부대출은 부동산대출이 주로 겠네요?"

"일단 그렇게 보시면 대강은 맞습니다!"

대출(채권)의 종류와 부실채권(=NPL) 분류기준[17]

대출(채권)			구분		내용
	담보대출	주택 상가 공장 농지 임야 등	정상		연체없이 정상적으로 채무가 이행되는 대출
			요주의		1개월 이상 3개월 미만 연체된 대출
			고정	부실채권	3개월 이상 연체로 채무상환능력이 의심되는 대출
			회수의문		3개월 이상 연체로 채권회수가 심각한 대출
			추정손실		사실상 채권회수가 불가능해 손실 처리하는 대출
	무담보대출	차할부, 카드재 신용대출	정상		연체없이 정상적으로 채무가 이행되는 대출
			요주의		1개월 이상 3개월 미만 연체된 대출
			고정	NPL	3개월 이상 연체로 채무상환능력이 의심되는 대출
			회수의문		3개월 이상 연체로 채권회수가 심각한 대출
			추정손실		사실상 채권회수가 불가능해 손실 처리하는 대출

대출종류와 부실채권 분류기준

대출 종류로는 "담보대출"과 "무담보대출"이 있다. 대출채권은 "정상채권"과 "부실채권"으로 나뉜다. 분류는 다음과 같다.

---

17 부실채권(NPL·Non Performing Loan) : 원리금 상환이 3개월 이상 연체된 무수익 여신으로 부실채권이라고 부른다. 부실에 빠진 채권을 금융회사 등이 일부라도 회수하기 위해 내놓는 게 바로 NPL채권이다. 이 표 이외에 상 거래상 발생한 상사채권과 개인간에 발생하는 민사채권도 있다. 또한 보증인에 대한 보증 채권도 있다.

① 정상

신용상태가 양호한 거래처에 대한 대출금으로 연체기간이 1개월 미만인 경우다.

② 요주의

연체기간이 3개월 미만으로 현재는 원리금 회수에 문제가 없으나, 앞으로는 신용상태가 악화될 가능성이 있어 세심한 주의나 사후 관리가 필요한 대출금을 가리킨다. 여기까지가 정상채권이다.

③ 고정

연체기간이 3개월 이상으로 대출처의 신용상태가 악화돼 채권회수에 상당한 위험이 발생한 것으로 판단되는 대출금이다. 채권이 '고정' 상태에 빠지면 금융기관은 집중관리를 시작한다. '고정' 다음 단계는 '회수의문' 또는 '추정손실' 단계다.

④ 회수의문

연체기간이 3개월 이상 1년 미만이면서 대출처의 채무상환 능력이 현저하게 악화돼 채권회수에 심각한 위험이 발생한 대출금 중 회수예상금액을 초과하는 대출금을 가리킨다. 손실 발생 가능성이 예상되는 채권이다. 담보대출의 경우 금융기관은 통상 '회수의문' 단계부터 경매절차 등 법적으로 회수할 조치를 시작한다. 채무불이행상태가 6개월 이상 지속되면 실제 경매절차 등 법적절차에 착수한다.

⑤ 추정손실

연체기간 1년 이상으로 대출처의 상환능력이 심각하게 나빠져 손실처리가 불가피한 대출금 중 회수예상금액을 초과하는 부분을 말한다. 담보물 처분에 따른 경매결과로도 회수하지 못한 채권은 무담보부 부실채권으로 성질이 변하게 된다.

금융기관이 일정한 자기자본 비율을 유지해야하는 이유

「③ 고정~⑤ 추정손실」까지를 통상 부실채권(不實債權)이라고 한다. 즉 부실채권이란 자산건전성분류와 신자산건전성분류기준(FLC)[18]에 따른 여신 분류 중 '고정여신(sub-standard) 이하의 부실 여신'을 의미한다.

고정, 회수의문, 추정손실(연체 1년 이상)이 여기에 포함된다. '고정이하 여신'의 비율은 해당 금융기관의 자산건전성을 평가하는 대표적인 지표 중 하나이다. 금융권은 이 비율을 유지해야할 절대적인 이유가 여기에 있다.

---

18 자산건전성분류[資産健全性分類] : 금융기관이 보유하고 있는 자산의 건전성을 유지하기 위해 금융감독원장이 정한 기준에 따라 자산의 건전성 정도를 정상, 요주의, 고정, 회수의문, 추정손실의 5단계로 분류하는 것. 이같이 자산의 건전성을 분류하는 목적은 보유자산의 건전성 정도를 평가함으로써 불건전 자산의 발생을 예방하고 이미 발생되어 있는 불건전 자산의 조기 정상화를 촉진하여 자산운용의 건전화를 도모하려는 것이다. 이제까지의 자산건전성 분류는 과거 원리금 상환 실적에 기초한 연체 기준이었으나 최근 들어서는 해당 여신의 미래상환 가능성에 초점을 맞춘 평가 방식을 도입하는 추세를 보이고 있다.

신자산건전성 분류기준[新資産健全性 分類基準, Forward Looking Criteria] : 신자산건전성 분류기준에서는 감독당국은 최소기준만을 제시하고, 구체적인 신용평가모형은 은행이 자체 개발토록 하여 다양한 신용분석기법의 개발 및 여신 심사인력의 능력을 제고해 나가도록 하였다. 금융기관들은 감독기준의 개정을 기초로 하여 자체적인 자산건전성 분류모형을 개발하였으며, 1999년 12월부터 은행의 재무제표 작성 시 반영하고 있다.[네이버 신지식인 지식사전 인용]

04 부실 채권(=NPL 채권)의 세부 종류 10가지

부실 채권(=NPL 채권)의 세부 종류

『① 금융권 일반담보(주로 부동산 담보대출 물건)대출,

② 부동산 개발 PF담보대출,

③ 금융권 일반 무담보대출,

④ 카드사, 대부업체 무담보대출,

⑤ 리스 할부 차량 무담보대출,

⑥ 광업권 담보(질권)대출, 어업권 담보(질권)대출,

⑦ 상사채권(공사대금, 물품대금, 임금, 임대료 등),

⑧ 민사채권(대여금 등),

⑨ 개인 보증채권,

⑩ 비상장 유가증권 중 부실화된 채권』이다.

① 금융권 일반담보(주로 부동산 담보대출 물건)대출

가장 대표적인 NPL채권이다. 통상 일반적인 NPL 부실채권 투자를 이야기할 때 말하는 NPL 물건이다.

"금융기관이 담보대출 해주고 채권최고액을 설정하지만 그 금액을 넘어선 채권도 담보부 채권인가요?"

"채권최고액을 넘어선 실 채권 금액은 무담보 채권으로 그 성격이 변합니다."

채권최고액까지는 순위배당을 통해서 채권을 받게 되지만, 채권최고액을 넘어선 금액은 채무자의 다른 재산이 있는 경우 추가 채권추심을 통해 받을 수도 있다.

"채무자의 다른 재산이 없다면 어떻게 되나요?"

"통상은 포기하는 것이 일반적입니다."

"받을 권리가 없어지는 것은 아니죠?"

이런 성격의 채무는 소멸시효가 10년입니다.

② 부동산 개발 PF담보부 NPL

부동산 시행사가 개발 사업을 하다가 자금부족이나 낮은 분양률 등으로 사업을 끝까지 마무리하지 못하고 도중에 부도가 발생하게 되는 경우가 가장 일반적인 PF담보부 NPL 공급처다.

"부동산 개발 PF담보부 대출의 기본적인 성격부터 이해해야 하겠네요?"

"부동산 개발 PF 담보부 대출은 규모가 큰 것이 특징입니다."

"권리관계도 복잡하다는 말을 들어본 적 있습니다."

"저축은행 등 제 2금융권에는 금융기관마다 상당한 PF담보부 대출 NPL물건을 보유하고 있습니다."

"할인해서 매입도 가능하겠네요?"

부동산 담보대출 NPL의 경쟁률이 높아지자, NPL투자 고수들이 새롭게 눈을 돌리고 있는 NPL 투자처가 개발 PF담보부다.

③ 금융권 일반 무담보대출

은행이 직장인 등을 상대로 마이너스 통장개설 등을 담보없이 신용만으로 대출해준 경우에서 부실채권이 발생하는 경우다.

"직장인들이나 전문업종 종사자는 담보없이 마이너스 통장 개설을 해주는 경우가 많습니다."

"그렇게 담보없이 해준 대출이 연체에 빠진 건을 소각하지 않고 모아서 무담보채권으로 매각(유통)하는 경우라는 말씀이시죠?"

"회수율이 높지 않아서 일반 NPL 투자자가 투자하기에는 곤란한 점이 많습니다!"

"장부가격의 1.5% 가격이면 매입이 가능하다고 하던데요?"

"POOL 상태에 따라 매각가격 차이가 심합니다."

"낮은 가격에 매입할 수 있다면 투자할만하지 않을까요?"

"할인율만 보시고 매입하셨다가는 손해 볼 가능성이 높습니다."

"그러면 이런 NPL 채권은 누가 주로 매입하나요?"

정보력과 조직력을 갖춘 신용정보회사 또는 무담보채권만을 취급하는 경험 많은 일부 전문가들이 매입한다고 보면 된다.

④ 카드사, 대부업체 무담보대출

은행 등이 부동산 담보 대출해 줄 때 보통 신용카드 한 두 개 신규 부탁하는 일이 여전히 관례처럼 계속되고 있다.

"담보없이 신용만으로 만들어준 카드가 연체되면서 발생한 NPL채권이라는 말씀인가요?"

"직장 잘 다닐 때야 문제가 없지만 명퇴 등으로 직장에 변동이 생기면 카드대금 막는 것도 금방 한계에 봉착하는 사람들 많습니다."

"직장에 문제가 생기면 곧바로 사용한도부터 줄여버리잖아요?"

"순식간에 상태가 악화되고 마는 거죠?"

"카드사나 대부업체의 채권의 특징이 따로 있나요?"

"건당 금액이 크지 않습니다."

"그럴 것 같네요!"

금액이 작은 건은 2~300만 원 짜리도 수두룩합니다.

⑤ 리스 할부 차량 무담보대출

주로 캐피털회사가 법인이 자동차 등을 리스로 구입할 때 대금을 미리 지불하고, 이자와 원금을 매달 회수하는 조건으로 융자를 했다가 법인 등이 부도 등으로 채무이행을 하지 못하는 경우에 발생하는 NPL채권이다.

⑥ 광업권, 어업권 담보(질권)대출

이 경우는 부동산이 담보 목적물이 아니라, 무형의 재산인 광업권이나 어업권을 담보로 설정하고 융자해주는 경우다.

예를 들어 강원도에 어떤 광산회사가 채굴권을 가지고 광물을 채취하고 있던 임야가 경매 나왔다고 하면 이 경우에는 두 가지가 경매 목적물이 된다.

"하나는 부동산인 임야고, 하나는 광물을 채굴할 권리라는 말씀이시죠?"

"그렇죠!"

어업권은 남해안등에 가보면 가두리 양식장을 설치하고 물고기를 키우는 양식장이 경매에 나오면 가두리 양식장을 설치하고 고기를 기를 수 있는 권리(=어업권)이고, 가두리 양식을 하던 어업법인이나 어업인이 채무불이행 상태에 빠지면, 고기를 기를 수 있는 권리 역시 경매 목적물이다.

⑦ 상사채권(공사대금, 물품대금, 임금, 임대료 등)

각종 공사대금, 물품 공급하고 대금 받지 못해서 발생한 미수금 채권, 일해주고 받지 못한 임금채권, 부동산 임대하고 받지 못한 건물 임대료 등도 NPL 채권이다.

⑧ 민사채권(대여금 등)

개인에게 빌려주고 받지 못한 돈 역시 NPL 채권이 된다.

⑨ 개인 보증채권

채무자가 대출받는데 모자라는 부분을 보증을 서 주었다가, 채무자가 변제하지 못하면 보증 받았던 기관이 보증인에게 채권회수를 하게 된다. 채무자를 대신해서 변상한 금액은 채무자에게 청구할 수 있다.

⑩ 비상장 유가증권 중 부실화된 채권

"매입처는 어디인가요?"

『온비드』나 비상장 주식 매각하는 인터넷 사이트 등에서 투자할 수 있다.

"투자변수는 많겠죠?"

"일반인들은 접근하기 어렵습니다."

"그렇죠!"

장외주식인 비상장주식은 가치평가도 어려운데, 더욱이 부도난 비상장법인의 주식에 투자는 일반인들은 쉽지 않습니다.

무담보부 채권에 대해서는 부정적

부실채권은 종류가 다양하듯 금액도 아주 다양하다. 세부적으로 보면 신용카드대출 연체, 자동차 할부채권, 대부업체 소액 대출, 대여금채권, 물품대금 채권에서부터 건당 수십억 원짜리 부동산 담보부 채권도 있다. 몇 십 만 원싸리 신용카드대출에서부터 부동산 담보 대출, 수십억 원 대 기업대출까지 다양하다.

"왜 박사님은 무담보부 채권에 대해서는 부정적이세요?"

"병아리 투자자들이 가까이 하기에는 너무나 위험한 당신입니다."

"장점도 있지 않나요?"

"물론 장점도 있지만 당분간은 『담보부 부실채권』을 통해서 NPL채권의 투자세계를 이해하시는 것이 맞습니다."

"하지 말라면 더 하고 싶은 마음이 자꾸만 생겨요."

"투자의 세계는 모르면서 목숨을 걸면 목숨이 걸리더라고요."

05 여전히 미 개척지로 남아있는 무담보 NPL

무담보부 NPL은 신용을 담보로 금융기관에서 고객에게 빌려준 채권이다. 담보가 없기 때문에 장부가격 10%이하의 가격으로 매각된다. 무담보부 NPL은 회수가능성을 잘 살펴보아야 한다. 회수 가능한 살아있는 채권인가 여부를 잘 판단해야 한다. 금융권에서 매각하는 무담보 채권 중에는 추심이 가능한 것도 있고, 불가능한 것도 있기 때문이다.

무담보부 부실채권은 말 그대로 '모' 아니면 '도'다. 기업채권인 경우 액면가는 크지만 사업주가 도피를 하거나 파산 신청을 한 경우 추심이 더욱더 힘들고 오랜 시간이 걸린다. 시간들이고 돈 들지만 회수가능성은 거의 없다. 필자를 포함한 독자여러분들이 부실채권투자에 하더라도 그 대상은 담보부부실채권에 한정되어야 하는 이유가 여기에 있다. 무담보부채권은 장부가격의 2~3% 정도로 매입할 수 있다고 하더라도, 회수할 수 있는 가능성이 거의 없는 쓰레기 수준의 채권이다. 물론 회수에 성공한다면 "대박"도 그런 대박이 따로 없겠지만, 잘 못하다가는 사채업자처럼 파산에 빠진 채무자 뒷조사 한다고 전국을 헤매고 다닐 수 도 있다.

무담보부 부실채권 회수실태

"무담보부 부실채권은 아주 싸게 매입할 수 있다면서요?"

"장부가격의 2~3% 전후면 매입 가능합니다!"

"그러면 한 건만 제대로 회수해도 대박 아닌가요?"

"말은 그렇지만, 낙타가 바늘 통과하기보다 어렵습니다."

"열심히 노력하면 성공할 수 도 있잖아요!"

"개인이 무담보 채권에 투자해서 열심히 채무자 쫓아다니다 보면 오히려 범법자가 될 수도 있습니다!"

"정말인가요?"

"개인은 채권추심하지 못하도록 되어 있어요!"

"내 돈 받겠다는데 하고 못하고가 어디 있나요, 하면 되지?"

"합법과 불법의 외줄을 아슬아슬하게 타게 된다니까요."

"합법의 테두리 안에서만 하면 되지 않겠어요?"

"그러면 좋은데 해보시면 그게 말처럼 쉽지 않습니다."

"그렇게 어려운가요?"

"다 망한 사람 털어보세요, 먼지 한 톨 안 나옵니다."

"그게 무슨 말씀이세요!"

"돈 내놓으라고 찾아갔다가 밥 사주고 오게 된다니까요?"

"아무 것도 없다는 말씀이세요!"

"조금만 생각해봐도 답이 뻔한 일입니다. 열심히 채권추심 하다가 오히려 범법자 됩니다!"

"그러면 무담보 채권은 주로 누가 인수하나요?"

"무담보 채권은 채권추심에 정보와 노하우가 많은 신용정보회사가 대량으로 구입해서 추심하는데, 전문업체나 전문가들도 회수율이 5% 전후라고 합니다."

"열심히 노력하면 꽤나 재미가 있을 것 같은데, 부정적이시네!"

"부정적인 것이 아니라 회수실태가 그렇다는 말이죠!"

"매력은 있어 보이는데?"

"정 그러시면 작은 건 서너 개 구입하셔서 전국 여행이나 즐겁게 한 번 해 보세요!"

"작은 거라면 투자금액이 얼마나 있으면 될까요?"

"장부가격 1억 원짜리라도 2~300만 원 있으면 된다고 하니까 부담은 없겠네요!"

"선생님 같으면 어떠세요. 이 정도면 한 번 해 볼만 하지 않을까요?"

"세상사 욕심 부려 좋은 일 하나 없습니다. 물어보지도 마세요, 나는 무조건 안 합니다!"

"그런가요? 전국유람이나 같이 다니자고 할려고 했는데, 매정하시네."

"경매나 부실채권투자나 다를 것이 뭐 있겠어요. 보증금 한 푼 못 받고 쫓겨나는 사람에게 집행관 동원하는 인간들이나, 다 망해 숨어 사는 사람들을 상대로 강력계 형사도 아니고, 그런 짓해서 몇 푼 더 받아내면 그 돈으로 부자 될까요. 아마도 아닐 겁니다."

"그러기는 하겠네!"

세상살이라는 것이 최소한의 동정심이나 이타심은 가지고 있어야 서로 불행해지지 않는다.

06
NPL 물건 매입처별 특징과 장단점

NPL 물건 매입처별 특징과 장단점

『① 유암코 – 대신AMC 등, ② 저축은행 – 새마을금고 – 신협 등, ③ 유동화회사 – 중·소형AMC, ④ 개인저당권』등으로 나눌 수 있다.

"각 매입처별로 장단점을 말씀 좀 해 주세요?"

"제가 알고 있는 것만 말씀드려도 될까요!"

"더 이상 뭘 바라겠습니까?"

"제가 알고 있는 특징만 정리 해 보겠습니다!"

① 『유암코 – 대신AMC』등의 저당채권을 매입할 때 특징

장점은

(1) 상대적으로 저렴하게 매입할 수 있고,

(2) 매입대상 물건 수가 많고,

(3) 매입대상 투자가능 금액 대가 다양하고,

(4) 매입대상 물건이 전국적이고,

(5) 매입대상 물건 종류가 다양하고,

(6) 매입 시 비정상적인 비용이 발생하지 않는 것은 장점이고,

단점으로는

(1) 매입 가격 내역을 알 수 없고, 협상이 불가능하고,

(2) 개인이 직접 매입하기에는 어려움이 있고,

(3) NPL되기 전의 물건은 취급하지 않고,

(4) 매입기회를 잡기가 어렵고,

(5) 매입 저당권의 설명을 들을 수 없고,

(6) 질권 대출 협조받기가 쉽지 않고,

(7) 여러 번 거래해도 단골개념이 안 생기고,

(8) 권리분석이나 수익성 분석을 투자자가 직접 해야 하는 점, 등은 단점이다.

② 『저축은행 – 새마을금고 – 신협』 등의 저당채권을 매입할 때 특징

장점은

(1) 물건의 지역이 집중되어 있고,

(2) 보유하고 있는 물건을 『통』으로 매입할 수 있고,

(3) 질권 융자 등 매입편의를 받을 수 있고,

(4) 할인 매입이 가능하고,

(5) 경매되기 전이나, NPL화 되기 전의 물건투자도 가능,

(6) 거래가 많아지면 단골개념이 생길 수 있고,

(7) 매입 전 매입 물건의 상세정보를 얻을 수 있고,

(8) 높은 연체이자를 누릴 수 있는 점, 등은 장점이고,

단점으로는

(1) 매입 물건이 다양하지 못하고,

(2) 2순위 이하 저당채권인 경우도 있고,

(3) 저당채권의 가격을 신뢰하기가 어렵고,

(4) 부동산이나 저당권에 문제가 있는 경우도 있고,

(5) 비정상적인 매입비용이 발생할 가능성이 있고,

(6) 단골이 아니면 물건 매입이 쉽지 않다는 점,

(7) 첫 거래하기가 어렵다는 점,

(8) 자체 저당권이 아닌 투자저당권인 경우,

(9) 거래 물건이 많지 않는 점, 등은 단점이다.

③ 『유동화 회사 – 중·소형AMC』를 통해서 저당권을 매입할 때의 특징

장점은

(1) 물건 정보를 상세히 얻을 수 있고,

(2) 권리분석이나 수익성 분석을 마친 상태이고,

(3) 한 두 건 매입이 가능하고,

(4) 질권 융자 협조가 용이하고,

(5) 소액이나 공동투자가 가능하고,

(6) 원하는 물건을 사전에 예약할 수 있고

　　(7) 신뢰가 쌓이면 우수물건을 따로 소개 받을 수 있고,

　　(8) 질권융자를 많이 받을 수 있고,

　　(9) 물건 접근이 상대적으로 용이하다는 점, 등은 장점이고,

단점으로는

　　(1) 매입가격이 비싸고, 매입 시 추가비용이 발생한다는 것,

　　(2) 단골이 아니면 우수물건 소개받기가 어렵고,

　　(3) 물건 정보가 정확하다고 말하기 어렵고,

　　(4) 매입 경쟁이 치열한다는 것,

　　(5) 상대적으로 우수 물건을 만나기 어렵다는 점, 등은 단점이다.

④ 『대부법인』을 통해서 저당권을 매입하는 경우는 두 가지

단순히 대부업체 명의만 빌려올 때의 특징

　이 경우는 일반 투자자가 『물건선정 – 수익분석 – 매입협상』을 완료한 다음 대부업법 규정에 따라 직접 매입하기 어려울 때 대부법인의 명의로 NPL채권을 매입하는 방법이다.

　장점은

　　(1) 물건 매입단계에서 어느 정도 도움을 받을 수 있고,

　　(2) 의사결정이 좀 더 효율적일 수 있고,

　단점으로는

　　(1) 대부업체 이용 시 명의대여료 등 추가비용이 발생한다는 것,

(2) 론세일 방식이어서 자금 부담이 커지게 되고,

(3) 양도소득세 절감효과를 기대할 수 없고,

(4) 투자금의 안전장치를 100% 보장하기 어려운 점, 등은 단점이다.

대부법인에 투자할 때의 특징

개인투자자가 대부법인에 투자하는 형식의 주된 투자방법이다.

장점은

(1) 『물건선정 - 수익분석 - 매입협상』을 모두 대부법인의 책임 하에 진행되기 때문에 투자자는 수고를 덜 수 있고,

(2) 다수가 공동투자하는 형식이 대부분이어서 상대적으로 소액투자가 가능하고,

(3) 다양한 NPL 물건에 투자할 수 있다는 점, 등은 장점이다.

단점으로는

(1) 공동투자로 투자 사고가 발생할 가능성이 있고,

(2) 투자주체인 대부업체나 매니저가 함량미달일 수 있고,

(3) 원하는 시기에 투자금이 회수되지 않을 수 있고,

(4) 투자금의 안전장치를 100% 보장하기 어려운 점, 등은 단점이다.

⑤ 『개인저당권』을 매입할 때의 특징

장점은

(1) 가격협상이 가능하고,

(2) 저당권자 정보 파악이 쉽고,

(3) 채무자의 정보 파악이 쉽고,

(4) 의사결정이 단순하고,

(5) 해당 부동산의 정보 파악이 용이한 점, 등은 장점이고,

단점으로는

(1) 저당권 가격을 신뢰할 수 없고,

(2) 후순위 저당권인 경우가 자주 있고,

(3) 해당 부동산이나 권리 상에 하자가 있는 경우가 있고,

(4) 질권 융자가 어려울 수 있는 점, 등이 단점이다.

"이렇게 분류한 것이 정답은 아니지만, 일반인들에게는 도움이 될 거라고 생각합니다!"

07

경험에서 배운
실전 고수가 말하는 투자유형

개인 투자자가 부실채권에 투자할 수 있는 방법을 알아보자.

개미가 스스로 투자하는 방법 두 가지

일반 투자자가 부실채권에 투자하는 경우에는 단독 또는 공동으로 한 물건을 통째로 투자하는 경우와 한 물건에 펀드로 공동 투자하는 경우로 나누어 볼 수 있다.

개인 투자자의 NPL 투자에는 대강 다음과 같은 투자방법이 있다.

『① 나 홀로 투자(대부법인 직접 설립 후 법인명의 매입 또는 유동화전문회사 물건 직접 매입),

② 지인끼리 공동투자(직접 또는 간접 투자),

③ 투자고수와 공동투자(직접 또는 간접 투자),

④ 선수에게 일임하는 간접 또는 공동투자,

⑤ AMC(주식 – 유한)전문회사 – 대부법인』을 통한 간접투자로 나눌 수 있다.

"대강 압니다만, 그래도 정리 한번 해 주세요!"

"투자유형별로 장단점을 살펴보면 대강 이렇습니다."

① 『나 홀로 투자(대신, 유암코 등 유동화 전문회사 물건 직접매입)』의 특징

장점은

    (1) 채무인수 방법이어서 자금부담이 적고,

    (2) 의사결정이 신속하고 간단하고,

    (3) 100% 자기 책임 하에 투자가 이루어지고,

    (4) 비밀유지가 용이하고,

    (5) 물건선정이 자유롭다는 점, 등은 장점이고,

단점으로는

    (1) 채무인수 방법만 가능해서 투자방식에 한계가 있고,

    (2) 계약 때 유동화회사에 끌려가게 되고,

    (3) 차액보전 등 불완전한 계약을 하게 될 수 도 있고,

    (4) 계약에 따라 선순위 비용을 부담해야 할 수도 있는 점, 등은 단점이다.

부실채권에 단독으로 매입하기

"부실채권투자를 단독으로 하려는데 주의할 점에 관해서 설명 좀 해주세요!"

"혼자하시면 속은 편하죠, 의사결정 신속하죠, 수익나면 다 내 것이죠, 남 탓 할 일 없죠?"

"그럴 것 같아서요!"

"여러 사람이 멤버면 각자 생각이나 상황들이 달라서 의견 조정이 쉽지 않고요?"

"그래서 혼자서 한번 해 보려고요!"

"투자라는 것이 당초 구상했던 방향대로 가는 경우가 오히려 드물잖아요!"

"뭐가 불편할까요?"

"의사결정은 내가 하니까 쉬운데, 원하는 수익이 나는 물건을 발견할 수 있을지 가 문제죠!"

"경매투자를 좀 해봐서 매입가격과 낙찰가격은 어느 정도 계산할 수 있어요!"

"그러시다면 다행입니다. 투자금액도 한계가 있을 수 있고요?"

"작은 것부터 한번 해 보려고요."

가장 깔끔하고 확실한 투자방법이다. 다음은 공동으로 한 개를 단독으로 매입하는 경우다.

② 『지인끼리 공동투자』의 특징

장점은

   (1) 의사결정이 비교적 신속하고,

   (2) 혼자 보다는 자금 동원력에 여유가 생기고,

   (3) 투자규모에 여유가 있고,

   (4) 투자규모, 물건, 지역에도 여유가 있고,

   (5) 소액투자가 가능하다는 점, 등은 장점이다.

단점으로는

   ⑴ 수익을 분배해야 하고,

   ⑵ 의사결정이 복잡해질 수 있고,

   ⑶ 결과에 따라서 원하지 않은 상황이 올 수 있는 점, 등은 단점이다.

지인들과 공동으로 투자할 때 특징

"이번에 투자하기로 한 부실채권 투자 물건의 규모가 커서 친구들과 공동으로 한번 도전해 보려고 하는 데 주의해야 할 점이 뭔가요?"

"일단 투자에서부터 분배까지 전 과정이 투명해야 합니다."

"그거야 당연하죠!"

"수익에 대해서도 확실하게 언급하셔야지 아무리 친하다고 해도 돈 앞에서는 다 필요 없습니다."

"알겠습니다."

좋은 뜻으로 시작은 했다고 하지만 운영과정이 미숙하거나 또는 수익(률)이 목표치에 도달하지 못하면 분란이 발생할 소지가 얼마든지 있다.

"그럴 수 있을 것 같아요!"

"모든 과정을 기록이나 영수증으로 남기셔야 합니다."

"알겠습니다."

소액 공동투자의 펀드매니저를 수차례 해 본 입장에서 말씀드리면, 사설펀드 투자라는 것이 경험 있는 사람이 앞장서고 다수의 사람들이 따르는 형태가 된다. 수익률이 최대관심사다. 수익의 크기나 수익률이라는 것은 투자가 끝나봐야 알게 된다. 원하지 않은 방향으로 배가 가 있을 가능성이 크다.

③ 『투자고수와 공동투자』의 특징

장점은

  (1) 상대적으로 높은 수익을 올릴 수 있고,

  (2) 고난도의 물건 투자를 경험할 수 있고,

  (3) 다양한 물건, 지역, 투자규모가 다양하고,

  (4) 하자를 미연에 방지 할 수 있고,

  (5) 다수의 투자자와 공동투자가 가능한 점, 등은 장점이다.

단점으로는

  (1) 투자내용이 복잡해질 수 있고,

  (2) 소송이 필요한 투자 건은 추가 비용이 들어갈 수 있고,

  (3) 이익이 줄어들 수 있고,

  (4) 의사결정에 참여하기 어려울 수 있고,

  (5) 수익 창출과정을 소상히 알기 어려울 수 있고,

  (6) 투자가 장기화될 가능성이 있고,

  (7) 전체 투자에서 차지하는 비중이 낮을 수 있는 점, 등은 단점이다.

④ 『고(선)수에게 일임』하는 투자의 특징

장점은

  (1) 고수익을 기대할 수 있고,

  (2) 복잡한 투자과정을 다 알지 않아도 되고,

  (3) 결과만 누려도 되고,

  (4) 대규모 투자를 경험할 수 있고,

(5) 본업에 전념할 수 있다는 점, 등은 장점이다.

단점으로는

(1) 투자전반을 알 수 없고,

(2) 추가비용이 발생할 수 있고,

(3) 수익이 줄어들고,

(4) 결과에 따라서는 손실이 발생할 수 있고,

(5) 배분절차를 투명하게 알 수 없는 점, 등은 단점이라고 본다.

다음에는 대부업체 등을 통한 간접투자방법을 살펴보자.

⑤ AMC 또는 대부업체 등을 통한 간접투자

『법인 – 대부법인(부실채권에 간접 투자)』하기 특징

장점은

(1) 투자 방법이 다양하고 자유롭고,

(2) 소액투자가 가능하고,

(3) 비용까지 고려하면 세금 등에서 개인 투자자보다는 유리하고,

(4) 공동투자 – 펀드투자가 가능하고,

(5) 전문가들(그룹)의 운영방법을 배울 수 있는 점, 등은 장점이다.

단점으로는

(1) 운영과정이 투명하지 않을 수 있고,

(2) 불필요한 비용(배당소득세 또는 법인세로 수익금의 24.6~39.6%의 세금을 원천징수)이 발생할 수 있고,

(3) 투자방법이 공개될 수 있고,

(4) 투자정보 비밀 유지가 어려울 수 있는 점, 등은 단점이다.

이 경우는 지금까지 일면식도 없는 사람들과 공동으로 펀드를 구성한다는 점이다. 펀드구성원이 10명 단위에서 많게 30~40명씩 지분으로 투자하는 형태이다. 투자자는 투자지분만큼의 권리를 갖는다. 대부업체 또는 AMC가 『모집 – 운영 – 처분』 전 과정의 업무를 수행하게 된다. 투자자는 원금과 이익금을 받고, 업체는 운영에 따른 수수료를 받는 형태다.

"입찰이든 협의매수든 돈이 많이 들 것 같은데요?"

"그렇죠!"

"직장 다니는 사람도 투자하기 어려울 것 같고?"

"AMC나 대부업체를 통한 간접 투자방법도 있습니다."

"어떻게 하나요?"

"AMC나 대부업체가 주최하는 투자설명회에 참석하여 투자물건들의 설명을 들은 다음, 일반투자자가 업체 명의 은행구좌에 송금을 하여 투자를 하면, AMC나 대부업체는 다수로부터 모집한 그 투자금으로 부실채권(NPL)을 할인된 가격에 금융회사나 도매상으로부터 구매하여 채권회수업무를 수행하는 구조죠!"

"간접투자라고 보면 되겠네요?"

"완전히 간접투자죠!"

"피라미드 구조인가요?"

"구조상으로 보면 피라미드 구조는 아닙니다!'

"피라미드라는 소리만 들어도 아주 치가 떨리는데요?"

"그런 분들 많으세요!"

일부 AMC나 대부업체가 다단계 방식으로 투자자를 모은다고 하지만, 정상적인 AMC나 대부업체는 NPL 설명회를 개최하거나, 무료특강, 부실채권투자반, 부실채권투자동호회 등을 투자자 모집처로 이용하여 투자자를 모은다.

"경매보다 공동투자가 더 많은 것 같아요?"

"맞는 말씀이세요!"

"왜 그럴까요?"

"경매투자는 물건이 대상이어서 낙찰가격과 처분가격을 비교적 정확하게 예측할 수 있지만, 부실채권투자는 그게 아니죠?"

"NPL투자는 그렇지 않다는 말씀이세요!"

"부실채권투자는 낙찰가격에서 배당을 받는 구조여서 나중에 얼마의 수익이 실현될지 알기 어려운 복잡한 구조여서 그렇습니다."

"남이 낙찰가격을 결정하기 때문에 회수부분에서 전문가의 실력이 필요하다는 말씀처럼 들려요?"

"바로 그겁니다. 그리고 또 배당단계에서 정확하게 배당표를 예측할 줄 아는 능력이 필요한데 일반 투자자들은 그 부분에서도 애를 많이 먹게 되거든요?"

"저도 그렇다니까요, 배당표는 아무리 봐도 헷갈리더라고요!"

"그래서 경험이 많은 전문가나 AMC나 대부업체에 의뢰를 하게 되는 거죠!"

"간접 투자에 따른 리스크는 없나요?"

"간단히 말씀드리면 무지하게 많습니다!"

"한 가지만 말씀해주세요?"

"두 가지만 말씀드릴게요, 당초에 제시받았던 '목표수익률'에 못 미치는 경우이고, 또 하나는 '투자사기'가 발생할 가능성이 있습니다."

"직접 하기는 어려운 것 같고, 간접투자 하려니 위험부담이 크네요!"

"크고, 오래된 AMC나 대부업체라면 그나마 위험부담은 덜 하다고 봅니다."

간접투자는 조심해야 할 점들이 많다. 투자의 최종책임은 투자자 자신에게 있다. 수익이 나면 누리고, 손해가 나면 감수해야 한다는 기본은 잊지 않으면서 투자를 해야 한다.

NPL 관련 투자사고가 터지는 지뢰밭!

"NPL 관련 사기사건이 계속되는 이유가 뭘까요?"

"서로의 욕심에 제동장치가 없기 때문 아닐까요!"

"NPL 관련 투자사고가 자주 일어나는 투자 유형은 뭔가요?"

"⑤『법인 - 대부법인(부실채권에 간접 투자하기)』입니다!"

왕초보자 당신만을 위한

경매·NPL 투자 비법

08 NPL 매입 후 처리과정과 경매와 상관관계

NPL 부실채권과 경매관계[19]

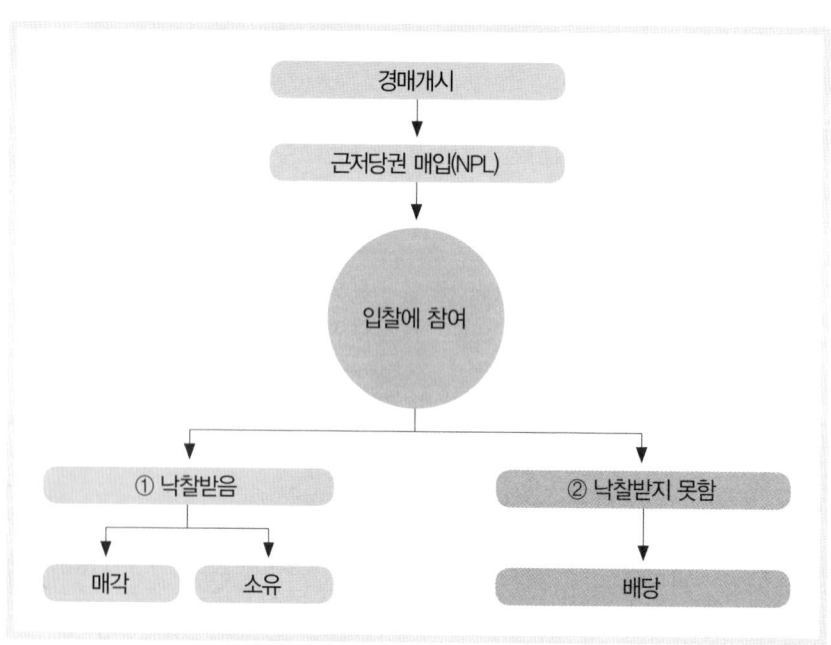

19 경매정보업체 지지옥션(www.ggi.co.kr)사이트 바탕화면 캡처.

경매개시

통상 채권자인 근저당권자는 채권을 회수하기 위해 경매를 신청하고 난 다음 부실채권을 매각한다.

"대출해준 금융기관이 채무자가 채무이행을 하지 못하면 2개월 정도는 이자 원금을 상환 할 수 있는 정도의 시간을 줍니다."

"연체 상태가 3개월이 지나면 부실채권인 『고정』으로 분류하고 법적 회수작업을 시작한다는 말씀이시죠?"

채권자인 금융기관이 경매신청을 하면 법원은 해당 부동산에 경매개시결정을 등기하는 등 강제매각 절차에 착수한다.

"법적회수작업의 첫 단계가 경매신청이라고 보면 됩니다."

경매신청한 후에 해당 채권(주로 저당권)을 국제입찰 등을 통해서 매각하는 단계를 거친다.

경매물건의 저당권을 매입, 인수

금융기관이 경매신청 후 매각하는 저당권은 일단 대형 유동화회사가 1차로 매입한 다음 2차로 유동화 회사에 매각하거나 일반 투자자를 상대로 매각할 때 한 두 건을 개별 매입하게 된다.

"대형 유동화회사가 일반 투자자에게도 한 두 건 씩 개별 매각도 한다는 말씀이시죠?"

"요즘 분위기는 작은 POOL로 중소형 유동화회사에 매각하는 것보다 일반 투자자를 상대로 건별 매각하는 것을 더 선호하는 듯합니다."

"한꺼번에 매각하는 것보다 비싸게 매각할 수 있어서 그런 것 아닐까요?"

그렇게 보는 것이 타당하다.

입찰에 참여

그림의 내용은 NPL 저당채권 매입 후 입찰에 참여하는 것으로 표현되어 있지만 사실은 배당금 수령법이 목적인 투자자는 응찰하지 않고 자신이 매입한 저당권을 품고 있는 경매 물건을 제3자가 낙찰받으면 배당과정에만 참여해서 배당금을 수령하는 것만을 목적으로 투자하는 투자자도 상당하다.

"저당권만 매입하고 응찰에는 참여하지 않는 투자자도 있다는 말씀이시죠?"

"그렇습니다."

"입찰에 참여했어도 그림 오른쪽으로 가는 것처럼 낙찰받지 못하는 경우에도 염려할 일은 없습니다."

"당초 목적은 저당권 매입 후 낙찰받아 소유권을 취득하는 것이 목적이었지만, 1등으로 응찰하지 못해서 떨어졌다고 해도 배당투자자처럼 배당받는 데는 아무런 지장이 없습니다."

"그래도 응찰했다가 낙찰 받지 못하면 서운할 것 같은데요?"

"꼭 그 물건을 갖고 싶어서 응찰했었는데, 1등하지 못했다면 방법은 또 있습니다."

"응찰했다가 떨어진 다음에도 다시 낙찰 받을 방법이 있다는 말씀이세요?"

"있습니다."

"무슨 방법이 있나요?"

"저당권자의 권리를 십분 활용하면 됩니다."

"그게 무슨 말씀이세요?"

"저당권자는 경매신청권리가 있다는 것은 아시죠!"

"그러니까 NPL 투자자가 응찰했다가 떨어지면 경매를 취하시킬 권리도 가지고 있다는 말씀이시네요?"

"바로 그렇습니다!"

저당권을 매입한 후 응찰했었는데 낙찰 받지 못했다면 일단 기존의 경매를 취하시킨 다음 다시 경매를 신청해서 적당한 가격에 응찰하는 방법이다.

낙찰 받음

NPL 저당권을 매입한 부실채권 투자자가 경매에 참여하여 최고가 응찰로 소유권을 취득하는 과정이다.

"대부분의 NPL투자자가 낙찰로 소유권을 취득하는 것을 목표로 부실채권을 매입한다고 하셨죠?"

저당권 매입 ⇒ 응찰 ⇒ 최고가 매수인 ⇒ 잔금납부 ⇒ 배당 ⇒ 처분(임대 또는 매각)까지가 온전한 의미의 NPL투자라고 할 수 있다.

"박사님 설명을 들어보니 NPL 투자자는 낙찰 받든 아니든 『배당』은 받게 되네요?"

낙찰받고 난 다음에도 NPL투자자 배당받는 과정이 생략되어 있기는 하지만 『경매 – NPL관계』를 간략하게 잘 설명하고 있는 그림이다.

"NPL 과정 이후에는 경매투자과정과 똑 같다고 생각해도 되겠네요?"

"완전히 똑 같습니다!"

따라서 경매 공부가 기본적으로 되어 있는 분들은 NPL 투자를 이해하기가 쉽다는 말이 성립된다.

매각 또는 배당금 수령

NPL 채권 매입 후 경매과정에 응찰해서 낙찰로 취득한 해당 부동산을 매각 등으로 처분하는 것이다. 단기 투자를 주 목적으로 하는 투자자들의 투자 패턴이다.

"NPL매입에서 배당금 수령 때까지 보통 4~6개월 정도 걸린다고 하셨죠?"

투자의 기본적인 원칙이 지속가능성이다. 경매 투자를 하다보면 많은 투자자들이 지속적인 투자를 하지 못하는 문제가 발생하게 된다.

"종잣돈 부족이 문제라는 말인가요?"

"그렇습니다!"

한 건 투자하셨다고 해도 투자금액이 잠겨버리면 다음 투자 시까지 상당한 시간이 필요로 하게 되는 문제를 극복할 방안이 바로 배당금 수령이나 매각으로 속된말로 『총알』을 재 장전하는 것이다.

실제 투자과정에서 종잣돈 고갈이 큰 문제다. 지속적인 반복 투자를 가로막는 원인이 바로 종잣돈 고갈이다. 그림에서는 표현되지 않았다 해도 NPL투자자는 은행융자금까지를 이용하면 투자한 돈 이상의 자금을 다음 투자의 실탄으로 사용할 수 있게 된다.

"짧은 기간에 재충전을 『배당금』으로 하게 된다는 견해는 탁월한 투자 노하우네요!"

"은행융자금을 이용하면 본래 종잣돈 이상의 자금을 마련할 수 있다는 말은 언뜻 이해가 않되는데요?"

"고가응찰에 따라 낙찰가격 대비 경락잔금 융자 비율을 높이는 투자전략이면 가능합니다!"

"알 듯 말듯 합니다."

"고민 많이 해보시면 이해가 됩니다. 책에 직접 쓰기에는 민감한 부분이 있어서 여기까지만 설명하겠습니다."

"이왕 말씀하신 김에 조금만 더 설명해주세요?"

"¥∮Å‰☆♨☏#☏♠]우☆▽=£≪∀∃∞№Ⓚ♪♩‡Å‰☆♨☏∞№Ⓚ♪♠@@∮Å‰우☆∀&∃∞№☏♠우&∀"

"듣고 보니 충분히 가능한 이야기네요!"

NPL 투자를 통하면 누릴 수 있는 즐거움이다. 이해 못하겠다고 아우성치는 일부 독자들로부터 비난의 목소리가 들리는 것이 생생하게 느껴지지만 괘념치 않겠다.

세상은 어차피 아는 것만 보이는 것이 정한 이치다.

책에다 내용 전부를 공개적으로 쓸 수 없지만 곰곰이 생각해보시면 이해가 되는 분도 계실 것이다.

소유

당장 처분하지 않고 임대나 직접 사용 등으로 보유하는 투자전략이다. 장기보유에 따른 시세 차액을 기대하거나 직접 사용할 목적으로 NPL 투자에서 소유권 취득까지를 목적으로 한 투자방법이다.

저당권자의 특권

담보부 근저당권을 매입한다는 것은 바로 '근저당권자' 즉 이해관계인(채권자)이 된다는 것이다. 담보부 부실채권 매입으로 일반참가자에 비하여 응찰시

우월한 낙찰전략 구사가 가능하다.

일반경매 참가자는 알 수 없는 '이해관계인'만 확인할 수 있는 상세 정보 등도 응찰 전 단계에게 획득할 수 있다. 응찰 시에도 채권최고액까지 높은 가격 제시가 가능하다.

낙찰받은 물건의 배당이 진행 될 때 일반 응찰자는 낙찰자라도 하더라도 이해관계인이 아니다. 배당에 관하여 발언 및 이의신청자격이 없다. 그러나 이에 반해 저당권을 인수한 낙찰자는 저당권자로서 이해관계인에 포함되어 배당과정에 개입할 수 있다.

왕초보자 당신만을 위한

경매·NPL 투자 비법

Chapter 03

병아리가
돈 되는 NPL
물건 만나는 방법

- 01 돈 되는 우수 NPL 물건 만나는 방법
- 02 NPL은 아니지만 매입 가능한 부실채권
- 03 돈 되는 부실채권 물건선정 노하우
- 04 돈 되는 부실채권 매입 가격결정 노하우
- 05 돈 되는 부실채권 매입 협상부터 종료까지
- 06 NPL 채권매입은 질권융자, 낙찰은 경락잔금
- 07 부실채권 투자금 회수하는 방법 네 가지
- 08 도매상은 재매각이고 투자자는 소비자다

경매정보 업체에서 NPL 물건 직접 만나기

지지옥션 등 경매 정보제공회사 사이트에 접속하면 경매진행 중인 물건 중에서 현재 유동화 되고 있는 경매물건을 만날 수 있다. 이처럼 현재 입찰이 진행 중인 경매물건 중에서 유동화(=저당권을 매각하는 경매 부동산)의 리스트를 통해 투자가치가 있다고 판단되는 경매물건을 선정한다. 그 다음 임장활동을 통해 해당 경매 부동산의 투자가치를 확인한 다음, 유동화 회사로 연락해서 NPL 저당채권 매입 작업을 하면 된다.

필자가 추진하는 자산유동화전문가협회

경매물건 중 제 2금융권의 저당권은 금융기관의 상황에 따라 대부법인을 통해 매입이 가능하다. 은행을 포함하여 저축은행, 신협, 단위농축수협, 새마을금고, 저축은행, 보험회사, 리스회사, 캐피털회사까지 합하면 약 7,200여 개 정도이다. 이 부분이 NPL투자자가 개척할 공간이다.

개인 투자자의 최근 NPL 투자 현황

NPL 관련법 개정으로 일반인이 대부법인(주식, 유한)회사를 직접 설립하여, 자산유동화회사 또는 중소형 AMC나 다른 대부법인으로부터 부실채권에 투자하여 수익을 올린 다음 정산하는 방법이 많이 사용되고 있다.

NPL 경매물건 선정에서 저당채권 매입까지

NPL물건선정부터 마무리까지 대강의 과정이다.

『① 사전실무협의 : 일반투자자가 부실채권을 매입하는 경우 저축은행의 담당자, AMC라면 담당 AM을 통해서 이루어진다. 물건별 특징, 수익률, 매입방법, 할인율, 질권융자조건, 매입시기, 대금납부방법, 응찰유형, 응찰가격 등을 확인, 조율하게 된다.

② 매각 물건 물권 채권 분석 : 선정한 물건의 리스크를 점검하는 과정이다. 현장방문을 통해 전반적인 상황을 점검해야 한다.

③ 매입가격 결정 및 대금 납입 : 매입가격을 결정하고 대금납부방법 및 조건을 확정하는 과정이다. 중요한 사항은 가격결정권은 매도자가 쥐지만, 가격이 맞지 않는 경우 미련 없이 포기할 줄 알아야 한다.

④ 매매계약 : (1) 채권 양도 – 양수 계약서 작성, (2) 채권양수도 서류 인수를 하게 된다.

⑤ 대금지급 : (1) 채권매매대금지급, (2) 채무자에게 채권양도통지, (3) 론세일 매입방법 시 저당권이전등기 신청이 이루어진다.

⑥ 부실채권매입완료 : 매입방법이 「론세일 방식」이면 등기부에 저당권이 이전되면 NPL 매입은 완료』된다.

01 돈 되는 우수 NPL 물건 만나는 방법

지지옥션 경매정보 사이트 NPL코너 초기화면

```
지지자산운용       유암코         대신에이엠씨
PINESTREET       Pine Tree      마이에셋 자산운용
한미 F&I         농협자산관리    Mate Plus
한신평신용정보    한국개발금융(주)  베리타스자산
수협             A&D신용정보     제이원자산관리
```

경매정보 업체에서 물건 직접 만나기

지지옥션 등 경매 정보제공회사 사이트에 접속하면 현재 경매진행 중인 물건 중에서 유동화 물건을 만날 수 있다. 즉 먼저 현재 입찰이 진행 중인 경매물건 중에서 유동화(=저당권을 매각하는 경매 부동산)의 리스트를 통해 투자가치가 있다고 판단되는 경매물건을 선정한다. 그 다음 임장활동을 통해 해당 경매

부동산의 투자가치를 확인한 다음, 유동화 회사로 연락해서 NPL 저당채권 매입 작업을 하면 된다.

유암코가 보유하고 있는 유동화 물건

성남6계 2013-5536[3]					
병합/중복	2013-3905(병합-수협중앙), 2014-7317(병합-외환더블유제1차유동화전문), 2013-17157(중복-SC은행)				
소재지	경기 성남시 수정구 신흥동 72 예일 위-플러스 13층 제○○○○호				
경매구분	임의경매	채권자	유더블유제칠차유동화전문유한회사 ▶MORE		
용도	주상복합(아파트)	채무/소유자	충성교회/최○○	매각일시	14.05.12 (216,189,000원)
감정가	240,000,000 (13.03.25)	청구액	11,031,782,199	종국결과	15.01.29 배당종결
최저가	192,000,000 (80%)	토지면적	22.38 ㎡ (6.77평)	경매개시일	13.03.06
입찰보증금	10% (19,200,000)	건물면적	71.24 ㎡ (21.55평)	배당종기일	13.05.09

소재지/감정서	물건번호/면적(㎡)	감정가/최저가/과정	임차조사	등기권리 NPL
461-160 경기 성남시 수정구 신흥동 72 예일 위-플러스 13층 제○○○○호 **감정평가정리** - 수정구청남서측인근 - 인근단독및다가구주택, 근린시설등혼재 - 인접한간선도로변에각방면으로버스(정)소재 - 대중교통사정양호 - 부정형남측환경사평지 - 동측30m6차선도로접함, 서측6m도로접함 - 대로2류(30-35m)(주간선도로)접함 - 소로3류(8m미만)(국지도로)접함 - 도시가스개별난방	물건번호: 3번 (총물건수 3건) 3)대지 22.384/1206.9 (6.77평) 건물 71.243 (21.55평) 공용:54.391(주차장포함) - 총14층 - 보존:2005.11.17	감정가 240,000,000 · 대지 38,400,000 (16%) (평당 5,672,083) · 건물 201,600,000 (84%) (평당 9,354,988) 최저가 192,000,000 (80.0%) **경매진행과정** ① 240,000,000 2013-07-01 유찰 ② 20%↓ 192,000,000 2013-08-05 변경 192,000,000 2014-05-12 매각 **매각** 216,189,000 (90.08%)	**법원임차조사** 고○○ 전입 2011.01.04 주거/미상 점유기간 미상 부부:문현미 조사서상 문○○ 전입 2011.01.04 확정 2012.08.31 배당 2013.03.28 (보) 80,000,000 주거/진부 점유기간 2010.12.30-2013.3.28 *거주자가 폐문부재하여 주민센터에서 전입세대 열람내역서 및 주민등록등본을 발급받음. *문현미 : 문현미와 고용관계는 부부임.	소유권 최○○ 2005.12.20 전소유자:신동인 근저당 SC은행 2005.12.20 36,000,000 근저당 SC은행 2009.04.13 96,000,000 근저당 우리은행 합정동 2011.03.02 14,300,000,000 임의 우리은행외1 2013.03.06 *청구액:11,031,782,199원 임의 SC은행 2013.07.09 2013타경17157

부동산 등기부 상 SC은행 소매여신운영부가 2005.12.20일에 3,000만 원을 대출해주고 120%를 설정한 제 1순위 저당권을 유암코가 인수하여 NPL 투자자에게 매각하고 있는 중이다. 해당 물건의 매입을 위해서 해당 경매정보지에 나와 있는 번호로 전화를 걸면 담당자와 통화가 가능하고, 매각 여부를 비롯해서, 매각 내용을 협상하여 매각조건이 합의되면 이 저당권을 매입하게 된다.

우리 AMC가 보유하고 있는 유동화 물건

안산10계 2011-24657

소 재 지	경기 광명시 철산동 58 케이비에스우성 4동 제0000호				
경매구분	임의경매	채 권 자	양수인 유에이치케이제이차유동화전문유한회사(양도인 ㈜국민은행)		
용 도	아파트	채무/소유자	(주)국제유압/이OO	매 각 기 일	12.07.02 변경
감 정 가	260,000,000 (11.12.03)	청 구 액	210,000,000	종 국 결 과	14.09.11 취하
최 저 가	182,000,000 (70%)	토 지 면 적	41.84 m² (12.66평)	경매개시일	11.11.28
입찰보증금	10% (18,200,000)	건 물 면 적	76.15 m² (23.04평)	배당종기일	12.03.05

소재지/감정서	물건번호/면적(m²)	감정가/최저가/과정	임차조사	등기권리 NPL
423-030 경기 광명시 철산동 58 케이비에스우성 4동 제0000호 **감정평가정리** - 광명북교교복동측인근 - 주변아파트단지및학교, 근린시설등혼재 - 단지인근에버스(정)소재 - 제반차량이용한출입용이 - 부정형평지 - 남동측으로25m, 북서측으로12m, 남서측으로10m, 동측일부에8m 도로각각접합 - 대로3류(폭25-30m)(보조간선도로), 소로1류	물건번호: 단독물건 대지 41.8363/39431.4 (12.66평) 39431.4(38.828/3659 6) 건물 76.15 (23.04평) 방3, 옥실2 발코니2 공용:18.245 - 총 15층 - 보존:1990.01.10 남동향,계단식	감정가 260,000,000 · 대지 109,200,000 (42%) (평당 8,625,592) · 건물 150,800,000 (58%) (평당 6,545,139) 최저가 182,000,000 (70.0%) **경매진행과정** ① 260,000,000 2012-05-29 유찰 ② 30%↓ 182,000,000 2012-07-02 변경 2014-09-11 취하	**법원임차조사** ·폐문부재로 당사자를 만날 수 없었음. 전입세대열람 내역 및 주민등록표등본에 채무자 겸 소유자가 등재되어 있음. 알리는말씀으로 고지하였으나 임대차관계 신고 없음 **지지옥션세대조사** 전 00.03.27 이OO 주민센터확인:2012.05.16	소유권 이OO· 1996.11.11 저당권 국민은행 인덕원 2000.02.29 180,000,000 저당권 국민은행 비산동기업금융 2004.08.31 30,000,000 가압류 신용보증기금 화성서 2011.11.02 1,494,000,000 가압류 기술신용보증 화성기술평가 2011.11.04 783,500,000 임 의 국민은행 2011.11.29 여신관리집중센터 *청구액:210,000,000원

    부동산 등기부 상 국민은행 인덕원지점이 2000년 2월 29일에 15,000만 원을 대출해주고 120%를 설정한 저당권을 제 1순위 유암코가 인수하여 NPL 투자자에게 매각하고 있는 중이다. 이 물건의 매입을 위해서 경매정보지에 나와 있는 『02-399-0100』번으로 전화를 걸면 담당자와 통화가 가능하고, 매각 여부를 비롯해서, 매각 내용을 협상하여 매각조건이 합의되면 이 저당권을 매입하게 된다. 중소형 유동화 회사나, NPL 동호회의 소개를 통해서 부실채권 물건을 매입하는 방법도 있다.

02
NPL은 아니지만 매입 가능한 부실채권

경매물건 중 제 2금융권의 저당권은 금융기관의 상황에 따라 매입이 가능하다.

필자가 진행했던 제 2금융권 NPL 물건

"박사님이 매입을 추진했던 NPL 물건인데, 매수의향서를 보면 저당권자가 시중은행이 아닌 신협이네요?"

"현재 NPL투자시장의 현실을 여지없이 보여주고 있는 사례입니다!"

"좀 더 구체적으로 말씀해주세요, 무슨 말인지 잘 모르겠습니다?"

"유동화회사를 통해 매입하는 NPL물건은 매각가격이 너무 높아서 일반 NPL투자자들은 수익내기가 쉽지 않은 것이 현실입니다!"

"NPL 투자를 잘 모르는 병아리인 제가 생각해봐도 수도권 아파트나 연립

빌라 경매물건은 NPL채권을 매입한다는 것이 그리 잘 하는 거라는 생각이 들지 않거든요?"

제 2금융권 경매물건을 NPL로 매입 작업 중

근저당권 매수의향서

수신 : ****신협
참조 : 정** 팀장

귀사의 아래 자산에 대하여 매수하고자 하오니 검토하여 주시기 바랍니다.

- 아　　래 -

1. 사　　건 : 서울동부 지방법원 2014타경 103●●, 2014타경2253●
2. 물건 내용 : 서울시 성동구 용답동 2●●●8, 신창●● 지1층 B112, B101호
3. 매수대상채권 :
　1) ●●신협 2011.09.30.일자 설정금액 1,846,000,000원 1순위 근저당권
　2) ●●신협 2011.09.16.일자 설정금액 533,000,000원 1순위 근저당권 두 건
4. 채권최고액 : 합계 설정금액 2,379,000,000원
5. 매수조건
　- 매수금액 : 일십팔억사천육백만원(₩1,846,000,000원)
　- 매수방법 : 론세일 저당권전부 완전매각방식
　- 부대조건 가) 계 약 금 : 매수금액의 10% 계약일에 지급
　　　　　　 나) 잔　 금 : 90%는　　　년　　월　　일
　　　　　　 다) 계약희망일 : 2014년 11월　일
　　　　　　 라) 매수제안자와 저당권 명의자는 달라질 수 있음

2014년　월　일

매수제안자 : 우 ●●
주민번호 : ●●●●●●
주　 소 : 서울시 광진구 ●●동 ●●●번지, ●● 401호
전화번호 : 017-341-9479

●●신협 귀중

"유동화회사 입장에서 보면 채권회수가 전액 보장되는 물건의 저당채권을 할인해서 팔지는 않습니다!"

"그래서 눈을 돌릴 곳이 제 2금융권 NPL채권이라는 말씀이신가요?"

"정확하게 말하면 NPL채권이 아닌 상태에서, 경매 저당권을 가지고 있는 제 2금융권에 제가 먼저 전화를 해서 해당 저당권을 매각해달라고 요청해서 매입하게 되는 경우입니다!"

"제 2금융권 NPL채권은 싸게 매입할 수 있나요?"

"다 그런 것은 아니지만, 유동화회사와 같은 중간 도매상들을 거치지 않고 직접 매입하는 구조여서 수익을 낼 수 있는 물건들이 있습니다!"

"박사님이 추구하고 있는 부실채권투자 방법이라고 생각해도 될까요?"

"맞습니다. 재미있는 이야기 하나 해드릴까요?"

전국에 금융기관이 7,200여 개

"시중은행을 포함한 정상적인 금융기관이 전국에 몇 개나 될까요?"

"생각해 본 적이 없어요!"

"은행부터 저축은행, 신협, 단위농축수협, 새마을금고, 저축은행, 보험회사, 리스회사, 캐피털회사까지 합하면 약 7,200여 개입니다!"

"그렇게 많은가요?"

"시중은행은 고작 10여 군데에 불과합니다!"

"시중은행들은 전국적으로 지점만 해도 수십~수백 곳 아닌가요?"

"본점을 기준으로 하나의 금융기관입니다!"

예를 들어 신한은행이 전국에 지점 수가 300여 개 있다고 해도, 사업자번호는 하나여서 금융기관으로 계산할 때는 한 개의 금융기관이다.

 "제 2금융기관을 대상으로 하면 NPL투자는 미개척 공간이 넓다는 말씀이시네요?"

 "제 2금융권(특히 이사장, 조합장을 회원들 선거로 선출하는 제 2금융기관)은 해당 금융기관 특성상 회기년도가 바뀌기 전에 경매물건을 처리해야 하는 사정도 있습니다!"

 "경매물건을 가지고 있으면 대출금액의 20%까지 적립해야 하는『대손충당금』부분 때문이라고 이해해도 되나요?"

 "끝까지 가서 배당금 받는 것보다 적정한 시점에 적정한 가격에 매각하는 것이 제 2금융권입장에서는 여러 면에서 유리한 것이 사실입니다!"

 이 부분이 일반 NPL투자자가 개척해야 할 투자 공간이다. 황금이 덩어리로 묻혀 있는 너무 넓은 NPL 미개척지가 여전히 남아있다.

03 돈 되는 부실채권 물건선정 노하우

투자금액이 작은 것부터 시작하라!

NPL 경매를 처음 시작하는 분들께 꼭 드리는 당부다. 여유자금이 3억 원이 있다고 하자. 응찰가격이 3억 원짜리 물건 한 건에 응찰할 수도 있고, 5천만 원짜리라면 6건을 응찰할 수도 있다. 어떤 쪽을 권할지에 대한 해답은 이미 독자 여러분들이 눈치 채셨을 것이다.

투자금액이 크다고 많이 배운 것은 아니다

NPL 경매 물건 투자에서 3억 원짜리나 5천만 원짜리나 한 건에서 배우는 양은 동일하다.

"한 번이라도 더 경험하는 것이 중요하다는 말씀이시죠!"

"투자금액 상관없이 NPL 경매투자에서 고수로 가는 유일한 지름길은 오직 경험뿐입니다."

NPL 경매노하우를 쌓는 가장 빠른 길은 직접 돈 싸들고 입찰하고, 잔금납부하고 명도해 보는 것이다.

"NPL 물건 선정하고 권리분석, 임장을 통한 수익 및 활용방안을 찾아내고, 매입가격 결정해서 유동화회사와 협상해서 NPL저당채권 매입해서 응찰하고 잔금납부하고 소유권이전하고 명도와 처분까지를 직접 경험해보는 것이 NPL 경매 투자의 전부입니다."

"투자금액이 작으면 수익도 작은데요?"

"수익은 작아도 수익률만 높으면 되고, 처음에는 바쁘게 고생하는 것도 나쁘지 않습니다!"

"건당 투자금액이 작아야 할 이유가 또 있나요?"

"또 다른 이유는 실수가능성 때문이죠!"

"병아리가 잘못할 가능성이 있다는 이야기시죠?"

권리분석이나 물건 분석, 수익성 분석을 잘못해서 비싸게 매입했거나, 입찰한 후 보증금을 날려야 하는 상황에 처했다고 해보자.

"지옥이 따로 없겠네요?"

"3억 원짜리에 도전했다가 험한 꼴 당하면 3,000만 원 날릴 수도 있습니다!"

경험할수록 더 많은 것을 배우게 되고 그만큼 실수가능성은 낮아진다.

잘 아는 동네부터 시작하라!

경매를 시작할 때 지켜야 할 원칙 중 하나는 자기가 잘 아는 동네나 지역의 물건부터 투자를 시작해야 한다는 것이다. 그래야 가격 등에서 실수하지 않는다.

본인이 만약 경기도 수원에서 태어났고, 학교는 광명에서 다녔으며, 결혼하기 전까지는 강남구 역삼동에 살았고, 결혼하면서 서울 지하철 2호선 건대역 근처인 화양리에서 살고 있다고 해보자.

"경매 NPL 물건 선정을 과거에 살았거나, 현재 살고 있는 동네로 한정시켜 찾아도 투자할 물건들 많습니다."

"무슨 말인지 알겠습니다!"

"이래야 하는 이유는 의외로 간단합니다."

"그래야 소유권 취득 후에 관리하는데도 유리할 것 같아요!"

"그것도 중요한 이유지만, 잘 알고 있는 지역이라면 NPL 매입가격이나, 경매 응찰가격, 부동산의 장래 전망 등에 관해서 정확한 정보를 가지고 있어 다른 동네 선수보다 유리합니다!"

부동산 경매 선수들이 내가 살고 있는 동네까지 원정 와서 낙찰 받는 이유를 생각해보면 답이 뻔하다.

"명색이 고수라는 사람들이 내가 사는 농네 물건에 노선하는 것은 수익성이 있어 보이니까 NPL 채권 매입해서 낙찰 받으려는 거죠!"

"모르는 동네 가서 헤매지 마라는 말씀으로 기억하겠습니다!"

어떤 물건에 대해 상대가 고수고, 내가 초보라도 동네를 더 잘 아는 내가 더 유리한 것은 너무나도 당연하다. 모르는 동네에 가서 사서 고생할 이유가 없다. 초보일 때는 더욱 그렇다. 병아리가 서울 전역을 쓸고 다닌다든지, 지방의 임야나 토지가 유망한 투자처로 각광받고 있다는 뉴스에만 귀를 기울여서는 바쁘기만 할 뿐 결코 좋은 결과를 올릴 수 없다.

유행은 돌고 돈다

또 하나는 자신만의 주 종목이 반드시 있어야 한다는 것이다. 그것이 아파트건 연립·빌라·다가구주택이건 또는 지방의 임야건 자신의 상황에 맞는 물건으로 한 두 가지 정도 주 종목을 가지고 있다면 경매물건의 인기 종목이 변하더라도 버티기가 가능하다.

한참 전에는 재개발·재건축 아파트가 한창 인기가 있었다. 전세가격 상승과 함께 수도권 일부 지역의 아파트 낙찰가격이 감정가격의 100%를 넘어서 과열경매라는 뉴스가 계속 나오고 있다. 또한 시골임야와 땅이 한참 상종가를 쳐서 경매 초보자들이 온통 그리로 달려드는 통에 낙찰가격을 더욱 터무니없이 올리고 있다는 소식이 들려온다.

지금 당장 인기가 치솟는 물건들만 쫓아다녀서는 바쁘기만 하지 소득은 신통치 않다. 시장 분위기에 너무 휩쓸리지 말고 자신의 주 종목이 지금은 비인기지만 장래성이 있다면 신념을 가지고 응찰하는 것이 바람직하다. 부동산 시장에도 돌고 도는 유행이 있기 마련이다.

경매하기 재미없는 물건

경매시장에서 수익 올리기가 어려운 물건을 꼽으라면 두 말 할 필요도 없이 『아파트』다. 그러면 누가 살고 있는 『아파트』가 경매고수들 기피 1순위일까? 채무자나 보증인이 살고 있는 아파트와 후순위 임차인이 임차보증금 날리고 명도 당해야 하는 물건이다. 낙찰가율이 높아서 수익률이 낮은 것은 뻔한 이야기고, 밀린 관리비, 이사비용까지 감안하면 차라리 급매가 유리한 경우도 있다. 초보 병아리들은 환호를 지르며 달려들지만, 경매 좀 했다는 사람들은 쳐다보지도 않는다.

경매시장에서 가장 힘센 천하장사는 누구?

해당 물건 인근에 살고 있는 동네 『아주머니』들이다. 특히 젊은 새댁이 응찰하는 물건이라면 근처에 얼씬거릴 필요도 없다.

감정가격 이상으로 응찰하는 동네 젊은 새댁과 입찰경쟁에서는 이겨 먹을 수도 없지만, 승리(?)했다고 해봤자 남는 거 하나 없는 승리다.

떠나간 여자와 버스 그리고 경매물건의 공통점

떠나간 여자와 버스 그리고 경매물건의 공통점은 반드시 또 온다는 사실이다. 나를 버리고 여자가 떠나가면 다음에는 더 예쁜 여자가 오고, 조금 전에 떠나버린 버스를 원망마라. 더 깨끗한 버스가 온다. 경매 또한 한 치 오차 없이 마찬가지다. 이번에 응찰했다 떨어졌다고 원망하거나 조급해야 할 일 없다. 수익이 더 높은 NPL 경매물건이 대기하고 있다. 자본주의가 망할 때까지 크고 달콤한 경매물건은 마르지 않는다.

04 돈 되는 부실채권 매입 가격결정 노하우

부실채권 매입가격 산정식

개별항목		금액	참고내역		비고
부동산감정가격			임대 · 매매시세 파악		중개사, 포털인터넷
채권최고액			실 채무액 파악		
예상낙찰가격					
선순위배당자공제내역	경매비용		최우선공제		경매집행실비용
	당해세		최우선배당	동순위 주택 1/2 상가 1/3이내	해당 부동산 자체 세금
	임금채권				3개월 임금과 3년 퇴직금
	소액임차인				보호대상 이내 임차인
	순위배당		저당 - 확정일자 순위배당		전입 - 확정일 중 늦은 날 기준
	일반지방세		체납세금발생일		발생일 기준 순위배당
	일반국세		체납세금발생일		발생일 기준 순위배당
	선저당권[20]		등기부 설정일		실 채권액 배당
	기타				
	합계				
NPL 투자자 실 배당		실 배당액 = 예상낙찰가액 - 공제합계			
예상 수익액		예상 수익액 = 예상 실 배당액 - 부실채권 매입가			
예상 수익률		예상 수익률 = 예상 실 배당액 / 부실채권 매입가 × 100			
부실채권 적정 매입가		투자기간, 기회비용, 매입규모, 금융비용 고려, 리스크 감안 등			

---

[20] 제 1순위 이하 저당권을 매입하여, 부실채권 투자자보다 선순위 저당권이 먼저 배당에 참여하는 경우에만 해당.

실제 모델

부실채권 적정 매입가격을 결정할 때는 이 표 외에도 해당 물건의 경제적 가치, 지리적 특성, 부동산 자체의 질적 수준, 지역적 가치 등을 따져야 한다. 만약 부실채권의 담보부동산이 주택이라면 주택임차인에 대한 권리분석을, 상가라면 상가임차인에 대한 권리분석을, 공장이라면 공장부동산이 가지는 특성, 임야라면 임야가 가지는 부동산특성도 살펴서 매입가격에 반영해야 한다. 긍정적인 요인은 매입가격을 높이게 될 것이고, 부정적인 요인이 우세하다면 매입가격을 낮추어서 결정하게 될 것이다. 이 점은 모든 부동산 투자 시 사전에 고려해야 하는 공통된 사항이다.

부실채권 매입가격 연습식

(단위 : 천원)

개별항목		금액	비고
부동산감정가격		500,000(5억 원)	
채권최고액		300,000(3억 원)	
예상낙찰가격		450,000(4억 5,000만 원)	
선순위배당자공제내역	경매비용	5,000(5백만 원)	예정 수치임
	당해세	1,000(1백만 원)	
	임금채권	-	
	소액임차인	100,000(1억 원)	
	순위배당	100,000(1억 원)	
	일반지방세	-	
	일반국세	-	
	선저당권	90,000(9천만 원)	
	기타	4,000(4백만 원)	
	합계	300,000(3억 원)	
NPL 투자자 실 배당 [150,000(1억 5천만 원)]		실 배당액 = 예상낙찰가액 - 합계 1억 5천만 원 = 4억 5,000만 원 - 3억 원	
예상 수익액		5천만 원 = 1억 5천만 원 - 1억 원	
예상 수익률	25% 기대수익	8,750만 원 = 1억 원 - 5천만 원 × 0.25	
	50% 기대수익	7,500만 원 = 1억 원 - 5천만 원 × 0.5	
	75% 기대수익	6,250만 원 = 1억 원 - 5천만 원 × 0.75	
	100% 기대수익	5,000만 원 = 1억 원 - 5천만 원 × 1	
부실채권 적정 매입가[21]		기대수익률이 올라갈수록 매입가격은 낮아진다	

"이렇게 보니 한눈에 투자수익률을 알 수 있군요!"

"그렇죠?"

---

21 만약 AMC를 통한 펀드투자라면 적정수수료를 감안해야 한다. 정상적인 AMC는 수익의 평균 5~8% 정도의 수수료를 받고, 대부업체는 계약금액의 약 3~5%로 명의대여료를 받는 것으로 알려져 있다. 수익에 따른 관련 세금은 별도로 원천징수 한다.

"기대수익률이 올라갈수록 부실채권 매입가격이 낮아지는 것을 알 수 있네요."

"『하이리스크 하이리턴』이라고 하잖아요!"

"원금 보장도 중요하겠죠?"

"맞는 말씀입니다. 여기서 보여드리는 경우는 공부에 도움을 드리고자 하는 것이고요. 1차 배드뱅크는 부실채권의 매입가격은 이보다 훨씬 낮은 것으로 알려져 있습니다."

"담보부 채권이 그렇다면, 무담보 채권은 더욱 싼 가격에 매입할 수 있겠네요?"

"담보부채권과 무담보부 채권을 섞어서 처분합니다."

"담보부부실채권은 처분가격이 높다는 말씀이세요?"

"우량한 담보부실채권 처분가격은 월등히 높지만, 카드채나 할부리스채 같은 무담보부실채권은 장부가격의 5%도 비싸다고 사지 않습니다."

"그런가요?"

"무담보 채권은 말이 채권이지 한마디로 쓰레기입니다."

한 건 투자하는데 필요한 각 항목을 살펴보고, 이를 근거로 매입가격을 결정 짓는 부분을 살펴보았다.

05 돈 되는 부실채권 매입 협상부터 종료까지

부실채권 투자 흐름도

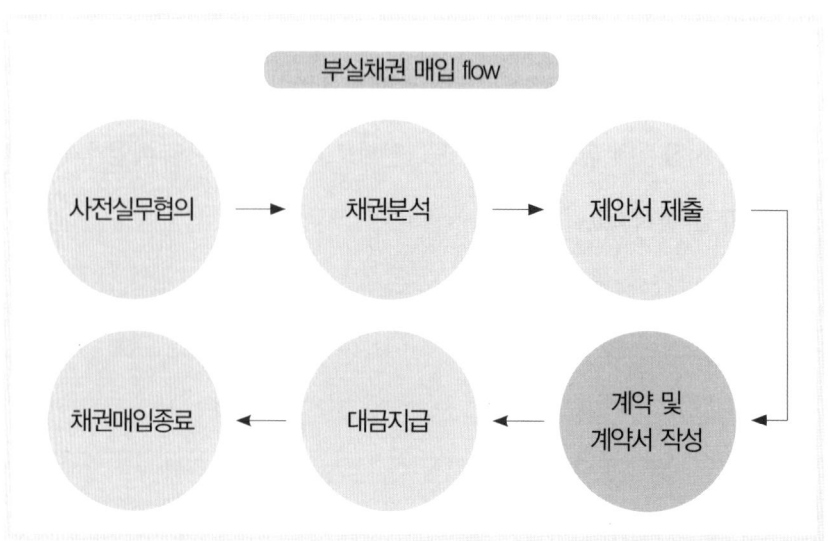

NPL 경매물건 선정에서 저당채권 매입까지 한 건 전체의 흐름도

1. 사전실무협의

『① 사전에 선정한 물건의 투자가치를 파악해서, 매입 희망물건을 일단 확정한 후 담당자와 면담일정 협의

② 물건 매입 조건 피력

③ 매각 – 매입의사 타진』이다. 일반투자자가 부실채권을 매입하는 경우 저축은행의 담당자, AMC라면 담당 AM을 통해서 이루어진다. 물건별 특징, 수익률, 매입방법, 할인율, 질권융자조건, 매입 시기, 대금납부방법, 응찰유형, 응찰가격 등을 확인, 조율하게 된다.

2. 매각 물건 물권 채권 분석

『① 매각리스트 제공(경매정보지를 통한 물건 검색)

② 매각물건 특징 확인

③ 매각 물건 수익률 향후 발전가능성 검토

④ 매각 물건 현장실사』다. 소개 받은 물건 물권 채권 분석하여 해당 부실채권의 리스크를 점검하는 과정이다. 담보부 부실채권의 경우 현장방문도 중요하다. 현장방문을 통해 해당 물건의 전반적인 상황을 점검해야 한다.

3. 매입가격 결정 및 대금 납입

『① 채권매입가격 제시

② 대금납입방법 협의

③ 부수사항 합의』다.

매입가격을 결정하고 대금납부방법 및 조건을 확정하는 과정이다. 개인투자자는 중소형 AMC나 저축은행 등에서 부실채권을 매입하는 것이 보통이다. 가격결정권은 매도자가 쥐지만, 가격이 맞지 않는 경우 미련 없이 포기할 줄 알아야 한다. 매입가격은 최대한 보수적으로 낮게 제시하여야 한다. 임장활동으로 사전 조사를 통해 매입가격의 마지노선을 가지고 있어야 한다.

4. 계약 및 계약서 작성

『① 론세일 계약방식

　　(1) 채권 양도 – 양수 계약서 작성

　　(2) 채권양수도 서류 인수

② 채무인수방식

　　(1) 채권권리 계약서 작성

　　(2) 입찰이행조건 명시』를 하게 된다.

5. 대금지급

『① 채권 매매(계약) 대금지급

② 채무자에게 채권양도통지(론세일 계약방식일 때)

③ 론세일 매입방법 시 저당권이전등기 신청』이 이루어진다.

6. 부실채권매입완료

매입방법이『론세일 방식』이면 등기부에 저당권이 이전되면 담보부 부실채권 투자는 일단 완료된다.

단 『채무인수방식』인 경우에는 등기부 상 저당권자 명의변경은 이루어지지 않는다. 다음 단계로는 경매진행과정을 지켜보면서 배당금 수령법, 또는 직접낙찰법 중 어느 쪽이 더 높은 수익을 올릴 수 있을까에 따라 투자 방법을 선택하면 된다.

『론세일』 매입 방식에 따른 등기부상 근저당권 이전 사례

순위번호	등기목적	접수번호	등기원인	권리자 및 기타사항
1	근저당권 설정	2008년 5월 3일 제********호	2008년 5월 2일 설정계약	채권최고액 금360,000,000원 채무자 홍길동 서울 동대문구 이문동 **-** 근저당권자 (주)한국외환은행 서울 중구 을지로2가 181
1-1	1번 근저당권 이전	2010년 7월 2일 제********호	2010년 7월 2일 확정채권양도	근저당권자 (주)한국투자에이엠씨 10010*-25********
1-2	1번 근저당권부 질권	2011년 3월 7일 제********호	2011년 3월 7일 설정계약	채권액 금360,000,000원 변제기 2012년 3월 6일 이자 년15퍼센트 채무자 한국투자에이엠씨 10010*-25******** 서울 강남구 역삼동 **-** 채권자 (주)우리유동에이엠씨 10011*-21******** 서울 강남구 역삼동 **-**
1-3	1번 근저당권 이전	2011년 3월 7일 제********호	2011년 3월 7일 확정채권양도	근저당권자 김길동 서울시 광진구 구의동 **-**

누구나 태어난 날이 생일이다!

"등기부를 보면 저당권의 권리가 이전된 것을 볼 수 있습니다!"

"천천히 설명 좀 해 주세요?"

"순위번호 1번을 보면 채무자 홍길동씨가 2008년 5월에 외환은행으로부터

3억 원을 대출 받으면서 120%인 3억 6,000만 원을 설정한 것을 아시겠죠!"

"네~! 순위번호 『1-1』을 보면 1번 근저당권이 이전되었다고 되어 있네요?"

"홍길동씨가 원금과 이자 상환이 3개월 연체되자, 저당권자인 외환은행이 부실대출로 분류해서, 부실채권투자 회사인 한국투자에이엠씨(AMC)로 저당권을 매각한 거죠!"

"그래서 등기원인 란에 "확정채권양도"인가요?"

"그렇죠, 저당권 매각하고 부기등기로 이전등기 해 준겁니다."

"그러면 이전등기 되면 권리순위도 이동하나요?"

"아니요!"

"그러면!?"

"순위번호 란의 『1-1』을 보면, 근저당권이 이전된 날짜가 2010년 7월 2일 이지만, 배당순위는 순위번호 1번 저당권 설정일인 2008년 5월 3일로 그대로입니다."

"잘 이해가 안 되네요?"

"천천히 생각해보세요. 한국에서 어떤 사람이 2000년에 태어났어요!"

"갑자기 무슨 말씀이세요?"

"국적이 어디겠어요?"

"당연히 한국이죠!"

"이 사람이 2010년에 미국으로 이민 가서 미국국적을 취득했다고 해 봅시다."

"그러면 미국 사람 되는 거죠!"

"그 말이 아니고 몇 살일까요?"

"당연히 2000년 생이죠!"

"그거죠?"

"근저당권이 권리가 이전되는 것과 관계없이 처음 설정된 날이 권리기준일이 된다는 거죠?"

"그렇죠!"

"이제야 이해가 확실히 되네요!"

언제 누구에게 몇 번을 팔려서 저당권의 소유자가 달라졌다고 해도 처음 등기부에 설정된 날이 권리기준일이다. 권리기준일을 기준으로 배당받을 권리가 확정된다.

다시 매각되는 근저당권

"순위번호『1-2』번은 무슨 말인가요?"

"한국투자에이엠씨가 2011년 3월 7일에 (주)우리유동에이엠씨라는 부실채권 투자 회사에 다시 매각한 거죠."

"이런 경우를 재매각이라고 하나요?"

"그렇죠, 한국투자에이엠씨 입장에서는 재매각이고, (주)우리유동에이엠씨는 부실채권을 매입한 것이고."

"한국투자에이엠씨 1차 도매상, (주)우리유동에이엠씨를 2차 중소형 AMC라고 보면 되나요?"

"그렇게 보면 큰 무리가 없습니다."

"2차 중소형 AMC에 해당하는 (주)우리유동에이엠씨가 일반투자자인 김길동에게 매각하고 근저당권을 이전해준 것이 순위번호『1-3』번이라고 보면 되나요?"

"네~ 에~! 그렇게 보면 됩니다."

"최종 배당받을 권리는 김길동에게 왔다는 말이죠. 배당받을 기준일은 최초 저당권 설정일인 2008년 5월 3일이고요?"

"김길동씨는 저당권 최초설정일을 기준으로 경매에서 배당 받아서 투자금을 회수한다고 보면 됩니다!"

"(주)우리유동에이엠씨는 일반투자자들에게 매각만 하나요?"

"직접추심하기도 하고, 배당받기도 하고, 또 지금처럼 다시 재매각하기도 하죠!"

"일반투자자는 대체로 이 단계에서 투자하게 되나요?"

"2차 재매각단계에서 매입할 수 있다고 보면 됩니다."

"얼마 정도에 매입했을까요?"

"물건마다 조건이 다르니까 일반적으로 어떻다고 말하기는 어렵지만 대략 70~80%정도는 줘야 했을 겁니다."

"채권액 대비 100% 환수한다고 보고 70%에 사면 30% 먹고, 80%에 사면 20% 먹는다는 말이세요!"

"그렇습니다!"

"매입가격률이 굉장히 높네."

"그렇게 볼 필요는 없어요. 금액으로 보면 계산이 달라지거든요."

"어떻게 달라지나요?"

"이 경우에도 70%에 사서 30%만 먹는다고 해도, 금액으로는 1억 800만 원이잖아요."

"2억 5,200만 원 투자해서 배당이 1억 800만 원이라면 나쁘지 않네!"

"금액이 클수록 떨어지는 것도 크죠?"

"그렇기는 하겠네요!"

"담보부 부실채권이고, 1순위 저당권은 요즘은 회수가능성이 거의 90% 이상입니다. 그래서 매입가격이 높죠!"

유입방식

최종매각단계에서 아무도 사가지 않는 악성채권을 처리하는 방식이다. 거듭된 유찰로 낙찰가격이 매입 원금 이하로 하락하여 손실이 발생할 것으로 예상되면, 배당금 수령방법에서 직접 낙찰 받는 것으로 선회한다.

낙찰로 소유권을 취득하면서 등기부 상 권리관계를 일단 깨끗하게 정리한 다음, 임대로 투자금액의 일부를 회수하여 자금 부담을 줄인 다음, 적당한 시기에 일반매물로 매각하는 방법이다.

악성이라고 여겨 유찰이 심한 물건을 유입(직접낙찰)방법이 실제로는 높은 수익을 낼 수 있는 투자방법이다. 이 단계는 소유권 투자 단계다.

06

NPL 채권매입은 질권융자, 낙찰은 경락잔금

NPL투자 때 한번 융자, 경락 잔금 때 또 한 번 융자

NPL투자에서 직접 낙찰 받는 때 두 번의 융자를 이용할 수 있다.

"「직접낙찰법」을 구사할 때는 두 번의 융자를 이용할 수 있습니다."

"그게 무슨 말씀이세요?"

"부실채권을 인수할 때 한 번하고, 두 번째는 경락잔금을 활용하는 겁니다."

"한 물건에 두 번 융자라는 것이 어떻게 가능한가요?"

"담보목적물이 다르기 때문에 가능합니다!"

"하나의 부동산에서 어떻게 두 개의 담보권리가 있을 수 있나요?"

"부실채권매입하면서 받는 융자하고, 경락잔금 대출로 두 번째 대출이 가능합니다."

"헷갈리네, 설명 좀 더 해 주세요?"

"좀 더 쉽게 예를 들어 볼게요!"

"그래 주세요!?"

"전체 그림을 보도록 합시다!"

『"6억 원짜리 경매부동산에 1순위 근저당권 4억 원 짜리를 25%할인 받아 3억 원에 매입하기로 하고,"

"매입자금의 80%인 2억 4,000만 원을 융자로 처리했다(2억 4,000만 원 융자받음)."

"따라서 부실채권 4억 원을 인수하는데 실제 들어간 자금은 6,000만 원이다."

"한 차례 유찰로 최저가격이 감정가격의 80%인 4억 8천만 원까지 떨어졌다고 해보자."

"그러자 부실채권투자자가 다음 경매기일에서 5억 원에 낙찰을 받았다고 하자."

"6억 원짜리를 5억 원에 낙찰 받았으니 1억 원 은 싸게 받았지만,"

"잔금납부일에 납부해야 할 1억 원이 없다고 해보자."[22]

"이런 경우 낙찰자의 신분으로 경락잔금을 대출 받을 수 있다."

"납부해야 할 잔금의 1/2인 5,000만 원은 경락잔금 융자 받았다(5,000만 원 융자받음)"고 하면, 잔금납부일에 낙찰자가 납부해야 할 실제 잔금은 5,000만 원』이다.

"부실채권 매입할 때 한 번(2억 4,000만 원 융자받음), 경락잔금 납부할 때 다시 한 번(5,000만 원 융자받음) 더 융자를 활용할 수 있다는 말이 되네요!"

"그렇죠!"

---

22 낙찰자가 잔금납부일에 납부해야 할 금액은 1억 원(= 5억 원 응찰가격 - 저당권금액 4억 원)이다. 4억 원은 상계 처리하여 납부할 해야 할 잔금은 1억 원이라고 한다.

"저당권 인수할 때는 인수하는 저당권에 질권 설정해주면 되고, 경락잔금 융자 받아 소유권이 내 앞으로 이전된 다음에는, 경락잔금 융자해준 금융기관에 새롭게 저당권을 설정해주면 된다는 말로 두 번 대출이 가능하겠네요!"

"바로 그겁니다!"

경매투자와 부실채권 투자를 절묘하게 혼합하는 방법으로 고수들이 활용하는 투자방법이다.

두 번 대출받는 구조를 보았다. 부실채권 인수해서 낙찰로 소유권을 취득할 때까지 얻게 되는 수익은 "채권할인 + 낙찰수익 + 채권이익비과세"이다. 부동산 가격의 20% 정도의 자기 자본으로 할 수 있는 것이 부실채권 투자다.

등기부 상 저당권 명의변경은 『론세일방식』일 때만

"부실채권 매입방식이 『채무인수방식』일 때는 등기부상 저당권 명의변경을 하지 않는다는 말씀이시죠?"

"그렇습니다. 지금 보시는 것 같은 방법은 오로지 『론세일 방식』일 때만 입니다."

"등기부 상 저당권 명의변경 없어도 문제없나요?"

"문제없습니다. 부실채권 매매계약 때 부대조건에 모두 기재해서 작성합니다."

"박사님은 『채무인수방식』과 『론세일 방식』에서 어느 쪽이 더 유리한 계약 방법이라고 생각하세요?"

"물건마다 다르지만 『채무인수방식』이 비용측면에서 유리합니다."

"효과에서 차이는 없나요?"

있지만 무시해도 될 정도다.

07 부실채권 투자금 회수하는 방법 네 가지

1) 배당금 수령법

저당권을 매입 후 다른 사람이 낙찰 받은 경매에서 배당받는 방법으로, 부실채권에 투자하는 투자자들이 가장 선호하는 투자방법이다. 배당금 수령법에 관한 신문기사이다.[23]

『주부 김미현씨는 지난해 10월 수도권 소재 감정가 2억 3,000만 원의 84㎡형 아파트 1순위 근저당권 1억 2,000만 원짜리 부실채권(NPL)을 사들였다. 자산유동화전문회사(AMC)에 1순위 근저당권 가격보다 3,000만 원 싼 9,000만 원만 지불하고 NPL을 매입한 것이다. 이 아파트는 3개월 후인 지난 1월 경매에서

---

23 매일경제 2012.02.10일자 기사인용

제3자에게 1억 5,000만 원에 낙찰됐다. 김씨는 바로 이 아파트의 근저당권에 해당하는 1억 2,000만 원을 배당받았다. 4개월 만에 3,000만 원(33%)의 투자 수익을 챙긴 것이다.』 부실채권투자에 관심이 있어 공부하는 사람들 중에서 『배당금 수령법』이 인기가 가장 있다. 이유는 투자 구조가 간단하는 점이 특징이다.

NPL 투자금 회수방법 4가지

유형	투자방법	주의사항
배당금 수령법	• 자산관리 관리회사(AMC)로부터 부동산 담보부 부실채권을 매입한 후, 제3자가 낙찰 받아 납부한 경략대금에서 배당금을 받는 방법.	• 저가로 낙찰될 경우 1순위저당권이라 하더라도 투자금 이하로 배당금이 결정되어 손해 날 수 있음. • 투자회수금액을 정확히 알 수 없음. • 최우선변제로 1순위 저당권보다 우선 배당되는 부분 파악.
직접 낙찰법[24] (유입법)	• 부동산 부실채권 소유자가 경매에 직접 참가하여 자신의 명의로 낙찰 받고 근저당권으로 상계처리해서 잔금을 납부하는 방법. • 평균 이상의 낙찰가율로 응찰할 수 있어 낙찰 받을 가능성이 높고, 낙찰가격이 높아지므로 취득가격이 올라가기 때문에 차후에 처분시 낮은 양도소득세를 납부하게 됨.	• 많은 유찰로 낙찰가격이 낮아져서 자신의 채권회수에 불리할 때 공격적인 입찰전략으로 활용할 수 있음. • 경매투자의 위험요인을 사전에 파악한 후에 부실채권을 인수해야 함. • 낙찰로 인한 잔금납부 방안을 고려해야 함.
재 매각법	• 하위 AMC나 다른 투자자에게 부실채권에 관한 자신의 권리 일부나 전부를 양도하는 것.	• 도매상의 경우 재매각을 염두에 두고 매입하는 경우가 일반적임. • 개인투자자의 경우 매입가격보다 낮은 가격에 매도할 수도 있어 손해 보는 경우가 있음.
혼합법 (방어 입찰법)	• 당초 NPL 매입 목적이 "배당금 수령"이었으나, 손해가 날 금액 이하로 낙찰가격이 내려가면, NPL매입자는 자신이 받을 채권 이상만큼의 가격으로 입찰에 임하는 것.	• 배당 받을 금액까지만 응찰할 것. • 낙찰로 인한 소유권을 취득해도 손해가 나지 않을 부동산일 것.

---

24 부실채권을 인수하는 NPL투자 방법 중 가장 적극적인 투자 방법이다.

다른 사람이 낙찰 받은 경매에서 배당받는 방법으로, 부실채권에 투자하는 투자자들이 가장 선호하는 투자방법이다.

"부실채권투자에 관심이 있어 공부하는 사람들 중에서 『배당금 수령법』이 인기가 가장 있다고 하는데 이유가 뭘까요?"

"간단하다는 점 때문일 겁니다. 경력에 따라 투자방법이 달라요!"

"그러면 초보 투자자에게는 『배당금 수령법』이 인기가 높지만, 오래 한 사람들은 『직접낙찰법』을 가장 좋아한다는 말씀이세요?"

"오래 투자했고, 경매를 잘 아는 사람들일수록 직접낙찰법을 선호하는 것 같아요!"

"고수들은 왜 『직접낙찰법』을 좋아하는지 궁금해요?"

"말 그대로 그때 그때 다르죠, 어떤 물건을 만나느냐에 따라 다르고, 주머니 자금 사정에 따라서도 투자선택 방법이 달라지는 것 아닐까요?"

"들어보니 그렇겠네요!"

"초보자가 배당금 수령을 목적으로 투자할 때 주의해야 하는 점은 뭐가 있을까요?"

"처음 몇 건은 고수나 강사선생님들의 조언이나 자문을 얻는 것이 꼭 필요합니다!"

"꼭 그럴 이유가 있나요?"

"있습니다~! 얼마에 낙찰될 것인가가 매입가격의 기준이 되고, 또 배당표는 어떻게 짜여져서, 투자자에게 얼마가 실제 배당이 될까가 관건이잖아요?"

"그렇죠!"

"그 부분을 초보투자자들은 정확하게 계산하기가 어렵거든요?"

"부실채권투자에서 손해 보는 경우도 있나요!"

"얼마든지 가능하죠. 1억 원짜리 근저당권을 30% 할인받아서 7,000만 원에 매입했다고 합시다!"

"1억 원은 일단 확보된 거 아닌가요?"

"받을 수 있는 권리를 매입하는 것 하고, 실제로 배당받은 것 하고는 차이가 크죠!"

"이해가 안되네요~! 어떻게 그럴 수 있나요?"

"그 물건이 5,000만 원에 낙찰되었다고 해보면, 7,000만 원에 사서 2,000만 원 손해보고 5,000만 원만 회수하는 결과가 되고 맙니다."

"매입가격보다 낮게 낙찰되어 손해날 수도 있다는 말이 바로 이 말인가요?"

"네~~에~~! 그렇죠!"

"이럴 경우에 대안은 없나요?

"생각보다 가격이 많이 하락해서 손해가 날 것 같으면 작전을 바꾸어서 직접 낙찰 받아버리는 것도 한 방법입니다.

"아~~! 그런 방법도 있겠네요?"

부실채권투자 방법 중에서 가장 보편적인 방법이다. 많은 분들이 이 방법으로 부실채권투자에 입문해서 '부실채권투자전문가'로 성장하는 것으로 나타나고 있다.

2) 직접낙찰법(=유입법)

부실채권을 매입한 투자자가 해당 물건의 경매에서 직접 응찰하여 해당 물건의

소유권을 취득하는 방법이다. 직접낙찰법으로 소유권을 취득한 사례의 신문기사다.[25]

『지난해 6월 감정가 5억 원짜리 상가(현 시세 4억 5,000만 원)에 설정된 채권 최고액 4억 7,000만 원짜리(원금 3억 6,150만 원) 1순위 근저당권을 3억 5,000만 원에 매입했다. 애초 조씨는 배당수익을 노렸지만 경매가 2회 유찰되며 최저가가 3억 4,000만 원까지 떨어지자 이 상가를 4억 1,000만 원에 직접 낙찰 받았다. 낙찰대금과 근저당권을 상계 처리한 조씨는 4억 1,000만 원에 이 상가를 되팔았다. 조씨가 거둔 수익은 6,000만 원에 달하지만 낙찰 당시 취득가액이 4억 1,000만 원이어서 조씨는 양도소득세를 한 푼도 내지 않았다.』

고수들이 즐거워하는 투자방법

"경험많은 부실채권 투자자들이 즐거워하는 투자 방법입니다."

"한 번 투자로 세 마리 토끼(15가지 투자효과)를 잡는 게 가능한가요?"[26]

"정확하게 말하면 시간차를 두고 두 번 투자하는 거죠!"

"부실채권투자에도 시간차 공격이 있다는 말씀이세요?"

"그렇죠, 부실채권인수 할 때 1차 투자, 그 물건을 낙찰 받을 때 2차 투자를 하게 되는 거죠."

"고수들이 『직접낙찰법』을 가장 선호하는 이유가 뭔가요?"

"무슨 말이 더 필요하겠어요, 수익률이 가장 높기 때문이지요!"

---

25 매일경제 2012.02.09일자 신문기사 인용.
26 5장에서 NPL 투자로 얻을 수 있는 15가지 즐거움을 보여드리겠다.

"부실채권 투자방법 중 수익률이 가장 높다고요?"

"『직접낙찰법』⊃ 배당금 수령법 ⊃ 재 매각법』순으로 수익(률)이 크(높)거든요!"

"알겠습니다."

"수익이 큰 만큼 수고도 해야 합니다!"

"그렇겠죠,『직접낙찰법』에서 어려운 점은 뭔가요?"

최종적으로는 낙찰 받을 것을 염두에 두고, 부실채권을 매입했다면 큰 문제는 없는데,『배당금』만 받고 끝내겠다고 투자했다가 너무 떨어져 버려서 낙찰받기로 한 경우에는 자금계획에서 애를 먹을 수 있다.

"그럴 수 있겠네요!"

"부동산이 크면 많이 떨어졌다고 해도 낙찰 받으려면 몇 억 원에서 20~30억 원도 필요할 수 있잖아요?"

"그럴 때는 어떻게 돌파하나요?"

"이 상태에서는 공동으로 투자하는 방법과 경락잔금 융자로 해결하는 방법이 있습니다."

경험이 많지 않은 분들은 참고로만 알아두시면 된다. 경험이 쌓이게 되면 누가 말하지 않아도 저절로 이런 방법을 구사하는 자신을 발견하시게 될 것이다. 그런 날이 오게 열심히 공부하고 많은 경험을 하시기 바란다. 투자란 무릇 수익률이 전부다. 덩치 큰 물건에 도전하려면 아무래도 일부는 금융권으로부터 도움을 받아야 하는 경우가 생긴다. 그러나 지금 보여드리는 방법은 계약금만으로 투자가 가능한 방법과 그 효과를 보여드리겠다.

3) 혼합법(=방어 입찰법)

당초 NPL 매입 목적이 "배당금 수령"이었으나, 손해가 날 금액 이하로 낙찰가격이 내려가면, NPL매입자는 자신이 받을 채권 이상 만큼의 가격으로 입찰에 임하는 투자방법이다. 주로 저당권을 보유하고도 매각하지 못한 유동화회사가 손실을 최소화시키기 위한 전략으로 자주 사용한다.

4) 재 매각법

금융기관으로부터 부실채권을 매입한 도매상이 일정한 자기 마진을 붙여『도매상 ⇒ 중대형 도매상 ⇒ 중소형 도매상 ⇒ 중소형 AMC ⇒ 개인투자자』로 이어지는 유통단계가 '재매각법'이다. 일반투자자가 재매각을 목적으로 투자하는 경우는 많지 않다. 다만 무담보부 부실채권 투자에서는 재 매각방법도 자주 활용된다고 한다. 일반투자자가 재매각을 목적으로 투자하는 경우는 많지 않다.

부실채권투자로 기대되는 부수입

부실채권투자에는 사람들은 잘 모르는 또 다른 매력이 더 있다.

"말씀해주세요?"

"경매 진행하려면 경매비용을 미리 납부해야 한다는 것 알고 계시죠."

"네~에 압니다만, 그게 어떻게 부실채권 매력이 된다는 말씀이세요!"

"경매 끝나면 예납했던 경매집행비용 중 약 70% 정도를 경매신청권자에게 돌려주거든요."

"경매신청자가 납부한 경매예납비용을, 경매가 끝나는 배당단계에서 경매신청권을 가진 저당권자에게 돌려준다는 말씀이시네요?"

"바로 그겁니다. 그러니까 낸 사람 따로(경매신청권자), 받는 사람 따로(경매 끝날 당시의 저당권소유자)가 되지요!"

"처음 듣는 이야기고 아주 재미있네요 얼마나 되나요?"

"큰 물건은 경매예납비용도 크잖아요! 감정가격 4~50억 원 대의 근생 부동산이라면 예납비용만 해도 4~5,000만 원은 됩니다."

"진짜 틈새 맞네, 보너스 받은 기분일 것 같네!"

"예납비용이 500만 원이라고 하면 약 300~350만 원은 돌려받거든요?"

"으와 진짜 몰랐네요!"

"말씀대로 모르는 사람들이 많아요? 2차, 3차 AMC도 부실채권을 소매로 넘기면서 이 부분까지 계산하는 회사는 거의 없습니다."

"숨겨진 나머지 1인치는 뭔가요?"

"부동산 처분할 때 문제가 되는 양도소득세가 또 하나의 매력이죠."

"이 부분 이야기는 들어봤는데 좀 헷갈리더라고요!"

"NPL 투자의 즐거움이 뭘까요?"

"알고 싶어서 배우고 있잖아요!"

"NPL 투자에서 여러 가지 즐거움 중에 부수적인 큰 장점은 절세 효과입니다."

"쉽게 말씀 좀 해주세요!"

"배당금으로 얻은 소득 부분은 세금을 내지 않는다는 것입니다."

"100% 비과세라는 말이세요?"

"2억 5,000만 원 부실채권 사서 3억 3,000만 원 배당 받은 셈이니, 이건에서 8,000만 원 정도 수익이 생겼잖아요!"

"이 부분에 대한 세금이 하나도 없다는 말씀이세요?"

"그렇죠! 개인투자는 과세대상이 아니라는 겁니다."

"처분할 때 매입원가는 얼마인가요?"

"무슨 말씀이세요!"

"장부상 낙찰가격인 4억 원이 아니라, 동원된 3억 3,000만 원으로 계산해버리면 별 볼 일 없어져 버리잖아요?"

"그렇게 계산하지 않습니다. 낙찰가격이 매입가격입니다."

"정말인가요?"

알면 알수록 매력적이다.

08
도매상은 재매각이고 투자자는 소비자다

AMC와 일반투자자 사이에 작성된 채권양도·양수계약서

부실채권(NPL)의 시장 유통경로

"AMC와 일반투자자 사이에 작성된 채권양도·양수계약서인가요?"

"네~~에~~!"

"처음에는 어떻게 시작하면 되나요?"

"앞에서도 잠시 보여 드렸지만 "NPL의 시장 유통경로"를 먼저 이해하시는 것이 좋습니다! "

"부실채권의 유통경로를 말씀 해주세요?"

NPL은 연체된 부실채권을 별도로 관리하기 위해 은행의 자회사인 유동화전문회사(SPC)를 설립하여 부실채권을 장부상으로 전량 매각하는 것에서부터 시작된다.

"부실채권 처리만을 목적으로 유동화전문회사로 부실채권을 넘긴다는 말씀이네요?"

"그렇죠, 은행은 업무를 전문화할 필요가 있죠, 효율성이나, 전문성, 비용 등을 따져 볼 때도 부실채권만을 전담하여 관리하는 것이 훨씬 유리하죠!"

"그렇겠네요?"

"부실채권 생산자라고 할 수 있는 금융권은 관리비용이나, 효율성뿐만 아니라 BIS 비율을 맞추기 위해서도 일정기간마다 늘어나는 부실채권을 털어버릴 필요가 생기는 거죠."

"이 단계에서 일반인들도 구입할 수 있나요?"

"그렇기는 힘듭니다!"

은행 등은 보유하고 있는 부실채권 전체를 입찰방식이나 수의계약방식으로 대량(보통 수백~수 천억 원 단위)으로 매각하고, 이 때 사들이는 세력은 다른 금융기관이나, 외국계투자펀드 또는 국내 대형 AMC, 저축은행 등이다.

"앞에서 말한 도매상이 이들인가요?, 금융기관이나 외국계투자펀드, 대형 AMC도 직접추심을 하기도 하나요!"

"직접추심(담보부 채권은 경매처분, 무담보 채권은 법적조치), 재매각[27]을 통해서 수익을 올리죠?"

"이해가 되네!"

"매각방식이 앞으로는 달라질 것으로 봅니다!"

"어떻게 달라질까요?"

새롭게 도입된 IFRS기준에 따라 은행들이 자회사인 유동화전문회사를 설립하기 어렵다. 그래서 일괄매각하는 방식으로 처분할 것으로 보인다.

일반투자자의 부실채권 투자(매입)방법

"일반 개미투자자는 소매상이 재매각하는 물건에 주로 투자하겠네요?"

"소형 AMC에서 직접 구입하거나, 투자규모가 큰 물건에 펀드형식으로 매입에 참가하는 방법이 있을 수도 있죠!"

"매입방식은 어떤가요?"

대형도매상들로부터 소형 AMC나 일반 투자자들이 부실채권을 매입(투자)하는 방식도 입찰방식과 협의매수에 따른 수의계약방법 두 가지다.

---

27 이 때 도매상 입장에서는 재매각이고, 소형 투자펀드는 투자이다.

"도매상을 거치고 또 소매상이나 대부법인을 거치면 처분가격이 올라가잖아요, 일반 투자자들 입장에서 보면 유리할 것이 별로 없을 것 같은데요?"

"유통과정이 복잡해지면 처분가격이 올라가는 것은 맞지만, 일반 투자자 입장에서 보면 꼭 불리한 것만은 아닙니다!"

"유리할 수도 있다는 말이세요?"

일반인이 부실채권에 투자할 때는 크게 두 가지 문제점이 있다.

"두 가지 문제가 뭔가요?"

"하나는 부실채권 물건의 대강을 파악하기가 어렵습니다."

"또 하나는?"

금융기관이 제시하는 처분가격에 대한 적정성을 파악하기 어렵다.

"처분가격이 합당한 지 일반인들은 알기 어렵다는 말씀이시죠?"

도매상들은 전문가들을 동원해서 물건과 부실채권가격의 관계를 따져서 책정된 가격으로 구입하기 때문에 금융기관이 제시하는 가격 이하로 사오거나, 비싸다고 생각하면 응찰하지 않아 가격을 떨어뜨린 다음 응찰하고, 또 가격협상에서 협상력을 발휘 할 수 도 있는데 개인은 그러기가 쉽지 않다.

"이 부분에 대한 수수료로 본다면 무난하겠네요?"

"또 다른 이유는 개인에게는 직접매각하지 않고 법인에게만 판매하는 것도 일반인들이 도매상을 생략하고 바로 구입하기 어려운 이유죠!"

"도매상이나 소매상이 끼어드는 것이 일반 투자자에게는 꼭 나쁜 것만은 아니라는 말씀이시네요?"

"그렇죠!"

"그러면 대부법인을 만들어야 한다는 말씀이세요?"

"방법 중 하나라고 생각합니다!"

AMC 또는 대부법인에서는 펀드를 받아 대신 투자를 하고 처분을 해서 배당과정의 청산을 하는 투자방식으로 일반투자자의 부실채권투자 기회를 주고 있다.

"개인적으로는 어려운가요?"

"어느 정도 자금이 있으면 한 건을 통째로 매입하는 방법도 많이 있습니다. 부실채권 인수하면서도 대출이 가능하거든요!"

"부실채권인수에 대출도 가능하다고요?"

"대출 해줍니다."

"어느 정도까지 대출이 가능한가요?"

물건에 따라 달라지니까 한마디로 어떻다고 말하기는 어렵다.

최근에는 개인투자자들이 공동으로 각자의 소규모 자금들을 펀딩하여 대부법인을 설립한 다음, 중소형(소매상에 해당)AMC로부터 부실채권을 매입하여 처분을 통해 수익을 올린 다음 정산을 통해 청산하는 방법이 많이 사용되고 있다.

왕초보자 당신만을 위한

경매·NPL 투자 비법

Chapter 04

부자들만의 리그
NPL 투자판에
끼어들기

Auction

01 우박사가 전하는 돈 되는 NPL 물건 고르는 비법

02 부동산의 1순위 저당권을 가졌다는 특별함

03 투자의 꽃! 깡통물건과 NPL의 행복한 만남

04 사장님, 아저씨 그리고 영원한 세입자

05 날로 뜨거워지고 있는 경매 부실채권 시장

06 부실채권 관련 책 쓰지 마시란다

투자의 꽃! 깡통물건과 NPL의 행복한 만남

『깡통계좌』와 『깡통매물』의 차이를 정리해 봤다. 이 책이 시중의 다른 NPL 경매관련 서적들과 확연히 다른 점이다. 주식투자에서 '깡통계좌'는 투자자를 죽이지만, 경매투자에서 '깡통매물'은 보물단지다. 집사고 돈 남는 투자구조이다. 깡통물건이 될 가능성이 있는 경매물건을 알아보자. 깡통물건의 전제조건으로는 『임차인이 많아 임대보증금액 큰 다가구주택일 것, 임차인의 임차기간이 오래되어 있을 것』이면 충분하다.

누가 뭐라 해도 대한민국 NPL 경매판에서 『깡통물건』에 관한 한 필자가 최고수다. 집 생기고 돈 남는 경매투자의 극치가 바로 『깡통물건 – 깡통 NPL』이다.

NPL 경매물건의 하자를 적절히 활용하기

NPL 경매물건에는 부동산 자체와 등기부 권리에 하자가 있을 수 있다. 그 하자를 적절히 활용하면 평균보다 낮은 가격에 NPL 저당권을 매입할 수도, 낮은 가격에 응찰하여도 최고가매수인이 될 수 있다. 하자 있는 NPL 경매물건의 대표적인 유형은 아래와 같다.

『• 선순위 가등기 있는 물건
• 선순위 가처분 있는 물건
• 토지별도 등기 있는 물건
• 배당요구 안한 선순위 전입자 있는 물건

- 저당권 등에 소송이 진행되고 있는 물건
- 국세 등 체납된 압류세금의 금액을 알 수 없는 물건
- 지분경매물건
- 법정지상권 성립여지 있는 물건
- 임야 등 일 때 맹지인 물건
- 경매물건에 타인의 묘지가 있는 물건
- 경매물건에 타인소유의 지장물이 있는 물건
- 주로 허위 유치권 신고 있는 물건
- 또는 가짜 임차인으로 의심되는 배당요구자가 있는 물건』

등이 대표적인 물건이다.

마무리까지는 최대 2년 정도 소요

하자 있는 물건의 저당권을 평균이하로 매입하여, 당초 감정가격 수준으로 응찰하여 소유권을 취득하는 투자전략이다. 낙찰 후 하자 해결방법은 대화로 해결하는 것이 원칙이지만 소송을 통해야 하는 경우도 있다.

01 우박사가 전하는 돈 되는 NPL 물건 고르는 비법

저당권 설정이 오래된 물건

저당권과 산삼은 공통점이 있다. 둘의 공통점은 오래 묵을수록 우수하다는 것이다. 등기부 상 같은 금액의 저당권이라고 해도 내용에 따라 질적 수준이 다르다. 높은 가격에 낙찰되어 투자금액 회수율이 높을 물건에 대해서 살펴보자. 1순위 저당권의 채권액이 동일하다면 오래된 채권일수록 우수한 부동산이다. 5억 원 대출에 120%가 설정되어 6억 원이 등기부에 설정된 경우라고 가정하자.

1순위 저당권 설정액으로 추정한 부동산 가격

설정년도	설정액	당시감정가격	당시시세	현재시세
1996	6억 원	8억 원	10억 원	22억 원 이상
1998	6억 원	8억 원	10억 원	20억 원 이상
2000	6억 원	8억 원	10억 원	18억 원 정도
2003	6억 원	8억 원	10억 원	16억 원 정도
2005	6억 원	8억 원	10억 원	14억 원 정도
2007	6억 원	8억 원	10억 원	12억 원 정도
2009	6억 원	8억 원	10억 원	11억 원 정도
2011	6억 원	8억 원	10억 원	10억 원 정도
2014	6억 원	8억 원	10억 원	10억 원 정도

지역이나 물건의 특성까지를 반영한 것은 아니다. 1996년에 8억 원으로 감정되어 5억 원이 융자된 부동산이라면 3배 정도의 가격이 상승했다고 보면 된다. 또한 화폐가치 변화로 보아도 2009년의 5억 원과 1995년의 5억 원은 3~4배 정도의 차이가 있다. 명목상 금액은 같은 5억 원이라도 화폐실질구매력까지 동일하지는 않다. 설정금액이 동일하다고 내용까지 동일한 것이 아니라는 말이다. 1995년에 5억 원이 설정된 물건과 2009년에 5억 원이 설정된 물건이 있다면 전자가 더 우수할 가능성이 높다. 2순위, 3순위 저당권에 대해서는 단정하기 어렵다.

1996년 저당권과 2015년의 저당권 가격차이

현재 고액권으로는 1만 원과 5만 원 권이 사용되고 있다. 1만 원 권이 최초로 발행된 것이 1973년이다. 1만 원 권이 처음 등장 했을 때 '배춧잎'으로 불리며 위세는 대단했다. 1973년과 비교해서 2007년 말 기준으로 소비자물가는 12배 이상 올랐(이는 화폐 실질구매력은 1/12로 축소되었다는 것을 의미함)다.

다음은 소비자물가에 관한 통계청 자료를 보도하는 신문기사다.

『1977년의 서울의 자장면 평균가격은 200원이었다. 자장면의 품목별 물가지수가 77년 1월 6.1에서 2007년 1월 103.7로 올랐으니 수치상으로는 17.1배가 된 셈이다. 짬뽕은 77년 237원에서 30년 만에 지수기준으로 15.5배로 뛰었다. 77년 당시 서울지역의 '다방커피' 한 잔 평균가격은 118원이었다. 공공서비스 요금 역시 상승폭이 컸다. 시외버스료(77년 일반여객 km당 5원)는 30년 전의 18.0배, 상수도료는 14.7배, 고속버스료는 10.0배, 택시요금은 8.1배가 됐다.

목욕료는 77년 서울지역 평균 230원(일반대중탕)에서 30년 만에 16.5배로 올랐다. 영화 관람료는 15.0배가 올랐다. 영화 '엄마 없는 하늘 아래'가 히트를 치던 77년 서울지역 극장입장료는 평균 287원이었다.』

돈 가치를 단순하게 비교해보자.

1977년 자장면 한 그릇 가격이 200원이니까 1만 원으로 50그릇을 사 먹을 수 있었다. 현재 한 그릇에 5,000원 이라면 두 그릇을 살 수 있을 뿐이다. 1만 원권이 화폐로서 외형이 달라진 것은 아무 것도 없다.

슈퍼마켓에 가서 어떤 물건을 하나 집어 들고 '얼마인가요?'했을 때 주인에게 '만 원입니다!'라는 대답을 들었다고 하자. 30년 전이나 지금이나 만 원이라는 외형은 같다는 의미이다. 여기서 무엇을 느낄 수 있는가.

참을 수 없는 화폐가치의 가벼움을 느끼시면 된다.

표에서 보는 것처럼 1996년 저당권이나 2015년의 저당권은 같은 모습으로 우리 눈에 보이지만 실상을 전혀 다르다.

"부실채권에 투자 할 때는 이왕이면 오래 묵은 저당권을 매입하는 것이 낫다는 말씀이시죠?"

"그렇죠, 인플레이션을 따져보면 옛날 1억 원하고 오늘 1억 원하고는 차이가 크죠!"

자료를 찾아보니 1983년 강남구 은마아파트 매매가격이 4,500만 원 전후이고, 전세가격은 2,300만 원 전후였다. 5억 원이면 당장 열 개는 살 수 있겠다고 호기를 부리는 분들에게 살짝 알려드린다. 당시 시내버스 토큰 한 개 가격이 80원이었다. 나머지 곱하기 계산은 직접 해보시면 더 이상 호기부리기 어렵다는 것을 느끼시게 된다.

경매사건 번호가 오래된 물건

사건번호	당시감정가격	당시시세	현재시세
2007 타경 12345	8억 원	10억 원	14억 원 정도
2009 타경 12345	8억 원	10억 원	12억 원 정도
2011 타경 12345	8억 원	10억 원	11억 원 정도
2013 타경 12345	8억 원	10억 원	10억 원 정도
2015 타경 12345	8억 원	10억 원	10억 원 정도

경매사건 번호로 우수물건 판별하는 노하우

"마찬가지로 경매사건 번호도 오래된 것이 더 좋습니다!"

"처음 듣는 이야기인데 왜 그런가요?"

"사건번호가 오래된 경매물건은 감정 자체가 그 당시에 한 것들이 대부분이어서 현재 시세하고는 차이가 많이 나죠, 1순위 저당권 감정가격도 마찬가지고요!"

"2007년에 경매 감정가격이 2015년과 비교하면 금액은 동일해도 현재로 보면 더 비싸다는 말씀이세요!"

"그렇죠, 같은 만 원이라고 해도 10년 전 만 원하고, 지금 만 원하고는 차이가 나는 것하고 같은 이야기죠!"

"인플레이션효과가 여기서도 적용되는지 몰랐네?"

"2007년에 경매 들어간 물건이 2009년 물건에 비해 더 받을 가능성이 높아지는 거죠."

"무슨 말인지 알 것 같아요, 매입가격은 같겠죠!"

"금융기관이나 2차, 3차 AMC들이 매각하면서 이 부분까지 따지면서 처분가격을 정하지는 못하거든요, 경매개시 년도에 따라 매입가격이 달라지지는 않죠."

"그렇지만 이런 부분까지 살펴서 매입하라는 거네요!"

"배당금만을 목적으로 하는 투자뿐만 아니라, 직접 낙찰까지를 염두에 두고 투자하는 경우에도 이 점도 염두에 두면서 매입하면 유리하겠네요."

"해당 부동산의 제1순위 저당권을 가진다는 것은 많은 장점이 있습니다."

경매가 신청되면 보통 1~2주일 사이에 부동산 가격 감정이 실시된다. 경매가 진행되는 중에 이런저런 이유로 경매가 변경, 연기, 정지 되었다가 심하게는 3~4년 만에 다시 경매가 진행되는 경우들이 있다. 경매신청권리가 있는 제 1순위 저당권을 가진 경우라면, 경매가 현재 진행되고 있다고 해도 일단 경매진행을 중지시키거나, 취하시켜 시간을 번 다음, 부동산 경기 등을 살펴가면서 경매진행시점을 다시 정하는 방법도 있다.

배당금만이 목적이라면 부동산경기가 좋은 시절에 낙찰되는 것이 유리할 것이고, 직접 낙찰 받는 것이 목적이라면 일반 경기나 부동산 경기가 좋지 않은 시절이 유리할 것이다.

1순위 저당권 설정금액이 큰 물건

설정년도	설정액	매입조건	매입가격	최대회수가능액	회수차액[28]
2006	1억 원	70%	7,000만 원	1억 원	3,000만 원
	2억 원		1억 4,000만 원	2억 원	6,000만 원
	3억 원		2억 1,000만 원	3억 원	9,000만 원
	5억 원		3억 5,000만 원	5억 원	1억 5,000만 원
	7억 원	60%	4억 2,000만 원	7억 원	2억 8,000만 원
	10억 원		6억 원	10억 원	4억 원
	15억 원	50%	7억 5,000만 원	15억 원	7억 5,000만 원
	20억 원		10억 원	20억 원	10억 원
	30억 원	45%	13억 5,000만 원	30억 원	16억 5,000만 원
	50억 원		22억 5,000만 원	50억 원	27억 5,000만 원
	100억 원		45억 원	100억 원	55억 원

부자들이 더 많이 버는 구도를 한 눈에 엿볼 수 있다. 금액이 클수록 할인율이 높아지는 것이 일반적이다. 여기서 부실채권 펀드의 필요성을 알 수 있다. 2006년에 설정된 저당권을 2012년에 매입해서 2013년에 투자금을 회수하거나, 직접 낙찰 받는다는 구도를 그려보자.

"거래 단위가 억 대에서부터 100억 원대까지 보여주시는데 실제 이런가요?"

"2차, 3차 AMC들이 기를 쓰고 펀드를 조성하는 이유입니다."

"거래가격이 커질수록 할인율이 높아진다는 말씀이시죠?"

"200~300건 씩 덩어리로 매각할 때는 할인율이 더 높아집니다."

2차, 3차 AMC들이 이렇게 매입한 부실채권을 다시 한 두 건으로 나눠서

---

28 회수차액 = 『최대회수가격 - 매입가격』. 회수차액만큼이 수익으로 계산된다.

일반인에게 2~3억 원 대에 매각할 때는 할인율이 70%라면 그 차액만 해도 20% 전후는 된다.

"부자가 더 부자가 되는 논리가 한 치의 오차 없이 적용되는 거죠."

"그렇게 보이네요!"

"금액이 큰 물건이 할인율도 크지만, 직접낙찰법으로 많은 수익을 내기가 더 쉽죠!"

"무슨 말씀이세요?"

"투자 사례를 하나 말씀해드릴까요."

"말해주세요?"

종로구 인사동 전통 골목 입구에 있던 주상복합건물의 지하 2, 3층에 있던 사우나 전체에 제 1순위 저당권이 78억 원이 설정되어 있었다.

『"영업부진으로 운영업체가 부도나고, 저당권자가 저축은행이었는데 부실채권이 되자 경매신청을 했었는데",

"경매감정가격이 110억 정도였고",

"네 차례 유찰로 최저응찰가격이 45억 3,000만 원까지 떨어지자",

"수의계약 방식으로 저당권을 48억 원에 2차 AMC로부터 매입하고",

"매입한 3차 AMC는 다음 입찰일 채권최고액인 75억 원에 응찰해서 소유권을 취득했고",

"응찰은 단독응찰이었고",

"75억 원짜리 저당권을 48억 원에 매입할 때 펀드로 동원한 금액이 25억 원이고",

"나머지 25억 원은 융자받았고",

"잔금 납부할 때는 상계처리해서 실제 납부한 금액은 없이 소유권 이전 받았고",

"펀드멤버는 총 18명이었고",

"이 물건을 명도 작업 후 140억 원에 전체를 매각했고",

"취, 등록세 매각에 따른 세금을 제외하고",

"펀드매니저 수수료는 이익금의 7.5%를 제외하고",

"투자한 1억 원 당 330%인 3억 3,000만 원 씩 배당했고",

"부실채권매입에서 처분까지 걸린 기간은 약 1년 4개월 정도였다"고 한다.

물건별 매입 할인율

종류	설정액	할인율	실매입가격	최대회수액	회수가능성
주거용	1억 원	20%	8,000만 원	1억 원	80~90%
상업용		50%	5,000만 원		50%
공업용			5,000만 원		
농업용		70%	3,000만 원		?
준부동산		90%	1,000만 원		거의 없음
무담보채권		96~97%	3~400만 원		

『① 주거용 부동산 = 아파트, 연립, 다세대, 다가구, 단독주택, 다중주택 등,

② 상업용 부동산 = 근린상가, 단독상가. 아파트상가, 전문상가, 기타상가 등,

③ 공업용 부동산 = 공장부지, 공장건물, 공장설비 등,

④ 농업용 부동산 = 임야, 전, 답, 과수원, 목장용지, 기타 농지 등,

⑤ 준 부동산 = 자동차, 선박, 기계, 항공기 등,

⑥ 부담보 채권 = 자동차리스채, 카드채, 캐피털여신, 개인신용대출채권 등』으로 분류된다.

이 중에서 비교적 정확한 낙찰가격을 예상할 수 있는 부동산은 주거용부동산 뿐이다.

"공장이나 상가 부동산은 낙찰가격의 기복이 심해서 기존의 통계자료는 참고할 수 없죠!"

"왜 그런가요?"

"물건의 개별성 때문이 아닐까요!"

"경기상황은 영향이 없을까요?"

물건의 개별성과 함께 경기상황 역시 낙찰가격에 영향을 많이 준다고 봐야한다. 사실 이런 물건의 매각가격을 예측하는 것 자체가 부질없는 일이기도 하다.

"그래도 이렇게라도 보여주니 대강의 가이드라인 노릇은 하죠, 참고 사항으로 삼을 가치는 있다고 봅니다."

"농촌인구 감소를 생각해보면 농지(농업용 부동산)의 낙찰가격이 높기는 어렵겠죠!"

"농촌 물건 역시 부실채권 매입할 때 참고자료 정도로 생각해주시면 됩니다."

"수익률만 본다면 주거용 부동산보다는 비 주거용 부동산의 수익률이 높다고 생각할 수 있겠네요."

"준부동산이나 무담보 채권은 회수가능성이 거의 없다고 하더라고요."

"그러니까 장부가격의 98%까지 할인해서 팔아치우죠!"

"1억 원짜리를 200만 원에 산다는 말이잖아요. 뒤집어서 말하면 한 건만 회수하면 대박 나겠어요?"

"'도' 아니면 '모'라는 말이 맞습니다."

리스크대로 매각가격이 결정되는 것은 당연하다. 리스크가 낮은 물건의 매각

할인율은 높지 않고, 회수전망이 거의 불가능한 물건은 95%이상을 할인해서 매각한다. 필자 주변에서 무담보부실채권을 인수해서 사채업자 수준으로 채권회수에 전력을 하다가 경찰에 고발당해 벌금을 500만 원 물어낸 사람이 있다.

지역별로 본 할인율

지역	설정액	할인율[29]	매입가격	최대회수액	회수가능%[30]
서울	1억 원	20%	8,000만 원	1억 원	100%
수도권		25%	7,500만 원		
지방 대도시		30%	7,000만 원		?
지방 소도시		35%	6,500만 원		
시골		50%	5,000만 원		

서울지역의 아파트가 수익률이 가장 낮다고 볼 수 있다. 서울지역의 아파트에 설정된 제1순위 저당권은 채권회수 비율이 거의 100% 수준이다. 따라서 매입가격은 높다. 제 1순위 저당권자는 경매를 통해 자신의 채권을 100% 회수할 가능성이 높기 때문에 금융기관에서 NPL로 할인 매각하지 않는다는 점이다. 설령 매각한다고 해도 할인율이 높지 않은 것이 현실이다.

그런 이유로 수익률이 높을 수가 없다.

---

[29] 여기서 말하는 할인율은 현재 AMC를 통해 최종소비자인 일반 부실채권 투자자들이 매입할 때 적용되는 평균적인 할인율이다. 따라서 해당 물건의 조건이나 특성에 따라 적용받는 할인율은 다르다는 점을 염두에 두시기 바란다.

[30] 지역별 할인율이나 회수가능성은 제 1순위 저당권을 기준으로 한 추측치로, 참고용으로만 이해해 주시기 바란다.

서울이나 수도권 지역의 부실채권 할인율은 상대적으로 낮고, 지방으로 갈수록 할인율이 높아진다. 높게 할인받아 싸게 부실채권을 매입했다고 해서 수익률이 높아 진다는 보장은 없다. 지방의 부동산일수록 낙찰가격 역시 낮은 것이 보통이다. 낮은 낙찰가격의 결과는 채권회수금액이 적어지게 된다.

02 부동산의 1순위 저당권을 가졌다는 특별함

부실채권을 설명하는 기존의 책들과는 확연한 다름을 보여드리겠다. 부실채권에 투자하는 주된 목적은 배당을 통해 자신의 투자금액과 수익을 올린다는 것이다. 그러나 이는 반쪽짜리 투자일 수 있다. 나머지 한쪽도 채우는 방법을 보자.

1순위 저당권의 권리로 배당을 통해 수익을 창출하는 방법

중앙2계 2010-37876 번으로 경매 진행된 사건에서 2012년 2월 16일에 당일최저매각가격 4억 800만 원일 때 4억 2,799만 원에 낙찰되었다. 등기권리란을 보면 부실채권에 투자한 김원모씨는 1순위(2003.4.09 - 채권최고액 1억 2,000만 원)와 2순위(2003.4.09 - 채권최고액 1억 2,000만 원)의 우리은행 저당권 2개를 2009년 10월 23일에 매입하였다. 저당권을 매입하면서 투자한 자

금을 회수하기 위해 2010년 12월 29일에 저당권을 원인권리로 임의경매를 신청하였다.

2010-37876번으로 진행된 경매사건에서 2012년 2월 16일에 세 명이 응찰하여 4억 2,799만 원에 낙찰된 것을 알 수 있다. 이때 김원모씨는 세 가지 투자 효과를 맛보게 된다.

중앙2계 2010-37876번 경매정보지

① 할인매입 – 저당권 매입 시 융자 – 수익분 비과세

부실채권매입효과로 누릴 수 있는 1차 즐거움이다. 만약 김원모씨가 우리은행 저당권 2개(채권최고액 2억 4,000만 원)를 구입하면서 30%할인된 가격인 1억 6,800만 원에 매입했다고 해보자. 배당표를 작성해보면 다음과 같다.

순위	채권자	배당이유	배당액	배당금 후 잔금
1	경매비용	집행비용	300만 원	4억 2,500만 원
2	김원모	1저당권	1억 2,000만 원	3억 500만 원
3	김원모	2저당권	1억 2,000만 원	1억 8,500만 원
4	농협중앙	3저당권	1억 8,500만 원	채권고갈 배당종료

- 경매비용을 300만 원이라고 하고, 당해세(이 부동산의 재산세 – 건물분과 대지분)가 청구될 수도 있다. 배당가능금액을 4억 2,800만 원이라고 한다.

"김원모씨는 1억 6,800만 원에 우리은행 저당권을 매입한 것이 2009년 10월이고 경매를 신청해서 자금을 회수한 것이 2012년 4월쯤으로 2년 6개월 투자로 7,200만 원(= 2억 4,000만 원 – 1억 6,800만 원) 정도 투자 수익을 올렸다고 보입니다."

"결과적으로 성공한 투자라고 할 수 있나요?"

"일단 부실채권투자의 기본적인 부분에서 잘 하고 있다고 판단되죠!"

"수익률은 어떤가요?"

"매년 약 17.1%정도 수익률이니까 일단은 무난한 투자라고 볼 수 있죠."

"은행예금 이자의 약 6배 정도는 되네요!"

"부실채권 구입 시 융자를 받는다면 수익률은 훨씬 높아지죠!"

"1순위 담보부부실채권인 경우 어느 정도까지 융자가 가능할까요?"

"70%는 기본적으로 해준다고 하더라고요!"

"대략 1억 7,000여만 원까지 저당권 매입때 융자를 해준다는 말씀이세요?"

"아니오, 실 채권액을 기준으로 융자를 해주죠!"

"그러면 2억 원이라면 1억 5천만 원 정도는 융자가 가능하다는 말씀이세요!"

"그렇죠?"

"약 2,000만 원[= 1억 6,800만 원(부실채권 매입가격) − 1억 5,000만 원(부실채권 매입 시 융자분)]정도만 있으면 부실채권 투자가 가능하다는 말씀이네요!"

"경매투자 때 이용하는 경락잔금융자보다 지렛대 효과가 크죠!"

"수익률 계산도 다시 해야겠네요?"

"물건이나, 저당권 금액에 따라 차이는 있지만 90%까지 융자해준다는 금융기관도 있다고 합니다."

"몰랐네, 경락잔금보다 더 많이 해 주네요."

"그렇죠, 담보가치 면에서 보면 1순위 저당권이 더 매력이죠!"

1순위 저당권보다 담보가치가 더 크다는 것이 무슨 말인가.

채권 매입 시 은행이 융자해 준 1순위 저당권보다 더 낮게 융자 해주니 설령 90%까지 해 준다고 해도 큰 문제가 없다는 말이다.

펀드에 투자해서 수익이 발생해도 비과세

"융자활용해서 매입 한번 해보고 싶은 마음이 막 생기네!"

"매력이 또 있어요! 이 경우에서 발생한 채권투자수익은 비과세 대상입니다."

"앞에서도 봤지만 잘 이해가 안 됩니다."

"다른 채권에 투자해서 얻은 수익에 대해서는 세금을 납부해야 합니다만, 수익 올리고도 세금을 내지 않아도 되는 거의 유일한 투자처입니다."

"펀드에 투자해서 수익이 발생하면 개인투자자인 경우에 총 15.4%(소득세 14%, 지방소득세 1.4%)의 세금을 납부해야 하는데, 이 부분에 대해서는 비과세라는 말이세요!?"

"그렇습니다."

"이 경우에는 발생한 수익금 7,200만 원(= 2억 4,000만 원 − 1억 6,800만 원)은 비과세라는 말씀이세요."

"그렇죠. 일반 펀드에 투자해서 7,200만 원의 수익금이 발생했다면 약 1,100여만 원(= 7,200만 원 × 15.4%)의 소득세를 납부해야 하는데, 부실채권투자는 이 부분이 완전 ZERO입니다."

"들을수록 재미 집니다."

"일단 이 대목에서 부실채권투자가 한 번 매력을 발휘하는 거죠."

"어떻게 매력이 두 가지인가요?"

"높은 수익이 하나고, 수익에 대한 비과세가 두 번째죠."

"그렇게 볼 수 있겠네요?"

"그런데 이것은 부실채권투자의 기본적인 수익에 불과하죠."

"무슨 말씀이세요!"

"김원모씨는 배당을 통해 투자금액과 수익을 올리고 있지만, 만약 직접 낙찰받게 되면 더 많은 투자효과를 얻을 수 있다는 말이 됩니다."

이 정도로 부실채권 투자를 잘 했다고 말하기 어렵다. 경매 사건에 경매신청권리가 딸린 1순위 저당권을 가졌다는 것은 어떤 의미일까. 경매정보지를 약간 가공해서 저당권자이자 경매신청권자인 김원모씨가 직접 낙찰까지 받았다고 해보자.

② 상계처리와 경락잔금 융자

중앙2계 2010-37876					
소 재 지	서울 서초구 서초동 1508-25,-26 그린힐드 6층 제OOO호				
경매구분	임의경매	채 권 자	김OO		
용 도	아파트	채무/소유자	서OO	매 각 기 일	12.02.16 매각
감 정 가	510,000,000 (11.01.19)	청 구 액	240,000,000	종 국 결 과	12.02.22 기타종결
최 저 가	408,000,000 (80%)	토지면적	37.2 m² (11.25평)	경매개시일	10.12.29
입찰보증금	20% (81,600,000)	건물면적	95.11 m² (28.77평)	배당종기일	11.03.28

소재지/감정서	물건번호/면 적(m²)	감정가/최저가/과정	임차조사	등기권리

137-070
서울 서초구 서초동 1508
-25,-26 그린힐드 6층
제OOO호
 	
[감정평가정리]
- 서초고교남측인근위치
- 주변단독,공동주택,근
  린생활시설등혼재
- 차량출입가능,대중교
  통사정보통
- 인근버스(정)및2호선
  서초역소재
- 2필일단의부정형완경
  사지
- 동측약10m,북측약6m,
  남측약4m도로접합
- 도시가스개별난방
 	
- 2종일반주거지역
  (7층이하)
- 대공방어협조구역
  (위탁고도:77-257m)
- 과밀억제권역
- 상대정화구역
  (토지전산망의내용은
  참고사항일뿐교육청에
  반드시확인요망)
 	
2011.01.19 정감정
	물건번호: 단독물건
	
	대지 37.2/520.8
	(11.25평)
	건물 95.11
	(28.77평)
	- 총7층
	- 보존:2003.04.09
		감정가 510,000,000
		·대지 204,000,000
		(40%)
		(평당 18,133,333)
		·건물 306,000,000
		(60%)
		(평당 10,636,079)
		
		최저가 408,000,000
		(80.0%)
		
		[경매진행과정]
		① 510,000,000
		  2011-05-19 유찰
		② 20%↓ 408,000,000
		  2011-06-16 변경
		② 408,000,000
		  2011-07-21 변경
		② 408,000,000
		  2011-08-25 변경
		② 408,000,000
		  2012-02-16 매각
		
		매각가 427,990,000원
		(95.69%)
		응찰수 3명
			[법원임차조사]
			·소유자점유. 2회 방문하였으
			나 폐문부재이고, 관할 주민
			센터 전입세대 확인의뢰 결과
			전입세대 없다고 함. 경비실
			경비(60대 남자)에 의하면, 60
			2호는 거주하는 사람이 없고
			전기도 끊어져 있다고 함
			
			[지지옥션세대조사]
			전입세대없음
			주민센터확인:2011.05.24
				소유권 서OO
				2003.04.09
				저당권 우리은행
				장위3동
				2003.04.09
				120,000,000
				저당권 우리은행
				장위3동
				2003.04.09
				120,000,000
				저당권 농협중앙
				영업부
				2003.06.23
				720,000,000
				이 전 김OO
				2009.10.23
				우리은행(03.04.09)
				임 의 김원곤
				2010.12.29
				*청구액:240,000,000원
				채권총액 960,000,000원
				열람일자 : 2011.01.11
				*토지별도등기있음

"김원모씨가 직접 낙찰까지 받았다면 어떤 즐거움이 있나요?"

"두 가지를 더 기대할 수 있습니다."

"두 가지가 뭔가요?"

"경락잔금 융자와 상계신청을 할 수 있습니다."

"물건 하나에 두 번 융자받는다는 말이 맞네!"

"자금 부담이 훨씬 줄어들죠."

"자세히 설명 좀 해 주세요?"

"4억 2,800만 원에 낙찰 받았다고 가정하고 계산해보죠."

"입찰보증금으로 4,080만 원을 납부했으니 잔금 총액이 3억 8,720만 원이겠네요?"

"배당받을 금액인 2억 4,000만 원은 상계신청하면 납부해야할 금액이 1억 4,720만 원 정도라고 할 수 있죠!"

"잔금융자를 받아버리면 내 돈은 거의 안 들어가겠네요!?"

"이론상으로는 그렇지만 실무에서는 상계 신청된 경매물건은 경락잔금융자가 어렵습니다."

"왜 그런가요?"

상계신청이 허가된 경매물건은 배당일과 잔금납부일이 같은 날로 지정되거든요. 그런데 만약 누군가가 이의신청을 해 버리면 일단 잔금을 전부 납부하게 된다.

"어떻게 이 부분을 어떻게 처리하나요?"

실무에서는 경락잔금을 융자해줄 금융기관은 일단 상계 처리될 금액까지를 전액 융자해주고 난 다음 배당받아서 바로 상환하는 쪽으로 일을 처리한다.

"무슨 차이가 있나요?"

"낙찰자 입장에서는 큰 차이는 없습니다. 오히려 확실하게 잔금을 납부할 수 있어 유리하죠!"

"그만큼 대출이자를 더 물어야 하잖아요?"

"배당 당일로 융자를 상환하니까, 추가되는 이자비용 부담만 약간 더 있죠."

"이해는 되는데 금융기관에서 그렇게 해 주나요?"

"네~에 아무 문제없이 그렇게 해주고 있습니다."

상계신청을 해서 잔금부분을 줄이거나, 경락잔금 융자를 받은 다음 배당받아 상환하는 방법이든 잔금납부일에서 배당일 사이까지 발생하는 차이만큼만 이자를 더 부담하면 된다.

처분 시 누릴 수 있는 즐거운 덤

4억 2,799만 원에 낙찰 받아, 소유권이전비용 등 제반 경비를 포함해서 4억 4,000만 원이 투자되었고, 경매감정가격인 5억 1,000만 원에 매각하였다고 하자. 매각 차액은 7,000만 원이고, 일부를 비용으로 인정받아 양도소득세 부과 처분액이 6,000만 원이라고 하자. 1년 이내 단기처분시 양도차익의 50%가 양도소득세 부과액이다. 약 3,000만 원 만을 세금을 납부하면 된다.

03 투자의 꽃! 깡통물건과 NPL의 행복한 만남

계속 추가되는 부실채권 투자의 즐거움

부실채권과 경매를 조합시켰다. 부실채권 투자로 배당수익, 낙찰로 투자수익, 비과세로 절세효과까지의 1타 3피의 즐거움을 보여드렸다. 엄청난 투자효과지만 이것이 전부가 아니다. 여기에 하나를 더 붙여보자. 기존의 어떤 책에서도 설명하지 않은 부실채권투자의 핵심 중 핵심 사항을 한 번 보여드리겠다.

잠시 화투 고도리 판을 연상하면서 읽어 주시기 바란다. 세 명 치는 고도리 판에서 한 사람이 두 사람을 상대로 흐뭇한 미소를 흘리며 점수를 계산하고 있는 상황 말이다. 고도리판 점수계산은 상당히 과학적이고 도박적이다. 『더하기와 승수방식』의 점수계산이 그렇다. 편의상 20점이 났다고 하고 점수를 계산해 보자. 1점당 100원의 점심 자장면 값 내기 고도리 판이었다고 해보자.

기본점수부터 살펴보자

『① 일단 '기본점수'에 따른 값 2,000원(= 20점 × 100원)(더하기 구조),

② 다음 '흔들고'에 따른 값 4,000원(= '기본' 점수까지 × 2)(승수구조),

③ '쓰리고' 따른 값 8,000원(= '흔들고' 점수까지 × 2),

④ '피박'에 따른 값 16,000원(= '쓰리고' 점수까지 × 2),

⑤ '광박'에 따른 값 32,000원(= '피박' 점수까지 × 2)』이다.

한쪽에 32,000원씩, 양쪽이니 64,000원을 받게 된다. 점당 100원짜리 점심내기 고도리가 말 그대로 순식간에 도박판이 벌어지는 것이다.

경매투자와 부실채권투자의 혼합 투자효과가 이와 비슷한 구조이다.

배로 늘어나는 즐거움

"한 번의 투자로 어떻게 네 가지 효과를 기대 할 수 있나요."

"그게 전부가 아닙니다. 하나가 더 있습니다."

"말씀해 주세요!"

"그 물건이 재개발 지역에 있다면 판은 더 커집니다."

"부실채권매입으로 시작한 투자가 재개발지역에 포함되어 있다면 조합아파트 입주권을 획득할 수 있다는 말씀이시죠."

『부실채권 투자(기본점수) × 부실채권수익 비과세(흔들고) × 낙찰효과(쓰리고) × 융자효과(피박) × 깡통물건(광박) × 재개발지역(멍따)』로 투자의 종지부를 찍을 수 있다. 판이 이렇게 되면 합해서 64,000원이 아니라, 한 사람당 64,000원으로 점당 백 원짜리 고도리가 64배가 된다.

또다시 배로 늘어 난다

"다른 부분은 알겠는데 깡통물건이라는 말은 뭔가요!"

"부동산 경매투자에서 집사고 돈 생겼다고 하면 이해하시겠어요!"

"경매를 아무리 칭찬하시려 해도 어떻게 집사고 돈이 생기나요?"

"가능합니다."

"정말이세요!"

"부실채권 인수단계에서부터 깡통물건까지를 염두에 두면 가능합니다."

"무슨 말인지 이해하기 어렵네요!"

집을 사면 어느 정도는 자금이 잠기는 것이 보통이다. 투자목적으로 5억 원짜리 아파트를 한 채 산다고 해보자. 매입 후 2억 원에 전세로 임대를 했다고 하자. 일반인들이 부동산을 투자하는 가장 일반적인 구도이다. 이럴 경우 3억 원의 자금이 잠기게 된다. 즉 3억 원에 아파트를 샀다는 이야기가 성립된다. 깡통물건은 그러면 뭐란 말인가.

3억 원에 집을 사서 5억 원에 임대한다고 해보자.

『생긴 돈(2억 원) = 임대 보증금(5억 원) − 구입가격(3억 원)의 구도』가 완성되는 것이다.

집사고 돈 생긴 예쁜 투자구도이다. 가능하냐고, 필자에게 의심의 눈초리를 날리는 독자들의 떨떠름한 표정들이 보인다. 아는 만큼 이해되는 것이 세상이치다. 이제 막 덧셈을 배우는 유치원생에게 인수분해와 미적분을 설명하는 꼴이다. 밤새워 설명한들 돌아오는 반응은 울음뿐일 것이다.

『깡통계좌』와 『깡통매물』의 차이

주식투자에서 '깡통계좌'는 주인을 죽이지만, 경매투자에서 '깡통매물'은 보물단지다.

NPL 투자와 법원경매를 조합해서 집사고 돈 남는 투자구조이다. NPL물건 중 깡통물건이 될 가능성이 있는 경매물건을 알아보자. 깡통물건의 전제조건으로는 『임차인이 많아 임대보증금액 큰 다가구주택일 것, 임차인의 임차기간이 오래되어 있을 것』이면 충분하다.

"깡통물건의 대표적인 구도입니다."

"깡통물건을 칭찬하시는데 슬슬 공감이 가요, 어떤 매력이 있는지 조금은 보여요?"

"임대보증금만으로 투자금 이상을 회수할 수 있는 물건이 가끔 있어요!

"집사고 돈 생긴다는 말씀이시죠?"

"경매투자니까 가능한 깡통물건의 핵심 사항이죠!"

"설명을 좀 더 해 주세요?"

"총 6천만 원에 빌라를 낙찰 받아 9,000만 원에 전세를 주는 방식이죠! 빌라 하나 생기고 3,000만 원 생기는 셈이죠."

"그런 물건이 있나요?"

"이런 물건이 그런 물건이잖아요!"

"이해가 안 되는 부분이 있어요?"

"말씀해보세요!"

"깡통물건으로 투자금액보다 더 빼먹으면 그 점에는 무슨 이점이 있나요!"

"경매 당한 빌라가 있는 지역이 재개발예정지역이거나 재개발구역에 포함된다고 해보세요?"

"뭐가 달라지는데요!"

"재개발되면, 아파트 분양권은 주인에게, 세입자에게는 임대아파트입주자격을 주잖아요?"

"그건 압니다!"

"재개발지역에서 건물소유자에게 분양권 줄 때, 나중에 공급(조성)원가로 분양을 하는 거죠!"

"그게 무슨 말씀이세요?"

"빌라 소유자에게는 조성원가로 분양가격을 정한다는 거죠!"

"일반분양보다 싸게 분양한다는 말씀이세요?"

"조합원에게는 통상 20~30%는 낮게 분양가격이 책정되죠!"

세상은 아는 만큼 보인다

"새로 들어온 임차인들의 전세보증금으로 투자한 자금 회수해서 자금 부담이 없는 상태에서, 재개발되면 조합원자격으로 싸게 분양받아, 시세 차액을 노린다는 말씀이시죠!"

"그렇죠!"

"기발한 방법이네."

"경매대중화로 웬만큼 해서는 일반 경매만으로는 재미없습니다."

"부실채권과 경매를 조합해서 투자카테고리를 넓히는 사람들이 있어요, 그렇게만 할 수 있으면 구사할 투자전략은 너무나 다양하죠!"

"그렇다면서요?"

"고수들은 종자돈이 없지 아무 문제없습니다."

"그렇다고 하더라고요?"

"열심히 공부하고, 노력하면 대한민국에 이만한 투자수익률 나오는 곳이 없다니까요."

"투자한 사례 중에서 이런 사례가 있으세요?"

"무슨 말씀이세요!"

"깡통물건 낙찰 받은 적 있는가 물어보는 겁니다."

"깡통물건으로 자리 잡았습니다!"

04

사장님, 아저씨 그리고 영원한 세입자

집 샀는데 돈 남는 깡통주택의 전형이다. 부실채권매입으로 시작된 경매투자의 종결자다. 전세시세가 오르면, 도시지역 서민들의 삶에는 이런 일들도 생긴다. 저당권 설정 전과 설정 후에는 집주인과 세입자 사이의 권력관계는 이렇게 변한다.

사장님과 세입자

저당권 설정 전의 상황이다.

『집주인 ⇒ 다음 달에 전세계약 만료되는 것 알고 계시죠?

세입자 ⇒ 알고 있습니다.

집주인 ⇒ 2년에 비해서 전세가격이 조금 오른 것도 알고 계실 거고요.

세입자 ⇒ 사장님~! 혹시 이번에 전세 재계약 할 때 보증금 올릴 생각이세요?

집주인 ⇒ 네~에~! 남들만큼은 아니어도 얼마라도 올려야죠.

세입자 ⇒ 당연하게 말씀하시니 난감해지네, 사정도 어려운데 조금만 올리시면 안 될까요?

집주인 ⇒ 그러면 3,000만 원만 인상해서 재계약하면 어떨까요?

세입자 ⇒ 네~에~! 3,000만 원이라고요?

집주인 ⇒ 조금만 올려서 감사해서 놀라시나요?

세입자 ⇒ 아뇨 너무 많이 올려달라고 해서 기절할 뻔 했습니다.

집주인 ⇒ 오른 시세에 맞게 5,000만 원 정도는 올려달라고 하려다가, 3,000만 원만 올려달라고 하는 겁니다.

세입자 ⇒ 3,000만 원은 어렵고, 2,000만 원이라면 어떻게 좀 해보겠는데요. 도와주는 셈치고 2,000만 원만 올리면 어떨까요?

집주인 ⇒ 어렵다고 하시니 어쩔 수 없이 2,000만 원으로 합니다만, 시세에 비해서 싸게 전세 드린다는 것은 아셔야 합니다.

세입자 ⇒ 알고 있습니다. 감사합니다.』

오른 전세시세에 맞게 전세보증금을 올리려는 소유자와 조금이라도 싸게 살려는 임차인간의 대화다. 소유자가 쥐고 흔드는 칼자루 앞에서 고분고분하기 짝이 없는 세입자의 비참함을 눈물 없이는 볼 수 없다.

저당권이 설정되어 등기부가 지저분해지면 소유자와 임차인의 입장은 180°달라진다. 주변의 전세가격이 얼마가 오르든지 소유자가 임차인에게 보증금을 올려달라고 할 수가 없고, 올려주지도 않는다. 저당권이 설정된 주택은 주변의 전세시세가 아무리 올라도 임대보증금을 올려 받을 수가 없다.

무늬만 甲일뿐 甲이 甲이 아니다.

아저씨와 세입자

『아저씨 ⇒ 벌써 6년째 보증금 한 푼 안 올려주면 나는 어쩌라는 말입니까?

세입자 ⇒ 아저씨! 그걸 지금 말씀이라고 하시나요?

아저씨 ⇒ (이런 젠장~~ 아저씨란다~!) 시세까지는 아니라 해도 어느 정도는 올려달라는 말입니다.

아저씨 ⇒ 기가 막혀 말이 안 나오네요~! 입장을 바꿔 놓고 생각해 봅시다. 주인아저씨라면 저당 잡혀 있는 집에 보증금 올려주고 싶겠어요?

아저씨 ⇒ 아무리 그래도 너무 싸게 살고 있잖아요?

세입자 ⇒ 아저씨~이! 무슨 말씀을 그렇게 하세요, 우리가 지금 이집에서 살고 싶어서 살고 있는 줄 아세요, 보증금만 돌려주면 당장 오늘이라도 이사 간다니까요, 얼른 방이나 빼주세요.

아저씨 ⇒ 안 나가는 방을 내가 무슨 재주로 빼 드립니까?

세입자 ⇒ 그런데 무슨 보증금을 올려달라는 말이세요, 저당권 설정 뒤에 올려주는 보증금은 경매당하면 받지도 못하잖아요!

아저씨 ⇒ 이 집 전세보증금은 주변 시세의 절반밖에 안된다니까요.

세입자 ⇒ 나도 저당 잡혀있는 집에 사는 거 하루하루가 조마조마합니다. 보증금 못 올려주는 것이 제 잘못이라는 말이세요!

아저씨 ⇒ 잘못이라는 말이 아니라, 시세하고 너무 안 맞으니 조금이라도 올려달라는 말입니다.

세입자 ⇒ 그렇게는 절대 못하고요, 나도 남에게 피해주기 싫습니다.

아저씨 ⇒ 그러니 시세까지는 아니더라도 얼마만이라도 올려달라는 부탁을 드립니다.

세입자 ⇒ 남의 집에서 싸게 살고 싶은 맘 하나도 없으니 집을 빼주시면 될 것 아닙니까.

아저씨 ⇒ 세입자가 안 들어오는데 무슨 수로 빼드리나요.

세입자 ⇒ 그걸 저한테 이야기 하시면 어떻게 합니까, 내가 주인인가요?

아저씨 ⇒ 서로 조금씩 양보하면 좋을 것 같습니다.

세입자 ⇒ 아저씨가 저당권을 먼저 말소시켜 주세요, 그러면 내가 올려드리든지 할게요!』

이번에는 세입자가 소유자를 거칠게 몰아붙인다. 세입자는 세입자대로 답답하고, 소유자는 소유자대로 환장할 상황이 몇 년씩 계속된다. 저당권 설정으로 인해 임차인은 전세 보증금을 올려주지도 않고, 이사도 가지도 못한다. 길게는 10여 년을 살아야 하게 되는 경우마저 발생한다. 현재의 전세시세와 임차인의 보증금액 사이에 갭이 생기는 출발점이다. 여기서부터 깡통물건의 가능성은 고개를 내민다. 사례를 통해서 쉽게 이해해보자.

돈 받고 이사 가려니 방 하나가 줄어버렸다!

『필자 ⇒ 정선생님(세입자)은 선순위 임차인이어서 일부는 배당 받고, 일부는 저희가 인수해서 보증금 전액 돌려받으셔서 다행입니다.

세입자 ⇒ 사장님(필자)! 나도 그렇게 생각했는데 문제는 엉뚱한데서 터지고 있네요!

필자 ⇒ 무슨 말씀이세요, 경매당한 집에서 보증금 안 날리고 나가시는 것은 축하받을 일입니다.

세입자 ⇒ 그게 아니라니까요?

필자 ⇒ 아무튼 그동안 협조 많이 해주셔서 감사드리고, 말씀드렸던 것처럼 원하실 때 편하게 이사 가세요?

세입자 ⇒ 지금 받는 보증금으로는 이사를 갈 수가 없어요!

필자 ⇒ 그게 무슨 말씀이세요, 그러면 이집에서 이사 가지 않겠다는 말씀이세요?

세입자 ⇒ 그게 아니고요, 이사 가려니 방 하나가 줄어버렸다니까요, 이 보증금으로는 이만한 전세집은 죽었다가 깨어난다고 해도 구할 수가 없어요?

필자 ⇒ 전세시세가 올랐다는 것을 말씀하시나요?

세입자 ⇒ 환장하겠습니다, 올라도 너무 올라버렸다니까.

필자 ⇒ 무슨 말인지 압니다!

세입자 ⇒ 우리가 받은 전세보증금이 7,500만 원이잖아요?

필자 ⇒ 그렇죠!

세입자 ⇒ 지금 이 집만 한 전셋집은 아무리 안쳐도 1억 2,000만 원 이하는 없어요, 돌아다녀 보니까.

필자 ⇒ 4년 전 시세하고 차이가 나는 것은 당연하겠지만, 5,000만 원 이상 올라버렸다는 말인데 난감하시겠어요!』

전세시세가 무섭게 올라 이런 일이 벌어진 사실을 이미 잘 알면서도 시치미 뚝 떼고 들어주고 있다. 이 부분을 노리고 낙찰 받았는데 몰랐다면 오히려 위선자다. 그래도 장단은 맞춰드렸다.

누가 누구를 도와주겠는가?

『세입자 ⇒ 난감한 정도가 아니라 환장하겠다니까.

필자 ⇒ 누구를 탓하겠어요!

세입자 ⇒ 누구를 탓하자는 원망이 아니라 도대체 어떻게 생겨먹은 나라인지 답답해서 지르는 소리입니다.

필자 ⇒ 그러게요!

세입자 ⇒ 그래서 하는 말인데 부탁 하나 드려도 될까요?

필자 ⇒ 저야 드릴 돈은 다 드렸는데 무슨 부탁을 한다는 말씀이세요!

세입자 ⇒ 그게 아니고 이 번에 이 집이 경매 넘어가고 낙찰되고 배당받으면서 많이 배웠습니다!

필자 ⇒ 뭘 배우셨다고요?

세입자 ⇒ 경매가 돈 되고 아무리 선순위 세입자라고 해도 세입자는 별 볼일 없다는 것을!

필자 ⇒ 이제라도 아셨으니 다행입니다.』

하도 답답해하고 경매과정에서 도와준 부분도 있어서 한 수 보여 드렸다.

그나마 다행이라고요 정말!

『"경매당한 집에서 선순위임차인이 보증금 다 돌려받고 나오면 다행이라고들 말한다."

"경매의 'ㄱ'자 모르는 한심한 헛소리다."

"진실은 전혀 그게 아니다."

"정선생님처럼 선순위 임차인으로 살고 있는 집이 경매당하면 배당 요구할 필요 없다."

"미쳤냐, 누구 좋으라고 배당요구 하게."

"배당요구 하는 짓은 덩굴째로 굴러들어오는 복덩어리에 발길 짓하는 것이다."

"배당요구하지 말고 그냥 가만히 있어라."

"선순위 임차인으로 세를 살고 있는 집이 경매에 넘어가면,"

"그 집을 하늘이 '너 가져라'하고 주는 선물이다."

"선순위 임차인이 배당요구 안하면 경매고수들은 인수금액 몰라서 무서워서 응찰 안한다."

"초보 병아리들이 멋모르고 응찰했다가 나중에 사태 파악하고 입찰보증금 날린다."

"그래서 많이 떨어지면 자기가 직접 낙찰 받고,"

"그런데도 배당요구해서 경매하는 사람들 좋은 일시키는 바보들 아직도 많다."

"평생 한번 있을까 말까하는 기막힌 기회를 차버리는 바보들이다."

"몇 년 보증금 안 올려주고 싼 집에서 살다가 배당으로 임차보증금 전액 배당받았다고,"

"얼씨구나 하다가 막상 이사 가려고 다른 집 알아보러 다니면,"

"그때서야 '자기가 바보짓 했구나!' 땅을 치게 된다."가 정답이다.

도심에서 외곽으로 점차 밀려 난다

"강남에 살던 세입자는 강북으로 이사 가야 하고, 강북에 살던 세입자는 경기도로 이사 가야 합니다."

"전세값 상승이 원인이라는 말씀이시죠?"

"요즘 들어와서 더 생생히 보고 계시잖아요!"

"전세값 상승 무섭습니다!"

"4~5년 전하고만 비교해서 거의 두 배 가깝게 상승했습니다."

"2~3억 원 하던 아파트 전세값이 3~5억 원 한다는 이야기죠?"

"서울에서 살다가 전세가격 올려 맞춰주지 못해서 경기도 등 수도권으로 밀려나면 비용 참 많이 듭니다."

"교통비 부담도 적지 않고요?"

"길어지는 출퇴근시간이 사람을 또 잡습니다."

"이래저래 착한 임차인만 죽어나는 군요?"

보증금 다 받는다고 '참 다행이다'고 생각했는데 지금 생각해보니 낙찰 받은 사람 좋은 일 다 시켰다는 것을 느끼면 이미 늦었다.

임차인이 비싼 수업료 치르고 있는 중이다. 전세보증금 전액을 돌려받은 것이 문제가 아니다.

재주는 누가 부리고 몫 돈은 엉뚱한 사람이 챙기는 비극을 뻔히 보고만 있는 중이다. 한번 서울에서 밀려나면 웬만해서는 서울특별시로 재 진입하기가 정말이지 쉽지 않다.

세입자가 그제서야 정신을 좀 차리지만

그러나 말 그대로 버스는 이미 지나가버린 다음이다. 『채무자 - 은행 - 경매법원 - 세입자』로 이어지는 악극단 공연에서 생긴 수익금은 낙찰자가 다 챙겨 가버린 다음이다. 재주는 악극단이 단체로 펼치고 수익은 낙찰자 혼자 모두 챙긴 것이다. 진실이고 핵심이다. 판이 다 끝난 마당에 도와주지 못할 일 뭐 있겠는가!

『필자 ⇒ 제가 도와드릴 일 있으면 말씀해보세요?

세입자 ⇒ 이 집 경매되는 것 보면서 많이 깨달았습니다!

필자 ⇒ 그러셨나요, 잘 되었네요!

세입자 ⇒ 그래서 드리는 부탁인데 나중에 집 하나 만 경매로 낙찰 받아주세요?

필자 ⇒ 그 말씀을 그렇게 어렵게 하세요!

세입자 ⇒ 정말로 드리는 부탁입니다.

필자 ⇒ 언제든지 연락만 주세요, 제 일처럼 도와드리겠습니다!

세입자 ⇒ 보증금 다 받아 다행이라고 생각했지만 방 하나가 없어질 줄은 꿈에도 생각하지 못했습니다.」 진실이다.

짠하고 안타까운 마음이다. 살고 있는 집 경매 들어갔다고 몇 년간 고생 고생했다. 처음에는 보증금 다 못 받을까 봐 마음 고생했다. 배당 요구하러 「오라 - 가라」하는 바람에 시간 깨져, 교통비 날아갔다. 그나마 다행으로 선순위 임차인이어서 간신히 보증금 다 받았다고 해보자. 비극이 끝난 것이 결코 아니다. 막상 이사 가려는데 법원에서 배당받은 기존의 임차 보증금으로는 도저히 같은 규모의 전셋집을 구할 수가 없단다.

뒤집어 생각해보자!

깡통물건의 마법이 여기에 숨어 있다. 선순위 임차인으로 대항력을 이용해서 자신의 기존 임차보증금을 전액 돌려받는 데는 일단 성공했다. 참 다행이라는 생각을 하는 분들에게 묻는다. 정말 그러시냐고. 여러분들의 사고는 여기에 머물러 있어서는 안 된다. 보증금 다 받았다고 좋아했지만 막상 이사 가려니 난감한 임차인의 건너편에 부실채권투자로 1타 7피를 기대하는 영리한 투자자가 서 있다.

05 날로 뜨거워지고 있는 경매 부실채권 시장

NPL 저당채권을 매입의 본질적인 의미

일반 투자자들이 NPL 저당채권을 매입한다는 것의 본질적인 의미는 어떤 것일까. NPL 저당채권을 매입한다는 것은 NPL 투자자가 당초 융자를 실행했던 저당권자인 『은행(=금융권)』의 입장이 된다는 뜻이다.

그렇다면 단순 경매입찰자의 시각으로 바라보던 『낙찰가격』의 구조를 채권자 입장에서 바라볼 필요가 생기게 된다. 경매구조를 저당권자 입장에서 바라보면 지금까지 당연히 여겨왔던 낙찰가격 구조가 다른 각도에서 보이게 된다. 『전통적인 경매쟁이』들은 10원이라도 낮게 써서 최고가 매수인이 되는 것이 잘 하는 경매라면, 저당권자의 입장에서는 10원이라도 더 높은 가격에 낙찰되는 것이 유리하다. 그 유리함을 NPL 투자자가 누리게 된다. 응찰가격을 가능한 높게 응찰할 이유가 거기에 있다. 고가입찰이 박수 받는 이유다. 낮은 가격에 응찰할 수밖에 없는 『전통적인 경매쟁이』들의 처지가 옹색해지지 않을 수 없다.

새로운 신무기 『경매 – NPL』 투자 조합을 알아야

이런 사회분위기와 일반인들이 쉽게 경매투자를 시작하기 어려운 환경 등과 맞물려 경매참여자가 많지 않았다. 따라서 시장참여자들은 상대적으로 높은 수익을 올릴 수 있었다. 그러나 지금은 초저금리 등의 영향으로 경매투자 시장 환경이 급변했다. 법원 경매시장의 대중화로 이전과 같은 고수익을 경험하기가 어려워 졌다. 투자수익의 한계를 느낀 경매투자자들이 아직은 덜 알려져 있는 부실채권투자시장으로 관심을 옮기고 있다.

너무 뜨겁게 타오르는 NPL시장에서 화상입지 않은 법

"좋은 점만 이야기 하셨는데요, 음지 이야기도 좀 해주세요?"
"좋은 지적이세요, NPL 관련 사기사건에 연루되지 않으셔야 합니다."
"NPL 관련 투자 사기사건이 많이 발생하고 있다면서요?"
"그렇습니다, 특히 NPL을 강의하는 선생들 중에서 극히 일부가 이런 저런 NPL 관련 강좌나 NPL 무료물건설명회를 개최해서는, NPL 투자구조를 잘 모르는 수강생들을 상대로 지저분한 행동을 하는 양반들이 자주 나타나고 있습니다."
"NPL 투자 사기사건에 말려들지 않을 방법이 있을까요?"

NPL 투자 구조를 잘 모르면서도 돈 된다는 남의 말만 믿고 무작정 뛰어들지 마시고, NPL 투자구조나 물건 고르는 방법, 경매공부를 먼저 하시고 난 다음에 투자를 시작해도 충분하다.

NPL 투자 수익률 급락… "좋은 시절 다 끝났다"[31]

투자자는 늘어나는데 물량은 줄어들고…

저금리 시대에 10% 이상의 투자수익을 올릴 수 있어 각광받던 부실채권(NPL) 시장이 레드오션으로 바뀌고 있다.

지난 8월 초 국민은행은 1,130억 원 어치의 NPL을 시장에 내놨다. 3~4개 NPL 투자회사가 입찰에 참여, 마이애셋자산운용이 낙찰 받았다. 관심을 끈 것은 낙찰 가격이었다. 원금의 99% 수준이었기 때문이다. 원리금 상환이 3개월 이상 연체된 부실채권임에도 불구하고 원래 가격과 거의 비슷한 수준에 팔렸다.

한 NPL투자회사 관계자는 "지난해 초까지만 해도 원금의 70~80%에 NPL을 사왔는데 경쟁이 치열해지면서 최근엔 90% 안팎을 줘야 살 수 있다"고 말했다. 2월 하나은행이 내놓은 NPL(원금 기준 742억 원)도 SBI저축은행이 99% 가격에 사갔다. 이 같은 현상이 나타나는 것은 저금리 기조에 투자할 곳은 잃은 저축은행 자산운용사 등이 너도나도 NPL 시장에 뛰어들고 있어서다. 종전에는 유암코와 대신F&I(옛 우리F&I) 등 3~4개 NPL투자회사가 시장을 나눠 가졌다. 최근엔 마이애셋자산운용, 디스커버리 인베스트먼트, 골드만삭스, 현대캐피탈, SBI저축은행 등이 이 시장에 뛰어들었다.

---

31 한국경제신문 2014-08-31 기사인용. 그러나 NPL 물건은 시장 속성상 줄었다 늘었다 하는 것이 일반적이어서 병아리 투자자들은 크게 신경 쓸 부분은 아니다.

NPL 물량은 오히려 줄었다

이에 비해 시장에 나오는 NPL 물량은 오히려 줄었다. 국내 NPL 시장의 70~80%를 차지하는 은행의 NPL 매각물량은 2011년을 정점으로 감소하고 있다. 2011년 7조 4,000억 원 수준이었던 은행의 NPL 매각 물량은 지난해 6조 2,000억 원으로 떨어졌다. 올해 상반기엔 2조 1,000억 원에 그쳤다.

2014년 원금의 90% 이상에 팔린 부실채권(NPL) (단위: 억원,%)

매각은행	원금	매입회사	원금대비 가격 비중
하나	742	SBI저축은행	99
우리	747	외환F&I	92
	613	SBI저축은행	90
신한	713	유암코	91
농협	723	유암코	93
우리	769	굿플러스자산관리	92
하나	598	유암코	98
신한	925	유암코	96
	513	유암코	98
우리	587	유암코	92
국민	1130	마이애셋운용	99
	805	마이애셋운용	91
우리	931	SBI저축은행	93

※순서는 입찰 시기순

부실 주택 저당권 채권에 투자 몰려

NPL투자회사 관계자는 "지난해엔 NPL을 사와 정상화시킨 다음 다시 팔면 연 10%까지 수익을 올릴 수 있었지만 최근엔 5% 이하로 떨어졌다"고 말했다. 시장 관계자들은 NPL 투자시장에 갓 뛰어든 회사들이 상대적으로 빨리 수익을 올릴 수 있는 주택담보채권에 몰리면서 관련 분야 NPL 수익률이 더 빨리 떨어지고 있다고 설명한다. 주택담보채권은 담보물을 경매에 붙여서 수익을 올리는 데

1년이면 충분하기 때문이다. 반면 부실기업과 관련된 NPL은 기업이 회생할 때까지 최장 10년까지도 기다려야 수익을 올릴 수 있다.

06 부실채권 관련 책 쓰지 마시란다

알면 알수록 재미지는 NPL 시장

"2011년을 기준으로 71.1%(일반 경매물건 낙찰가율)와 67.2%(부실채권 경매물건 낙찰가율)이라고 하면, 부실채권 투자물건에 투자하면 그 만큼 자금회수가 덜 되는 나쁜 물건이라는 생각을 계속하고 계시잖아요?"

"이 표가 보여주는 것이 진실 아닌가요!"

1억 원짜리 경매부동산이라면 일반경매물건은 7,110만 원에 낙찰되고, 부실채권투자 물건은 6,727만 원에 낙찰되어, 그 만큼 부실채권투자 물건에 투자한 사람은 회수되는 자금이 적어 손해날 가능성이 크다는 것이다.

"그렇다니까요!"

"그렇게 생각할 수도 있지만, 반대로 생각해보면 1억 원짜리를 6,727만 원에 낙찰 받으면, 7,110만 원에 낙찰 받을 때 보다 수익차이가 크잖아요?"

"아~~아 알겠다, 그러고 보니 진짜 그러네!"

"그래서 부실채권투자의 진짜 재미를 아는 사람들은 이런 뉴스가 더 널리 확산되기를 간절히 바라죠!"

"왜 그럴까요?"

"부정적인 인식이 퍼지는 것이 본인들 투자에 나쁘지 않거든요."

"그거 말 되네!"

"그럼요, 그래서 이런 부실채권 초보용 책 쓰는 사람은 밉다고 말하는 사람도 있어요!"

"그런가요?"

공저 제안했다가 무안당했다!

"부실채권에 관한 초보자용 책 한 번 써보자고 어떤 전문가에게 제의했다가 무안당했다니까요?"

"같이 책 쓰자고 하면 "혹"할 텐데 왜 무안을 주나요!"

"부실채권 투자가 꿀단지라는 것을 공개하기 싫은 거죠."

"그럴 수 있겠네!"

"오히려 저한테 부탁하더라고요?"

"뭐라고요!"

"꿀단지 공개 하지 말라고."

"정말인가요, 정말로 그렇게 이야기했나!"

"초보자용 책 써서 팔릴수록 경쟁자만 늘어난다고, 그러니 책 쓰지 말고, 조용히 아는 사람들이나 계속 즐겁게 해 먹자는 뜻이겠죠."

선수 입장에서 보면 가능한 생각이겠다.

"전문가 입장에서 보면 얼마든지 할 수 있는 이야기죠, 나라도 그런 생각해보지 않았다면 거짓말일 겁니다."

"부동산 담보부 부실채권(NPL) 투자가 틈새 재테크 수단으로 각광을 계속해서 받을까요?"

"알아볼수록 매력덩어리입니다."

경매시장은 보통 노력으로는 재미 보기 어려운 시장상황이고, 일반매매는 더 형편없으니 당분간 부실채권투자 쪽으로 자금과 관심이 몰릴 것은 분명하다. 일반 투자자들의 『론세일 방식』을 금지시키는 것을 골자로 한 2016년 7월 25일자 대부업법 개정이 부실채권 투자 수익률에 오히려 긍정적인 작용을 할 것이다. 전제는 시장에 남아 있는 투자자들에게만 적용된다는 점이다.

Chapter 05

『NPL + 경매투자』로
맛보는
15가지 달콤함

01 투자의 높은 안정성

02 부실채권 매입 시 융자효과

03 빠른 회전율과 높은 수익률

04 용이한 투자결정과 직접 낙찰효과

05 상계신청으로 자금부담 경감

06 배당소득에 대한 비과세 효과

07 깡통물건 투자효과

08 부동산 종류와 투자 목적의 다양성

09 하자 이용해서 매입가격 낮추기

10 용도변경을 통한 수익극대화

11 양도세 절세 효과

12 재경매 물건일 때 입찰보증금 차지효과

13 기본적인 권리분석만 필요

14 『고가응찰전략』에 따른 확실한 낙찰효과

15 합법적인 『UP-계약서』 작성 효과

「NPL 매입 + 경매 낙찰」로 누릴 수 있는 즐거움 15가지

경매투자는 낙찰받아 임대나 매각하는 단순한 투자전략만을 가지고 있는 것에 비해, 부실채권 투자의 매력은 배당금 수령은 물론이고 수익금액 대한 비과세투자, 고가응찰에 따른 양도소득세 절감 등 부수되는 매력이 상당하다. 다음은 경매투자만으로는 맛볼 수 없는 즐거움이다.

『① 투자의 높은 안정성,

② 부실채권 매입 시 융자효과,

③ 빠른 회전율과 높은 수익률,

④ 용이한 투자결정과 직접 낙찰효과,

⑤ 상계신청으로 자금부담 경감,

⑥ 배당소득에 대한 비과세 효과,

⑦ 깡통물건 투자효과,

⑧ 부동산 종류와 투자 목적의 다양성,

⑨ 하자 이용해서 매입가격 낮추기,

⑩ 용도변경을 통한 수익극대화,

⑪ 양도세 절세 효과,

⑫ 재경매 물건의 입찰보증금 차지효과,

⑬ 기본적인 권리분석만 필요,

⑭『고가응찰전략』에 따른 확실한 낙찰효과,

⑮ 합법적인「UP – 계약서」작성 효과』가 그것이다.

NPL 저당권을 매입하지 못하면 경매 입찰장에 갈 필요도 없다

맘에 드는 경매물건이 유동화물건인데 경우, 그 NPL 저당권을 매입하지 못했다면 응찰하러 갈 필요가 없다. 강력한 최신형 중화기로 중무장한 『NPL 경매쟁이』와의 싸움이 벌어지면 지금까지 입찰 방식만을 고집하는 『전통적인 경매쟁이』는 백전백패다. NPL 투자자가 구사할 수 있는 『고가응찰전략』은 일반 경매투자자에 비해 크게 세 가지 측면에서 유리하다.

『(1) 고가 입찰로 확실한 낙찰효과,
 (2) 배당소득에 따른 비과세 효과,
 (3) 차후 매각을 고려한 『UP - 계약서』작성효과이다.

『NPL + 경매투자』로 맛보는 15가지 달콤함

『NPL + 경매투자』로 맛보는 15가지 달콤함을 완벽하게 해부해 낸 책은 필자의 이 책이 처음이다. 투자의 원천인 네 가지(돈, 시간, 경험, 멘토)가 절대 부족한 독자들도 노력여하에 따라서는 얼마든지 가능하다는 희망을 전달하는 것이 이 책의 목표다.

대부업법이 개정되었다고 해도 일반 투자자 입장에서 보면 달라진 건 아무것도 없다. 즉, 대부업법 개정전과 마찬가지로 계속 투자 가능하다.

『NPL 매입 + 경매 낙찰』로 누릴 수 있는 즐거움 15가지

경매투자는 낙찰 받아 임대나 매각하는 단순한 투자전략만을 가지고 있는 것에 비해, 부실채권 투자의 매력은 경매를 통한 부동산 투자와 채권투자를 통한 배당금 수령은 물론이고 수익금액에 대한 비과세투자, 양도소득세 절감 등 부수되는 매력이 상당하다. 다음은 경매투자만으로는 맛볼 수 없는 NPL 투자의 즐거움들이다.

담보부 부실채권투자는 세 부분에서 수익발생

담보부 부실채권투자는 수익이 세 부분에서 발생한다. 담보부 부실채권 투자에는 투자의 매력들이 다 모여 투자이익 실현에 다양한 선택지를 가지게 된다.

01 투자의 높은 안정성

　NPL투자 구조를 잘 모르는 일부 사람들의 오해와는 다르게 담보부 부실채권 투자는 안전하다. 투자원금 및 채권확보가 다른 투자에 비해 확실하다. 수익성 분석을 위해 재평가 실사를 행한 다음 매입을 하기 때문에 회수금액을 예측할 수 있다. 1순위 저당권에 투자하기 때문에 채권확보에 안정성이 높다. 은행이 1순위 저당권자인 담보부 NPL 물건은 권리분석이 따로 필요 없다. 이유는 당초 은행이 융자를 실행하면서 하자 점검을 모두 마친 후에 대출을 실시하기 때문이다. NPL 물건이 『고위험』이라고 할 때는 후순위 저당권이나, 개인 저당권 또는 무담보부 부실채권을 말하는 경우다.

　NPL관련 투자사기 사건이 벌어지는 이유는 『NPL』 자체의 문제가 아니라, 투자구조 자체를 잘 모르는 병아리들을 상대로 감언이설을 통해 한 몫 챙기려는 일부 미꾸라지들 때문이다.

02 부실채권 매입 시 융자효과

NPL 투자가 다른 어떤 투자에서도 누릴 수 없는 유리한 점이 질권 대출이 가능하여 동원자금이 적게 소요된다는 점이다. 채권최고액 2억 원인 1순위 담보부 저당권을 1억 원에 매입하기로 했다고 하자. 매입가격이 1억 원이라면 계약 시 매매가격의 10~15%정도인 1,000~1,500만 원의 계약금이 필요하고, 나머지 85~90%인 8,500~9,000만 원은 해당 저당권을 담보로 융자가 가능하다.

따라서『론세일』방식으로 NPL을 매입 후 배당에만 참여하는『배당금 수령법』인 투자라면 매입가격이 1억 원인 저당권 계약이라면 계약금액의 10~15% 정도만 준비되어 있으면 된다. 『채무인수방식』으로 저당권을 사후정산부 입찰에 참가하여 낙찰 받는 조건으로 계약한 후『유입법』으로 입찰에 참여하는 경우라면『입찰보증금』만큼은 필요하지 않다.

잔금납부 때 필요한 잔금은『경락잔금 융자』를 통해 해결하게 된다. NPL 투자의 장점은 질권 융자와 경락잔금융자를 이용할 수 있어 소액투자금으로 NPL투자와 경매투자가 가능하다는 점이다.

표로 정리하면 다음과 같다.

채권가격	할인율	매입가격[32]	융자비율[33]	실투자금액[34]
5천만 원	30%	3,500만 원	70%	1,050만 원
1억 원		7,000만 원		2,100만 원
2억 원		1억 4,000만 원		4,200만 원
3억 원	35%	1억 9,500만 원		5,850만 원
5억 원		3억 2,500만 원		9,750만 원
10억 원	40%	6억 원		1억 8,000만 원
20억 원		12억 원		3억 6,000만 원
30억 원	45%	16억 5,000만 원		4억 9,500만 원
50억 원		27억 5,000만 원		8억 2,500만 원

[32] 매입가격 =『채권가격 × 할인율』이다.

[33] 융자비율은 매입가격 기준이다. 1억 원짜리 부실채권을 30% 할인받아 매입가격을 7,000만 원이라고 하면, 여기서 융자비율 70%를 적용하면 융자가능금액은 4,900만 원이 된다.

[34] 실투자금액 =(매입가격 - 융자금액)으로, 부실채권매입에 투자자가 실제 동원해야 하는 자금이다. 여기에 추가로 부대비용이 약 2% 정도 추가된다고 보면 된다.

03

빠른 회전율과 높은 수익률

다른 어떤 투자보다 투자기간이 짧다. 단기 투자에 적합하다. 투자 대상인 경매가 진행 중인 물건의 근저당권이므로 투자에서 배당금 수령으로 투자금과 수익을 회수할 때까지의 기간이 짧다. 따라서 현금흐름이 빠르기 때문에 투자회전율을 높일 수 있다. 총수익 = [수익률 × 회전수]이다. 수익률이 정해져 있다면 총수익을 높이는 방법은 투자 횟수를 늘리는 방법뿐이다. 부실채권 인수에서 배당을 통한 투자금 회수까지 정상적으로 진행되는 경우에는 약 2~3개월 정도의 시간이 소요된다.

『배당금 수령법』이라면 1년에 3~4회 투자도 가능하다.

채권가격	배당금%	수령금액	융자금액	자기투자금액	실수령금액
5천만 원	100%	5,000만 원	2,450만 원	1,050만 원	2,550만 원
1억 원		1억 원	4,900만 원	2,100만 원	5,100만 원
2억 원		2억 원	9,800만 원	4,200만 원	1억 200만 원
3억 원	90%	2억 7,000만 원	1억 3,650만 원	5,850만 원	1억 3,350만 원
5억 원		4억 5,000만 원	2억 2,750만 원	9,750만 원	2억 2,250만 원
10억 원	80%	8억 원	4억 2,000만 원	1억 8,000만 원	3억 8,000만 원
20억 원		16억 원	8억 4,000만 원	3억 6,000만 원	7억 6,000만 원
30억 원	70%	21억 원	11억 5,500만 원	4억 9,500만 원	9억 4,500만 원

즉, 투자에서 회수까지 단기간에 마무리하여 수익을 올릴 수 있다.

04 용이한 투자결정과 직접 낙찰효과

채권 투자대상을 직접 확인 후 매입결정이 가능하다는 점과 함께 해당 경매 물건의 경매과정에 직접 응찰하여 부동산 소유권 취득까지 가능하다.

NPL 물건이지만 투자대상 물건의 소재파악이 가능해 물건의 시장성과 가치 판단, 수익률 추정이 용이하다. 즉 담보부 부실채권 매입 전에 현장조사 후 투자여부를 선택할 수 있다. 비교거래사례법이나, 인근 부동산의 낙찰사례를 가격결정의 참고자료로 활용할 수 있다.

낙찰 받을 가치가 있는 물건이라면, 채권최고액이나 실채권 청구액까지 응찰가격을 높여 응찰 할 수 있다. 당일 경매 진행가격인 최저매각가격이나 평균 낙찰가율은 무시하고, 배당에서 배당 받을 수 있는 금액까지 고가 응찰전략 구사가 가능하다. NPL 투자자가 응찰하는 물건에서 일반 경매 응찰자는 낙찰 받을 수 없다.

다음 표를 통해 경매투자와 부실채권 투자가 혼합되는 것을 보자. 직접 낙찰 받을 때는 자신의 채권최고액 범위 내에서는 누구보다 유리하게 높은 응찰가격을 제시할 수 있다. 3억 원짜리 저당권을 2억 1천만 원에 매입했다고 해도 배당받을 금액은 3억 원이다. 이 물건의 경매감정가격은 5억 원이고, 2번 유찰로 3억 2,000만 원으로 떨어진 상태에서 부실채권 매입 투자자는 4억 원에 직접 응찰하여 낙찰 받았을 수 있다.

NPL 투자자는 입찰에서 채권최고액까지 범위에서 응찰가격의 제한을 받지 않고 응찰할 수 있다.

경매가격	경매최저가격[35]	저당권가격	저당권매입가격[36]	경매응찰가격[37]
2억 원	1억 4,000만 원	1억 원	7,000만 원	1억 6,000만 원
3억 원	2억 1,000만 원	2억 원	1억 4,000만 원	2억 4,000만 원
5억 원	3억 2,000만 원	3억 원	2억 1,000만 원	4억 원
7억 원	4억 4,800만 원	5억 원	3억 5,000만 원	5억 6,000만 원
10억 원	6억 4,000만 원	7억 원	4억 9,000만 원	8억 원
20억 원	12억 8,000만 원	15억 원	10억 500만 원	16억 원
30억 원	19억 2,000만 원	22억 원	15억 4,000만 원	24억 원
50억 원	32억 원	35억 원	24억 5,000만 원	40억 원

NPL투자자는 직접 낙찰 받을 때는 자신의 채권최고액 범위 내에서 누구보다 유리하게 높은 응찰가격을 제시할 수 있다. 3억 원짜리 저당권을 2억 1천만 원에 매입했다고 해도 배당받을 금액은 3억 원이다. 또한 낙찰로 소유권을 취득한 다음 여러 활용방안을 구사할 수 있고 매각 시점도 유리하게 정할 수 있다.

---

[35] 두 번 유찰로 감정가격 대비 64%라고 하자.

[36] 저당권 금액의 30% 할인 받아 70%에 부실채권을 매입했다고 하자. 채권 매입 시 70%를 융자받아 1억 원짜리를 7,000만 원에 매입할 때 4,900만 원을 융자받아, 실제 동원된 자금은 2,100만 원이라는 조건은 앞에서 말한바와 같다고 하자.

[37] 경매감정가격의 80%에 응찰해서 낙찰 받았다고 하자.

05
상계신청으로
자금부담 경감

    NPL 저당권을 매입하면 배당금을 수령할 권리가 생긴다. 해당 물건을 입찰하여 낙찰 받게 되면, 매각대금을 납부할 의무가 생긴다. 한 경매 사건에서 배당금을 수령할 권리와 매각대금을 납부할 권리가 한 사람(=NPL 투자자이면서 경매 낙찰자)에게 생긴다. 이런 경우 NPL 투자자는 법원에 배당에서 받을 금액만큼을 납부하지 않게 해달라고 신청할 수 있는 제도가 『상계(=相計)』다. 예를 들어 NPL투자자가 5억 원을 받을 권리가 있다고 해보자.

    해당 경매물건의 매각대금으로 납부할 금액이 6억 원이라면 받을 금액을 뺀 1억 원만 납부하게 해달라고 경매법원에 신청하는 제도가 『상계』제도이다. 상계제도를 활용하면 잔금납부의 부담을 훨씬 줄일 수 있다. 부실채권 매입할 때 융자 받은데 이어, 경락잔금대출을 이용하고, 배당받을 금액을 상계 신청하는 행복을 누릴 수 있는 투자 방법이다.

경매가격	저당권가격	경매응찰가격	상계신청액[38]	경락잔금액[39]	실제잔금납부액
2억 원	1억 원	1억 6,000만 원	1억 원	3,000만 원	3,000만 원
3억 원	2억 원	2억 4,000만 원	2억 원	2,000만 원	2,000만 원
5억 원	3억 원	4억 원	3억 원	5,000만 원	5,000만 원
7억 원	5억 원	5억 6,000만 원	5억 원	3,000만 원	3,000만 원
10억 원	7억 원	8억 원	7억 원	5,000만 원	5,000만 원
20억 원	15억 원	16억 원	15억 원	5,000만 원	5,000만 원
30억 원	22억 원	24억 원	22억 원	1억 원	1억 원
50억 원	35억 원	40억 원	35억 원	2억 5,000만 원	2억 5,000만 원

채권 상계 신청서

채권 상계 신청서

- 채권자 : 김 길동
- 채무자 : 이 길동
- 낙찰자 : 김 길동

위 당사간 귀원 2013-12345호 부동산 임의경매사건에서 위 경매부동산을 채권자가 낙찰 받았고, 귀 경매법원으로부터 잔금납부를 통지받아, 이 부동산의 제1순위 저당권의 채권액만큼을 채권자가 배당받을 낙찰대금에서 교부금 상당액(경매예납금액 포함)과 상계하여 주시기 바랍니다.

201* 년 ** 월 ** 일
채권자 김 길 동 (인)

첨부서류 : 채권계산서 및 예상 배당표

서울 동부지방법원 경매 * 계 귀중

---

[38] 실채권 청구액까지 상계신청이 가능하다.
[39] 실제 납부해야 할 잔금의 50%를 경락잔금으로 해결했다고 하자.

이 자료는 NPL을 매입하여 채권자가 된 경매 낙찰자가 경매법원에 신청한 상계신청서이다.

배당이의가 제기되어 상계처리 할 수 없을 때

부실채권을 인수한 저당권자가 최고가매수인이 되었다고 하자. 잔금 납부일에 저당권 채권금액과 매각잔금을 상계 처리할 수 없는 경우가 있다. 상계 처리 시 이해관계에 있는 자가 배당에 이의를 제기하거나, 질권자의 상계처리에 대한 동의가 없으면 현금으로 잔금을 납부해야 한다. 이런 경우에는 경락잔금대출을 통해 매각잔금을 처리하면 된다.

06 배당소득에 대한 비과세 효과

투자 유형별로 나누어서 보면 부실채권투자의 장점을 금방 파악할 수 있다. 채권자로서 배당에 참가하기 때문에 세금이 부과되지 않기 때문에 더 높은 수익을 기대할 수 있다. 부실채권투자로 발생한 소득은 종합소득세 비과세 대상이다.

"NPL투자로 번 돈은 정말 세금 안 내도 되나요?"

"「채무인수방식」으로 투자해서 발생한 투자 수익금에 대해서는 지금도 그렇게 이해하셔도 크게 틀리지 않습니다!"

"그게 무슨 말씀이세요?"

"「대부법인」을 통해 「론세일」방식으로 투자해서 발생한 수익금은 과세대상입니다."

부실채권투자에서 빼 놓을 수 없는 큰 매력이 세금부분이다. 부실채권투자로 발생하는 양도차익에 대해서는 완전 비과세대상이다. 부동산의 경우 보유기간 1년 미만 처분으로 발생하는 차익에 대해서는 현행 세율로는 50% 단일세율이다. 보유 후 1년 이내에 처분해서 그 차익이 1억 원이라면 5,000만 원을 세금으로 납부해야 한다.

일반펀드로 얻는 수익에 대해서도 15.4%의 소득세를 납부해야 한다. 그러나 「채무인수방식」으로 얻은 차익에 대해서는 기간, 차익의 크기를 묻지도 않고 따지지도 않고 세금 부과대상이 아니다.

표를 통해 살펴보자.

양도소득세[40]와 이자(종합)소득세 비교

양도차익	주택(세율)	토지(세율)	일반펀드	부실채권
1억 원	50%	50%	14.4%	언제나 비과세
3억 원				
5억 원				

구분	투자 차익	세율[41]	납부할 세금	실 수익금액
부동산 투자	5천만 원	50%	2,500만 원	2,500만 원
	1억 원		5,000만 원	5,000만 원
	3억 원		1억 5,000만 원	1억 5,000만 원
	5억 원		2억 5,000만 원	2억 5,000만 원
채권(펀드)투자	5천만 원	15.4%	770만 원	4,230만 원
	1억 원		1,540만 원	8,460만 원
	3억 원		4,620만 원	2억 5,380만 원
	5억 원		7,700만 원	4억 2,300만 원
부실채권 투자	5천만 원	비과세	Zero	5천만 원
	1억 원			1억 원
	3억 원			3억 원
	5억 원			5억 원

---

40 구입 후 1년 이내에 처분한 것을 기준으로 했다. 토지 등은 1년 이내에 매각처분하기가 쉽지 않다는 현실적인 상황은 편의상 무시했다. 일반펀드나 부실채권은 양도차익이라는 표현은 조금 어색하지만 사용했다. 세율은 관련법 개정 등으로 달라질 수 있다.

41 부동산 투자의 경우 1년 미만의 단기투자를 전제로 한 세율이며, 다른 경비 등은 감안하지 못한 세율이라는 점을 염두에 두고 이해해 주시기 바란다.

투자 유형별로 나누어서 보면 부실채권투자의 장점을 금방 파악할 수 있다. 거기에 반해서 부실채권 투자는 배당받는 것이 목적으로 경매 진행되고 있는 물건은 5~6개월이면 투자금이 회수되고, 직접 낙찰 받는 것이 목적이라면 1년이면 단기투자까지 깔끔하게 마무리 할 수 있다.

단기투자와 함께 배당이익에 대한 비과세로 수익률은 다른 어떤 투자대상보다 높은 것을 알 수 있다.

부실채권투자에서 빼 놓을 수 없는 큰 매력이 세금부분이다. 부실채권투자로 발생하는 이자소득(종합소득세)차익에 대해서는 완전 비과세대상이다. 부동산의 경우 보유기간 1년 미만 처분으로 발생하는 차익에 대해서는 현행 세율로는 50% 단일세율이다. 보유 후 1년 이내에 처분해서 그 차익이 1억 원이라면 5,000만 원을 세금으로 납부해야 한다.[42] 일반펀드로 얻는 수익에 대해서도 14.4%의 소득세를 납부해야 한다. 그러나 부실채권에 투자해서 얻은 차익에 대해서는 기간, 차익의 크기를 묻지도 않고 따지지도 않고 세금 부과대상이 아니다. 부실채권매입액과 저당권의 차익에 대한 이익부분은 '종합소득세'과세대상이 아니다.

---

42 여러 공제 등에서 대해서는 무시했다.

07

깡통물건
투자효과

일반매매나 경매투자와 확연히 다른 NPL 투자만의 특징이다. 지금까지 부동산 투자의 일반 인식은 투자하면 일정한 자금이 잠긴다는 것이다. 즉 1억 원짜리 아파트를 매입해서 임대하면 약 6,000~7,00만 원을 임대 보증금으로 회수하고 3,000~4,000만 원은 회수되지 않다는 것이 일반적인 인식이다. 그러나 NPL 투자를 활용하면 투입금액 이상의 자금의 회수된다.

임차인이 많은 다가구주택을 통해 투자된 금액 이상을 임대보증금으로 회수하고, 그 자금으로 다음 투자를 준비한다.

예를 들어 감정가격 15억 원짜리 다가구 주택의 10억 원짜리 저당권을 7억 원에 매입한 다음,

『두 번 유찰로 9억 6,000만 원으로 떨어졌을 때 10억 5,000만 원에 응찰했다고 하자.

낙찰 받은 다음,

경락잔금까지 동원하여 소유권을 취하여,

임대처분만으로 12억 원의 임대보증금을 받았다고 하고,

이전비용과 기타비용을 합해서 총 11억 원이 들어갔다.」고 하자.[43]

11억 원에 집을 사서, 임대로 12억 원을 임대보증금으로 받는 구도다.

또한 선순위 임차인이 배당요구 안 해서 인수금액이 많은 주택의 경우도 수익이 높은 물건이다. 배당요구는 했지만 배당받지 못하는 선순위 임차인들이 여러 가구 포진해 있는 다가구주택은 낙찰가격이 1순위 저당권의 채권최고액 아래로 떨어지는 경우도 흔하다.

부실채권투자자가 직접낙찰법을 구사할 수 있는 훌륭한 경매물건이다. 즉 저당권 채권가격보다 낙찰가격이 더 많이 떨어질수록 투자가치는 높아진다. 부실채권매입해서 직접투자로 낙찰 받는 경우에는 두 번 융자를 이용할 수 있다는 말을 상기하시면 이해가 될 것이다.

인수해야할 선순위 임차보증금액이 2억 원이 있다

저당권자가 배당받을 금액은 10억 원인데 최저응찰가격이 3억 원으로 떨어졌고, 선순위 임차인이 있어 인수해야할 보증금액이 2억 원 있다고 가정해보자. 이런 경우에 저당권자가 응찰할 수 있는 최고 응찰가격이 10억 원까지는 응찰해도 잔금 납부 때에는 상계처리가 되면 경매잔금 납부 시 잔금을 납부하지 않

---

[43] 물론 이 금액 내에서는 부실채권 인수할 때 받은 융자금과, 경락잔금융자 때 받은 금액까지가 모두 포함되어 있다. 따라서 실제 동원된 자금은 총 금액의 약 20~25%정도라고 하면 크게 틀리지 않는다.

아도 된다. 이렇게 되면 부동산 양도세 계산할 때 매입원가가 10억 원으로 잡혀 양도세 부담이 훨씬 줄어드는 장점까지 덤으로 바라볼 수 있다. 5억 원짜리 부동산 샀는데 임대보증금으로 6억 원 나온다.

배당받을 채권최고액만큼 응찰하여 소유권을 취득하고는 깡통물건을 만들고, 매각 시에는 높은 매입가격을 인정받아 양도소득세 납부액을 줄이는 방법이다. 여기에 더 해서 또 다시 두 가지 투자효과를 기대할 수 있다.

배당받을 채권최고액 만큼으로 응찰하여 소유권을 취득하고는 깡통물건을 만들고, 매각 시에는 높은 매입가격을 인정받아 양도소득세 납부액을 줄이는 방법으로 다시 두 가지 투자효과를 기대할 수 있다.

08 부동산 종류와 투자 목적의 다양성

　무수히 다양한 부동산 물건 중에서 우수한 부동산에 관한 기준은 각자 다를 수밖에 없지만, 어느 정도의 공통점은 존재한다. 투자 목적이나 활용 방안에 따라서도 기준이 다르다. 실수요용인지, 임대소득용인지, 단기 처분용인지, 주거용인지, 상업용인지, 공장인지, 농업용 부동산인지에 따라서도 기준은 다를 수밖에 없다.

　이 같은 다양성 가운데서도 NPL 투자로 성공하기 위한 조건 중 하나가 우수한 부동산의 저당권에 투자해야 한다는 점이다. 『재개발 – 재건축 효과』를 기대할 수도 있다. 앞의 방법으로 구입한 주택(부동산)이 구도심의 재개발 재건축 지역에 포함되어 있다면 투자수익률은 수배로 늘어난다.

　재개발 재건축으로 인한 투자효과 상승은 여러분들도 이미 잘 알고 계시는 부분이다. 이 부분에 관해 개념 정리가 약한 분들은 시중에 나와 있는 재개발

재건축 책 중에는 참고할 만한 좋은 책들이 여러 권 나와 있다.

일독하셔서 부실채권투자 물건 선정 시에 참고하면 더 높은 투자효과를 만날 수 있을 것이다.

『재개발 – 재건축』 지역에 포함되어 조합아파트 입주권 취득(깡통매물 점수 × 2배)까지로 연결할 수 있는 것이 부실채권투자다.

09 하자 이용해서 매입가격 낮추기

경매물건에는 『치유할 수 있는 하자』와 『치유할 수 없는 하자』로 나누어지고, 하자 유형으로는 『등기부 상 하자』와 『부동산 상 하자』로 나누어진다.

NPL 경매물건에서의 하자는 통상 『부동산 상 하자』이고, 『치유 가능한 하자』이다. 『부동산 상 하자』의 구체적인 유형은

『(1) 법정지상권 성립여지 있는 경우

(2) 불법(=위반, 위법 미등기)건축물인 경우

(3) 맹지인 경우

(4) 지분 물건인 경우

(5) 농지취득자격증명원이 필요한 경우

(6) 분묘기지권이 성립될 여지가 있는 경우

(7) 장기간 관리부실로 보수공사가 큰 경우』등이다.

어떤 경우라도 낙찰 받은 부동산의『소유권』에 문제가 생기는 경우의 하자는 아니다.『치유 가능한 하자』있는 물건의 하자를 적절히 활용하여 높은 수익률을 달성할 수 있다. 경우에 따라서는 저당권 매입가격 수준으로 부동산을 취득할 수 있다. 이 부분 역시 담보부 부실채권 투자의 큰 매력이다. 평균낙찰가율 이상으로 수차례 유찰로 매입가격이 낮아지면, 낮아진 가격으로 직접 낙찰 받아 소유권을 취득할 수 있다.

10
용도변경을 통한 수익극대화

부동산 구입 후 용도변경, 리모델링을 통한 활용의 다각화를 통해 수익률을 높일 수 있다. 이는 다른 부동산을 매입했을 때도 누릴 수 있는 즐거움이다.

11 양도세 절세 효과

고가 낙찰로 인한 소유권 취득은 『⑥ 배당소득에 대한 비과세 효과』와는 다른 담보부 부실채권 투자 중 두 번째 매력이다.

"배당소득에 대해서 비과세 효과를 누리려면 『론세일방식』이어야 가능하지 않나요?"

"맞습니다!"

"대부업법 개정에 의해 일반 투자자는 『론세일방식』으로는 NPL채권 매입이 어렵다고 하셨잖아요?"

"그런다고 방법이 없지는 않습니다!"

"편법을 알려주시려는 것은 아니시죠?"

"그럼요, 합법적인 범위 내에서 『채무인수방식』과 『유입법』을 활용하는 방법을 구사하면 절세효과를 톡톡히 누릴 수 있습니다!"

"어떤 방법이 있을까요?"

"개인 투자자라면 유동화회사와 NPL매입계약서 쓸 때 내용을 조정하면 되고, 매입 주체가 대부법인이라면 기존대로 『고가응찰』로 가면 됩니다!"

"어떻게 가능할까요?"

"개인 투자자라면 NPL 매입금액과 입찰금액을 차이 나게 하면 됩니다!"

"입찰금액을 높게 한다는 말씀이시죠?"

"『고가응찰=양도소득세 절감』의 구도가 완성됩니다!"

"그리고 그 차이는 일반 투자자가 배당을 통해 갖는 방법이고."

"일단 그 정도로만 이해하셔도 충분합니다!"

"가능할 듯 하네요!"

실 투자 사례로 살펴보면 이해가 쉽다.

동부 2012-9243로 본 NPL 고가 응찰전략

동부3계 2012-9243

소재지	서울 송파구 신천동 7-14 잠실더샵스타파크 9층 101동 제000호				
경매구분	임의경매	채권자	우리이에이제17차유동화전문유한회사(양도:(주)우리은행)		
용도	주상복합(아파트)	채무/소유자	전OOO 외 1	매각일시	13.04.29 (1,600,000,000원)
감정가	1,900,000,000 (12.06.01)	청구액	1,531,794,800	종국결과	13.06.21 배당종결
최저가	972,800,000 (51%)	토지면적	43.52 m² (13.16평)	경매개시일	12.05.31
입찰보증금	10% (97,280,000)	건물면적	208.28 m² (63평) [77평형]	배당종기일	12.08.13

소재지/감정서	물건번호/면적(m²)	감정가/최저가/과정	임차조사	등기권리
138-240 서울 송파구 신천동 7-14 잠실더샵스타파크 9층 101-제000호 **감정평가정리** - 공동주택(아파트),업무시설(오피스텔),판매시설,운동시설 - 잠실중학교동측인근 - 부근아파트단지,학교,업무시설,소규모근린생활시설등형성 - 차량출입가능 - 인근버스(정)및지하철2,8호선잠실역소재 - 일반대중교통사정양호 - 도시가스설비 - 정방형토지 - 단지내외도로접합 - 도로접합 - 도로(폐지입안)접합 2012.06.01 이노감정	물건번호: 단독물건 대지 43.52/11590 (13.16평) 건물 [77평형] 208.28 (63평) 방3,화장실2 ・총 39층 ・보존:2008.10.15	감정가 1,900,000,000 ・대지 817,000,000 (43%) (평당 62,082,067) ・건물 1,083,000,000 (57%) (평당 17,190,476) 최저가 972,800,000 (51.2%) **경매진행과정** ① 1,900,000,000 2012-09-10 유찰 ② 20%↓ 1,520,000,000 2012-10-29 유찰 ③ 20%↓ 1,216,000,000 2012-12-10 유찰 ④ 20%↓ 972,800,000 2013-01-28 변경 ④ 972,800,000 2013-03-18 변경 ④ 972,800,000 2013-04-29 매각 종결수 8명 매각가 1,600,000,000 (84.21%)	**법원임차조사** *소유자점유,소재지에 출장하여 조사한 바, 소유자 전OO, 주OO이 거주하고 있다고 소유자 전OO・진술,관할 주민센터에 주민등록재자를 조사한 바, 소유자 주OO이 등재되어 있음. **지지옥션세대조사** ■ 09.01.20 주OO 주민센터확인:2012.09.18	소유권 전OO 외 1 2009.02.20 전소유자:포스코건설 근저당 우리은행 학동역 2011.01.31 840,000,000 근저당 우리은행 학동역 2011.01.31 360,000,000 근저당 우리은행 학동역 2011.02.01 540,000,000 근저당 우리은행 학동역 2011.03.11 60,000,000 임의 우리은행 2012.05.31 여신관리부 *청구액:1,531,794,800원 가압류 국민은행 평촌법계 2012.06.22 47,798,998

서울동부법원 경매3계 2012-9243 물건 개요

『(1) 종별 : 주상복합 아파트

(2) 근저당권자 채권 총액 : 1,351,794,800원

　㈎ 1순위 저당권 : 우리은행 학동역 2011.01.31. 채권최고액 840,000,000원

　㈏ 2순위 저당권 : 우리은행 학동역 2011.01.31. 채권최고액 360,000,000원

　㈐ 3순위 저당권 : 우리은행 학동역 2011.02.01. 채권최고액 540,000,000원

　㈑ 4순위 저당권 : 우리은행 학동역 2011.03.11. 채권최고액 60,000,000원

(3) 경매신청권자 채권 청구액 : 1,351,794,800원

(4) 경매감정 가격 : 19억 원

(5) 응찰 당시 최저매각가격 : 972,800,000원

(6) NPL 투자자 응찰가격 : 16억 원

(7) 낙찰가율 : 84.2%

(8) 응찰자 수 : 8명』이다.

정리해보면 감정가격 19억 원인 서울 송파 잠실동의 실 평수 63평짜리 주상복합 아파트 경매물건의 채권최고액은 18억 원(=1,2,3,4순위 저당권 채권최고액 합산)이고, 경매신청 당시 채권은행인 우리은행이 받아야할 실채권 청구 금액이 1,531,794,800원이다.

이 저당권을 매입한 NPL 투자자는 경매응찰 당시 최저 입찰(매각)가격이 972,800,000원일 때 무려 627,200,000원을 더 쓴 16억 원에 응찰하여 2등 이하 입찰경쟁자들은 여유롭게 따돌리고 최고가 매수인이 된 것을 볼 수 있다. 참고로 2등 응찰자의 입찰가격은 11억 5,000여 만 원이었다고 한다. 2등보다 무려 4억 5,000여 만 원을 더 쓰고 1등이 되었다는 것이다.

고가 입찰의 결론부터 따져보자. 잘 한 응찰일까, 망한 응찰일까. 칭찬 받아 마땅한 아주 잘한 응찰이다.

고가입찰을 극찬하는 이유

극찬하는 이유를 따져보자. 2등 응찰자가 응찰한대로 11억 5,000여 만 원에 낙찰 받아 감정가격 수준인 19억 원에 매각했다고 해보자. 당장 문제가 되는 것이 매각에 따른 『양도소득세』 부분이다. 단기 양도처분이라면 양도차액의 50%를 양도소득세로 납부해야 한다.

따라서 11억 5,000여 만 원에 낙찰 받았다면 일정 요건에 대해서 감안을 하여, 12억 원으로 매입가격을 인정받는다고 해도 매각 차액을 7억 원으로 보게 되면 매각차액의 약 50%인 3억 5천 여 만 원을 양도소득세로 납부해야 한다. 그러면 16억 원에 응찰한 경우는 어떤가.

같은 이치로 매입가격은 16억 5천 여 만 원으로 인정받는다면 양도차액은 2억 5천 여 만 원이 양도소득세 과세 대상이 된다. 하여 2억 5천 여 만 원의 50%인 1억 2,500여 만 원만이 양도소득세 납부 금액이 된다.

약 2억 2,500여 만 원의 양도소득세 절세 효과를 누리게 된다.

16억 원에 낙찰된 『동부 2012-9243』 배당표

16억 원에 낙찰된 『동부 2012-9243』 배당표

서울 동부지방법원
배 당 표

사 건   2012-9243 부동산임의경매

배 당 할 금 액		금	1,600,117,250		
명 세	매 각 대 금	금	1,600,000,000		
	지연이자 및 절차비용	금	0		
	전경매보증금	금	0		
	매각대금이자	금	117,250		
	항고보증금	금	0		
집 행 비 용		금	9,874,930		
실제 배당할 금액		금	1,590,242,270		
매각 부동산		서울 송파구 삼전동 7-14 잠실더샵스타파크 제9층 101-903호(208.28㎡)			
채 권 자			서울시 송파구	국(잠실세무서)	우리이에이제17차유동화전 문회사(양도인:우리은행)
채 권 금 액	원 금		4,621,560	50,130	1,470,772,944
	이 자		0	0	328,437,641
	비 용		0	0	0
	계		4,621,560	50,130	1,799,210,585
배 당 순 위			1	2	3
이 유			교부권자(당해세)	교부권자(당해세)	신청채권자 겸 근저당권자
채권 최고액			0	0	1,800,000,000
배 당 액			4,621,560	50,130	1,585,570,580
잔 여 액			1,585,650,710	1,585,570,580	0
배 당 비 율			100.00%	100.00%	88.13%
공 탁 번 호 (공 탁 일)			금제 호 (. . .)	금제 호 (. . .)	금제 호 (. . .)

2013. 6. 31.

사 법 보 좌 관   * * *

    채무인수 방식이어서 등기부상 권리자인 『우리에이제17차유동화전문회사』가 배당을 받고 있다. 이 저당권을 매입한 NPL 투자자와 배당받은 유동화전문회사는 배당금을 가지고 배당 후에 정산한다.

    NPL 투자자는 11억 원에 이 저당채권을 매입했다. 11억 원에 매입해서 16억 원에 응찰해서 15억 8,500여 만 원을 배당으로 회수하고 있는 것을 볼 수 있다. 배당소득이 4억 8,500여 만 원이고, 이 부분에 관해서는 비과세라는 점은 이미 아는 사실이다. 중요한 점은 해당 부동산의 매입가격이 16억 원이라는 점이다.

고가 낙찰로 인한 소유권 취득은 『⑥ 배당소득에 대한 비과세 효과』와는 다른 담보부 부실채권 투자 중 또 다른 매력이다.

"NPL 투자의 고가 낙찰부분은 아무리 생각해봐도 납득이 가지 않습니다!"

"경매는 오로지 목적이 싸게 낙찰 받는 것이 목적이지만, 부실채권 투자는 고가 낙찰이 유리할 때가 더 많습니다."

"경매와 NPL 투자의 특징이 극명하게 갈리는 이 부분이 이해가 안 됩니다!"

"그러실 겁니다. 여기서는 이 정도로만 이해하시고 한 수 높은 공부는 다른 책을 통해서 본격적으로 하시면 됩니다."

부실채권투자로 얻을 수 있는 이익이 한 가지 더 있다. 양도소득세 비과세 경감효과가 그것으로, NPL 투자의 가장 큰 매력이다.

"고가 응찰로 양도소득세 절감 대책이 그렇다는 말씀이시죠?"

"배당금 수령 시 발생하는 이자소득세의 절감 효과도 즐겁지만, 양도소득세 절감대책에 비하면 아무것도 아니라는 생각마저 듭니다."

"양도소득세율이 더 높기 때문 인거죠?"

"바로 그 부분입니다."

"그리고 대부업법 개정에 따른 과세 시도까지도 방어가 가능하다는 말씀이시고요?"

"고가응찰에 따른 고가매입방법이라면 합법적인 범위 내에서 양도소득세 절감효과를 여전히 누릴 수 있습니다!"

12
재경매 물건일 때 입찰보증금 차지효과

경매 – NPL 투자 관련 다른 책에서는 찾아 볼 수 없는 필자 책만의 매력이다. 시중 어떤 책에서도 다루지 않고 있는 경매 – NPL 물건에서 전 낙찰자가 입찰 보증금을 몰수당한 재경매 사건의 입찰보증금 행방에 대해서 고민해 보자.

두말 할 것도 없이 전 낙찰자가 몰수 당한 입찰보증금은 배당재단에 포함되어 해당 경매 – NPL 물건 채권자들에게 배당된다. NPL물건 중에는 재매각(재경매)되는 경매물건이 있다. 전 낙찰자가 매각허가를 받고도 잔금납부를 포기하여 법원이 전 낙찰자의 입찰보증금(통상 최저 응찰가격의 10%)을 몰수하고 다시 경매에 붙인 경매사건을 재매각 사건이라고 한다.

이와 같이 전 낙찰자의 입찰보증금이 몰수된 경매사건의 NPL물건도 『특수물건』이라는 이름표를 달게 되고, 병아리 경매쟁이들에게는 두려움의 대상이 된다.

재경매 물건의 응찰 특징

입찰경쟁률, 낙찰가율이 평균보다 낮아진다. 문제는 전 낙찰자가 몰수당한 입찰보증금액의 효과와 행방이다. 전 낙찰자의 입찰보증금으로 인하여 NPL 투자자는 유동화회사와의 NPL저당채권 매입가격에서 유리한 협상을 할 수 있고, 또한 몰수당한 입찰보증금액 만큼의 부담이 줄어들어, NPL 저당채권의 매입가격을 낮게 할 수도 있다. 재경매 사건인 NPL 물건의 전 낙찰자의 입찰보증금은 재경매 사건에서 응찰한 낙찰자가 납부한 경매대금에 포함되어 저당권을 매입한 NPL 투자자에게 배당된다.

만약 대항력을 가진 선순위 권리자(=주로 주택, 상가건물의 선순위 임차인)들이 있는 경우에는 전낙찰자의 몰수당한 입찰보증금으로 인하여 NPL 투자자의 인수금액이 줄어드는 효과도 누리게 된다. NPL투자자는 전 낙찰자의 입찰보증금으로 NPL 채권을 매입할 때 낮은 가격에 매입할 수 있고, 몰수 입찰 보증금으로 인하여 그만큼을 더 배당받을 수 있다.

13 기본적인 권리분석만 필요

『권리분석』과 『배당표 작성』은 경매공부의 두 가지 축이다. NPL 투자자에게는 기본적인 『권리분석』만 요구된다. 정상적인 금융기관이 저당권자인 NPL물건은 사실은 『권리분석』이 필요 없다. 해당 저당권의 융자를 실행할 당시에 금융기관이 완전하게 깨끗한 부동산이 아니면 대출에 응하지 않기 때문이다.

이 책에서 다루는 NPL 저당권의 범위는 정상적인 금융기관이 행한 1순위 저당권만을 대상으로 한다는 점을 상기해보면 된다. 따라서 수익(률)을 좌우하는 배당표 작성과 NPL 매입가격 산정에 집중할 수 있는 여유를 가지게 된다.

14

『고가응찰전략』에 따른 확실한 낙찰효과

NPL 대중화를 기화로 경매시장에서 경매시장 참여자(=응찰자)들이 분화되기 시작했다. 도전하는 물건에 NPL 저당권을 확보하지 못하고 응찰에 참여하는 『전통적인 경매쟁이』들과 NPL 저당권을 확보하고 응찰에 참여하는 『NPL 투자 경매쟁이』들로 확연히 양분되고 있는 것이다.[44]

필자의 관찰, 연구, 분석에 따르면 NPL 저당채권을 매입한 『NPL 투자 경매쟁이』와의 입찰경쟁에서 『전통적인 경매쟁이』들은 『백전백패』만이 기다리고 있다.

---

[44] 2012년 필자가 쓴 NPL 관련서적 『=NPL 투자비법(매경출판사)』을 기점으로 경매시장 참여자들 사이에 역사적이고도 혁명에 가까운 분화가 일어나고 있다. NPL 저당권을 확보하지 못하고 응찰에 참여하는 『일반 경매 참여자』와 NPL 저당권을 매입한 다음 응찰에 참여하는 『NPL 투자 경매쟁이』로의 분화. 이 같은 분화를 발견하고 이에 대한 분류 시도는 필자가 이 책을 통해서 대한민국 관련 서적에서 맨 처음으로 설명하는 영광을 누리고 있다. 『법원 경매 부동산 투자』라는 양자의 목표는 동일하지만, 양자 사이에는 상당한 차이점이 발견되고 있다.

『전통적인 경매쟁이』들은 『NPL 투자 경매쟁이』들에게 단 한 번도 입찰경쟁에서 승리하지 못하는 신세가 되고 있는 현실을 우리는 분명하게 목격하고 있다. NPL 투자자들이 가지고 있는 무기는 물론 채권최고액까지 배당 받을 수 있는 장점을 활용하는 『고가입찰』 전략이다.

지금까지의 전통적인 경매입찰가격 결정 논리는 해당 경매물건의 입찰일에 『최저매각가격』 이상으로 응찰하되 해당 경매물건의 경쟁자들과의 입찰가격을 최대한 좁혀서 1등으로 입찰하여 낙찰 받는 전략이라는 것은 독자들도 이미 잘 아는 사실이다. 그러나 『NPL 투자 경매쟁이』들에게는 이와 같은 피곤한 머리 싸움질도 전혀 필요 없다. NPL 저당채권을 매입하는 순간 이미 응찰가격은 정해지게 된다.

NPL 저당채권을 매입한다는 것의 본질적인 의미

일반 투자자들이 NPL 저당채권을 매입한다는 것의 본질적인 의미는 어떤 것일까.

NPL 저당채권을 매입한다는 것은 NPL 투자자가 당초 융자를 실행했던 저당권자인 『은행(=금융권)』의 입장이 된다는 뜻이다. 그렇다면 단순 경매입찰자의 시각으로 바라보던 『낙찰가격』의 구조를 채권자 입장에서 바라볼 필요가 생기게 된다. 경매구조를 저당권자 입장에서 바라보면 지금까지 당연히 여겨왔던 낙찰가격 구조가 다른 각도에서 보이게 된다.

『전통적인 경매쟁이』들은 10원이라도 낮게 써서 최고가 매수인이 되는 것이 잘 하는 경매라면, 저당권자의 입장에서는 10원이라도 더 높은 가격에 낙찰되는 것이 유리하다. 그 유리함을 NPL 투자자가 누리게 된다. 응찰가격을 가능한 높게 응찰할 이유가 거기에 있다. 고가입찰이 박수 받는 이유다. 낮은 가격에 응찰할 수밖에 없는 『전통적인 경매쟁이』들의 처지가 옹색해지지 않을 수 없다.

새로운 신무기 『경매 – NPL』 투자 조합을 알아야

앞에서도 언급했지만 강력한 최신형 중화기로 중무장한 『NPL 경매쟁이』와의 싸움이 벌어지면 지금까지 입찰 방식만을 고집하는 『전통적인 경매쟁이』는 백전백패다.

"맘에 드는 경매물건이 유동화물건인데, 만약 그 NPL 저당권을 매입하지 못했다면 응찰하러 입찰법정에 갈 필요가 전혀 없습니다."

"『전통적인 응찰방법』인 최저가 응찰을 고집하는 『전통적인 경매쟁이』는 『신식 입찰방식』인 최고가 응찰 전략을 구사하는 『NPL 경매쟁이』들의 들러리에 불과하게 된다는 말씀이시죠?"

NPL 투자자가 구사할 수 있는 『고가응찰전략』은 일반 경매투자자에 비해 크게 세 가지 측면에서 유리하다.

『(1) 고가 입찰로 확실한 낙찰효과

(2) 배당소득에 따른 비과세 효과

(3) 차후 매각을 고려한 『UP – 계약서 작성효과』이다.

물론 NPL 물건이 아닌 일반 경매물건을 둘러싸고 『전통적인 경매쟁이』들끼리 경쟁하는 경우에는 지금까지의 입찰논리가 그대로 적용된다.

15 합법적인 『UP – 계약서』 작성 효과

 부동산 투자(경매로 소유권을 취득한 다음 매각하는 경우)에서 투자자가 가장 신경을 써야 하는 부분이 바로 『양도소득세』 부분이다. 양도소득세를 절세할 수 있는 방법이라며 저지르는 불법적인 행위가 『다운 계약서』작성이다. 매입 가격에서 매각가격의 차이를 줄여보려고 매각 가격을 고의로 낮춰서 매매계약서를 작성 – 신고하여 『양도소득세』를 낮게 하려는 범죄행위의 유혹을 받게 된다. 현명하지 못한 처사다. 사후에 세무당국에 발각되면 불성실가산금과 함께 허위신고에 따른 행정처분과 함께 형사고소를 당할 수도 있다.

 어떤 구실로도 불법적인 행위는 하지 말아야 하지만, 법이 허용하는 범위와 제도를 이용 하는 적극적인 절세대책은 부동산 투자자라면 공부를 게을리 해서는 안 된다. NPL 제도를 활용하면 『양도소득세』를 획기적으로 줄이거나 납부하지 않을 수 있는 방법이 있다.

경매는 언제나 낙찰가가 실 거래가격이다

경매 낙찰가격의 특징 중 하나가 『낙찰가격』은 언제나 실거래가격으로 인정받는다는 점이다. 즉 감정가격 10억 원짜리 부동산이 이런 저런 이유로 1억 원에 낙찰되었다고 해도 세무당국은 매입가격을 1억 원으로 인정해준다. 일반 매매에서는 기대할 수 없는 부분이다. 반대도 마찬가지다.

감정가격 10억 원짜리 부동산이 15억 원에 낙찰되었다고 해도 15억 원을 그대로 매입가격으로 인정해주게 되어 있다. 이 부분을 NPL 투자와 연결해서 공부해보면 상당히 효과적인 『양도소득세』 절세 대책을 세울 수 있다.[45]

---

[45] NPL 투자를 활용하여 합법적인 『양도소득세』 절세 대책을 전면적으로 논하고 있는 책 역시 필자의 이 책이 효시다.

왕초보자 당신만을 위한

경매·NPL 투자 비법

Chapter 06

NPL 투자!
잘 못하면
내가 망할 수도

- 01 NPL 매입가격보다 낮은 가격에 낙찰되기
- 02 경매가 진행 도중 정지되어버리는 경우
- 03 투자받은 투자매니저가 돈 들고 잠적해버린 경우
- 04 NPL 강사가 수강생들을 상대로 공동투자 진행
- 05 투자전문펀드가 원금을 까 먹어버린 경우
- 06 당초 예상과 다르게 배당표가 작성된 경우
- 07 NPL 공동투자에서 원금마저 까먹은 경우
- 08 공동투자에서 매니저가 재투자를 권유하는 경우

세상은 음(陰)과 양(陽)이 아닌 것이 없다.

남자만 있는 세상? 그런 세상없다. 그러면 여자들만 있는 세상? 그런 세상도 당연히 없다. 그러면 투자세계는 어떤가. 한 치 다름없이 똑같다. 성공투자만 있다? 그런 세상 절대 없다. 이 장에서는 경매 NPL 투자로 만나게 될지 모를 실패를 피할 방책을 고민해보자.

NPL 매입가격보다 낮은 가격에 낙찰되면 망한 투자된다!

부실채권 투자에서 실패로 연결될 가능성이 큰 경우이다. 부실채권매입가격 이하로 낙찰되거나 배당금이 나오면 그 차액만큼은 손해로 연결된다. 부동산담보부 부실채권이라 할지라도 2순위 이하 저당권이거나, 유찰이 심한 대형상가, 주상복합 내 사우나시설, 공장, 임야 등에서 발생할 가능성이 높다.

경매 진행 도중 경매가 중단(?) 될 수 있다.

NPL로 매입한 경매사건의 경매가 진행 도중 정지되는 경우가 있다. 이유는 여러 가지겠지만, 경매 도중 중지되면 NPL투자자가 곤란해지게 된다. 경매가 여러 이유로 정지되는 경우가 있다. 부실채권매입자는 속행신청을 할 수는 있다. 경매 기간이 길어질수록 자금회수가 늦어져 수익률이 낮아지는 손해가 발생할 가능성이 높다.

저당권, 경매개시결정에 이의소송이 제기될 때!

매입한 NPL 채권의 저당권에 소송이 진행될 수 있다. 소송이 제기되면 재판이 마무리 될 때까지 경매가 정지될 수 있다. 마찬가지로 자금회수에 기간이 길어지면 투자수익률은 낮아지게 된다. 채무자나 이해관계인이 경매개시결정에 대한 이의신청을 하는 경우에도 경매 진행은 중지된다. NPL투자자 입장에서는 당초 예상보다 자금회수가 늦어지고, 질권 융자를 받은 경우라면 이자부담이 늘어나는 손해가 발생하게 된다. 채무자가 개인회생을 신청하거나 신용회복절차를 밟아도 경매는 중지된다. 채무자가 신용회복절차 등에 돌입할 때도 NPL 투자자는 곤란해질 수 있다 이 경우는 「경매개시결정」이나 송달 등 경매진행 상의 절차를 물고 늘어지는 경우보다 경매진행이 훨씬 더 지연된다.

저당권보다 먼저 배당에 참여하는 권리자들이 있을 때!

주택이나, 상가가 경매물건일 때 소액 임차인이 최우선변제로 저당권보다 먼저 배당받는 경우다. 당해세나 임금채권도 저당권보다 먼저 배당 대상이다. 소액최우선배당에서 저당권 등 소액최우선배당 기준이 달라짐으로서 소액임차인에게 추가로 더 배당되는 부분을 모르는 사람들이 의외로 많다.

NPL 투자자들에게는 배당표 작성 공부도 중요하다

01

NPL 매입가격보다 낮은 가격에 낙찰되기

부실채권 투자에서 실패로 연결될 가능성이 큰 경우이다. 부실채권매입가격 이하로 낙찰되거나 배당금이 나오면 꼼짝없이 그 차액만큼은 손해로 연결된다. 부동산담보부 부실채권이라 할지라도 2순위 이하 저당권이거나, 유찰이 심한 대형상가, 주상복합 내 사우나시설, 공장, 임야 등에서 발생할 가능성이 높다.

『부실채권매입가격 ⊇ 배당받은 금액』구조

"4억 원에 산 저당권의 배당이 2억 원 밖에 못 받았다니까요?"

"저당권 금액은 6억 5천만 원인데, 4억 원에 사셨다고요."

"실제 대출액은 5억 원이었고, 담보채권이라 20%할인해서 4억 원에 구입했는데 배당은 2억 원 밖에 못 받았습니다!"

"그럴 수도 있나요?"

"하자가 걸리니까 대책이 없더라고요!"

"하자라뇨?"

"발생할 여러 하자들 중 한 개만이라도 걸리면 손해날 수 있죠!"

"담보채권인데도 손해가 나네요?"

"꼭 그렇지는 않겠지만 NPL로 돌릴 때는 이유가 있다고 봐야죠!"

"회수가능성을 낮게 봤다는 말씀이시죠?"

"부실채권 물건마다 그렇지는 않겠지만 부실채권이 발생하면 해당 대출 담당자도 인사고과 안 좋아지고, 해명해야 하고, 규정 안 지킨 대출 담당자는 문책감입니다."

"담당자나 은행 입장에서는 어떻게 해서든지 한 푼이라도 더 건지려고 한다는 말씀이시죠!"

"처분기관이 계산하고 부실채권 목록에 담았다고 보는 것이 맞을까요?"

"물론 꼭 그런 것만은 아니지만, 은행입장에서는 경매로 회수하는 것보다 부실채권으로 털어내는 것이 더 낫다고 판단되는 물건을 우선적으로 털어내지 않을까요!"

"그렇게 보는 것도 일리가 있다고 봅니다."

"금융기관입장에서는 채권회수가 확실한 물건이라면 'NPL – POOL'에 담지 않고 직접 경매신청하려고 하지 않겠어요?"

"이 대목이 부실채권 투자하는 사람들이 더 부지런해야 하는 이유죠."

"부실채권투자를 부정적으로 보는 사람들 중에서는 금융기관이 돈 되는 물건은 매각하지 않을 것이라고 의심하는 사람들도 있거든요!"

"그럴 가능성은 없나요?"

"충분히 있습니다. 부실채권 물건을 보면 심하게는 3~4년 전에 경매 신청해 놓고 있다가 부실채권으로 대량 매각하는 물건들이 있죠!"

"물건이나 권리관계도 영향을 주겠지만, 매각(처분 – 낙찰)시점의 부동산 경기나 일반 경기도 영향을 상당히 미치겠죠!"

"좋은 지적이세요!"

경매시장하고 상관없이 부동산 종류에 따라서는 감정가격 대비 절반 이하로 낙찰되는 물건들이 있다.

"어떤 물건들이 심하게 유찰되나요?"

수도권에서는 대형 상가에 있는 쪼개진 소형 상가, 대형 상가의 지하층에 있는 사우나 시설이나, 지방의 공장 등은 두세 번 유찰은 기본이고, 심하면 20~30%에 낙찰되는 물건들도 허다하다.

"덩치가 클수록 하락폭이 더 크더라고요!"

"그렇죠, 특히 인구가 줄어드는 지방도시의 대형상가는 많이 따져봐야 합니다."

"낙찰가격이 평균 이하로 낮아지기 때문인가요?"

"그렇기도 하고, 죽은 상가 살리기가 어렵거든요!"

"상권파악까지 해야 한다는 이야긴데."

"그래야 하죠!"

"거기다가 경기상황도 챙겨봐야 한다는 말씀이시고?"

"낙찰시점의 부동산경기, 일반 경기도 낙찰가격에 영향을 많이 주죠."

물건자체 가치 파악, 지역특성, 경기를 고려하여 매입가격을 정하는 것이 먼저라고 생각한다.

02
경매가 진행 도중 정지되어버리는 경우

변경 연기 등으로 진행 도중 경매가 중단될 수 있다

"경매가 정지되어버렸어요?"

"그럴 수 있습니다. 왜 경매진행절차가 중단되었는지 파악하세요."

"채무자가 경매절차에 대해서 이의신청을 하고, 『경매진행정지 가처분신청』을 했다고 하더라고요!"

"이유가 뭔가요?"

"그건 모르겠어요!"

"이의신청에 대한 판결이 나와봐야 경매진행 여부를 알 수 있겠네."

"그러게요."

"시간 좀 걸리게 생겼네."

"얼마나 지체될까요?"

"지금에서는 알 수 없죠!"

"경매를 속행시킬 방법이 없나요?"

"기다리는 것 말고는 달리 방법이 없습니다."

"경매진행이 재개되기만 기다려야 한다는 말씀이세요?"

"지금에서는 그럴 수밖에 없죠."

"난감하네!"

"경매진행에 시간이 많이 걸리면 안 좋은 문제라도 생기나요?"

"부실채권 매입할 때 융자를 받아서, 시간이 길어질수록 이자금액이 늘어나면 수익이 줄어들죠."

"그런 정도야 감수하셔야죠, 그래도 하루라도 빨리 경매가 속행되어야 하겠네요?"

경매가 진행 도중에 어떤 이유로 정지되는 경우가 있다. 부실채권매입자가 할 수 있는 일은 거의 없다. 자금회수가 길어질수록 수익률은 낮아져 손해가 발생할 가능성이 높다.

저당권 이의소송이 제기될 때

"경매신청권리인 저당권에 저당권이의소송이 제기될 수 있나요?

"가능한 이야기입니다.

"어떻게요?

"저당권자가 금융기관이라면 그럴 가능성이 적지만, 개인 저당권인 경우에는 문제가 발생할 수도 있죠!

"개인 저당권이 부실채권시장에 매물로 나오기는 어렵지 않나요?

"『1순위 개인 저당권 – 2순위 금융기관 저당권』일 때 2순위 금융기관 저당권을 매입했는데 1순위 저당권이 경매를 실행하는 경우에서 소송이 진행 될 수 있죠.

"그렇게 되면 무슨 문제가 생길까요?

"일정대로 진행되지 않을 가능성이 커지죠!

"부실채권을 매입한 사람 입장에서는 아닌 밤에 홍두깨에 얻어맞은 꼴이 될 수도 있겠네요?

"부실채권투자에서 배당받는 것을 염두에 두고 투자하는 사람들은 시간 싸움 하잖아요!

"단기간에 투자금과 수익금을 회수하는 것이 목적이라는 말이죠?

"얼마만큼 빨리 자금을 회수하는가 하는 것이 관건이거든요!

"시간이 얼마나 더 걸릴까요?

"물건마다 다르기는 하겠지만, 저당권소송이 정리될 때까지 경매가 진행되기 어려우니까, 시간이 길어질수록 수익률은 떨어질 수밖에 없죠!

"부실채권인수하면서 융자받은 경우라면 금융비용은 늘어나고, 이런 소송이 제기되면 낙찰가격에도 부정적일 수밖에 없겠죠?

부실채권 투자자의 자력으로는 어떻게 해 볼 여지가 없는 부분이다.

경매개시결정에 이의가 제기될 때

채무자나 이해관계인이 경매개시결정에 대한 이의신청을 하는 경우에도 경매 진행은 중지된다.

"『항고』를 하려면 항고보증금을 제공해야 하는 부담을 피하기 위해서「경매개시결정」이나 송달 등 경매진행 상의 절차를 물고 늘어지는 경우가 있다고 들었습니다."

"항고보증금을 제공하지 않아도 된다고 하셨는데요, 비용이 들지 않나요?"

"약간의 인지대와 송달료만 납부하면 됩니다. 그래서 최근의 추세를 보면 경매개시결정 등에 이의신청을 제기하는 경우가 늘었습니다."

"이의신청이 제기되면 경매진행이 중지되나요?"

"그렇죠, 이의신청 내용을 확인해서 받아들일지 아니면 기각하고 경매를 속행할 것인지를 판단하게 됩니다."

"그만큼 경매진행은 더디게 되겠네요?"

NPL투자자 입장에서는 당초 예상보다 자금회수가 늦어지고, 질권융자를 받은 경우라면 이자부담이 늘어나는 손해가 발생하게 된다. 채무자가 개인회생을 신청하거나 신용회복절차를 밟아도 경매는 중지된다.

채무자가 신용회복절차 등에 돌입할 때

이 경우는 「경매개시결정」이나 송달 등 경매진행 상의 절차를 물고 늘어지는 경우보다 경매진행이 훨씬 더 지연된다.

"신청에서 결정까지 약 6~7개월 걸리는 경우까지 있습니다."

"그 동안은 경매가 진행되지 않는다는 말씀인가요?"

파산선고를 받아버리면 잔존채무에 대한 권리 행사도 불가능해져 버리게 된다.

03
투자받은 투자매니저가
돈 들고 잠적해버린 경우

금융다단계 피라미드

가장 악질적인 경우이지만 흔하게 발생하는 부실채권 투자사고 유형이다.

"돈을 끌어들이기 쉬운 투자아이템이 바로 『부실채권투자』라고 하데요.

"공동투자로 돈을 모으는 걸 보면 작게는 수십 억 원에서 크게는 수천 억 원까지 규모도 아주 다양합니다."

"개미들을 끌어들이는 수법이나 창구도 다양하지만, 정해진 레퍼토리는 딱 하나 있습니다."

"정해진 레퍼토리가 있다고요?"

1억 원짜리 저당권을 30% 할인해서 7,000만 원에 매각한다고 해보자.

"최종 매각가격이 보통 그런 정도 아닌가요?"

"이것을 피라미드 다단계 방식으로 매각하면 이야기는 전혀 달라집니다."

"흔한 피해 유형이 『피라미드식 다단계』로 투자자를 끌어들이는 거라고 봤습니다."

자금 모아 제대로 투자해서, 수익금 돌려줄 생각은 당초부터 없이, 먼저 투자한 사람의 돈으로 다음 투자자를 끌어들이는 식은 100% 금융사기라고 보면 된다.

"금융사기라는 것을 알 수 있는 방법은 뭔가요?"

"확정수익을 매월 지급한다고 하면 일단 의심하셔야 합니다."

"원금보장에 확정금리 어쩌고 하는 이야기도 들어본 것 같아요!"

"투자한 부실채권 처분해서 투자금을 회수하지도 않았는데, 투자 다음달부터 확정수익을 지불한다고 하면 앞에 투자한 사람의 돈으로 지급하는 전형적인 다단계 투자 방식이죠."

"지급을 받기는 하나요?

피해자들 말 들어 보면, 실제 지급받는 것은 한 두 달뿐이고, 그 다음부터는 다시 재투자하라고 권해, 결국 장부 상으로만 지급 받는 꼴이 되다가 시간 지나면 부도내고 도망가 버리는 식이란다.

"피해를 줄일 방법이 없나요?"

"투자자가 욕심을 버리는 길 밖에 달리 방법이 없습니다. 뻔 한 이야기잖아요. 수익이 나지도 않았는데, 수익금을 지불한다면, 자기들 돈으로 지급하거나, 아니면 먼저 투자한 사람 돈 말고는 무슨 돈으로 지급하겠어요, 자기들이 돈 찍어내는 재주가 없다면."

"그런데도 의외로 피해자가 많은 것 같아요, 피해 금액도 상당하고요."

지금도 여러 유형으로 부실채권투자에 고수익을 미끼로 왕성한 활동을 하는 사람들이 세상에 있다. 공동투자를 기획하고 실천하고 처분해서 수익금을 정당하게 돌려주고 있는 선량한 투자운영주체까지 비난을 받는 현실이 안타깝다.

부실채권 다중매각

앞의 사례와 비슷한 사기수법이다. 앞의 사례와 지금의 수법이 혼재되어 투자자를 울리고 있는 경우가 대부분이라고 한다. 서울 강남 일대에서 왕성하게 활동하고 있는 AMC들 중에서 극히 일부가 일으키고 있는 말썽이다. 10억 원짜리 저당권을 50~60억 원 까지 팔아먹는단다. 건실하게 운영해서 수익의 일부를 수수료로 받아먹을 생각은 당초부터 없는 사람들이다.

비극은 이처럼 달콤한 사탕발림에 귀가 솔깃해지면서 시작된다. 그러나 그 끝은 보지 않아도 보인다. 어떤 선택을 할 것인가는 본인의 몫이다. 엉터리 공동투자로 투자자를 울리는 사람들은 당연히 비난받아야 하지만, 그들의 엉터리 장단에 잠시라도 흥이 났던 사람들도 비난을 받아야 한다고 생각한다.

04

NPL 강사가
수강생들을 상대로 공동투자 진행

수강생 꾀어 억 대 가로챈 경매학원 원장 기소[46]

전주지검 형사3부(부장 안형준)는 31일 고수익을 보장하겠다고 속여 수강생들로부터 투자금을 받아 가로챈 혐의(사기)로 전 부동산경매학원 원장 이모(48)씨를 구속 기소했다고 밝혔다. 이씨는 "NPL(부실채권)에 투자하면 6~8개월 내 연 26.5%의 수익을 내주겠다"고 속여 전북 전주시 완산구 자신이 운영하는 경매학원의 수강생 A씨로부터 투자금 명목으로 2012년 9월 27일~10월 17일 2차례에 걸쳐 5,000만 원 씩 총 1억 원을 받아 챙긴 혐의로 기소됐다.

이씨는 비슷한 시기에 같은 수법으로 또 다른 수강생 B씨로부터 5,000만 원을 받은 혐의도 받고 있다. 이씨는 "기존에 진행하던 부동산 경매 투자보다

---

46 전북도민일보 2014.10.31. 기사인용

NPL 투자가 훨씬 낫다"며 경매학원 수강생들에게 NPL 투자를 권유했다.

이씨가 말한 NPL 투자 건은 이씨가 입찰 기한 내에 자금을 마련하지 못한 까닭에 불발돼 이미 투자가 불가능한 상태였던 것으로 경찰조사에서 드러났다.

이 건은 필자도 알고 있었다

"박사님도 이 투자 건을 알고 계신다고요?"

"네~에 알고 있었습니다!"

"직접 관여하셨나요?"

"아뇨 그렇지는 않습니다."

"그러면 어떻게 알게 되셨나요?"

"2014년 4월경에 전주에서 여자분 두 분이 구의동 제 사무실로 찾아와서 알게 되었습니다."

"투자했다가 돌려받지 못하게 되니 박사님께 연락해서 찾아왔다는 말씀처럼 들리는데요?"

"맞습니다! 투자계약서하고 송금내역하고 돈 받았다는 강사선생의 자필 영수증을 들고 제 사무실로 찾아와서 저에게 도와달라고 부탁했었습니다."

"정말 1억 원 투자한 것이 맞았나요?"

"두 분이 5,000만 원 씩 1억 원 송금하고 부실채권 매입하는 것으로 계약서 작성했더라고요!"

"진짜로 강사였나요?"

"전주에서 경매 NPL학원 운영하고 있었답니다!"

"어떻게 조언하셨나요?"

"일단은 대화로 해결해보고 정 안되면 어쩔 수 없지만 형사고소라도 하라고 솔직하게 말 해주었습니다."

다음은 얼마 전 신문에 대대적으로 보도된 또 다른 사건이다.

NPL이 뭐기에… 죽음 부른 '고수익의 유혹'[47]

"年 20% 수익 가능"

부동산 강사, 수강생 34명에 40억 원 투자모집 후 자살

"부실채권(NPL)에 투자하면 연간 20~30%의 수익률이 보장됩니다."

• 수강생을 상대로 펀드구성

지난해 3월부터 건국대 미래지식교육원이 주관한 부동산경매아카데미 과정을 듣던 주부 서모씨(45)는 강사 임모씨(41·자문위원)로부터 솔깃한 제안을 받았다. 주식시장과 부동산시장 침체로 마땅한 투자처를 찾지 못한 서씨는 부실채권 투자 고수인 임씨의 제안에 처음엔 주저했다. 임씨 추천으로 짭짤한 수익을 봤다는 다른 수강생의 말에 결국 가진 돈과 대출금을 합쳐 1억 원을 투자했다. 얼굴을 보기 힘들던 임씨가 목매 숨진 채 발견됐다는 소식에 서씨는 어쩔 줄 몰라 하고 있다.

• 유명 강사에서 사기꾼으로 전락

유명 부동산 강사가 투자자의 돈을 챙겨 잠적한 뒤 자살한 사건이 벌어졌다. 서울 강동

---

47 한국경제 2013-11-11 기사인용

경찰서는 사기 혐의로 경찰의 지명수배를 받아 오던 건국대 부설기관의 부동산 강사 임씨가 지난 8일 경기 여주시의 한 모텔에서 목을 매 숨진 채 발견됐다고 11일 발표했다. 경찰은 외부인의 침입 흔적이 없고 화장실 문고리에 목을 맨 점 등으로 미뤄 임씨가 스스로 목숨을 끊은 것으로 보고 있다. 건국대 미래지식교육원은 경매전문가 양성을 취지로 부동산경매컨설팅 과정을 개설해 144기 수강생까지 배출했다. 임씨는 8년 전부터 경매컨설팅 강사로 활동해왔고 NPL 투자 고수로 소문이 났다. 피해자들은 "임씨가 '실력이 없으면 왜 건국대가 월급을 주고 채용했겠느냐. 기수별 NPL 공동투자는 그동안 관행처럼 해왔던 것'이라며 투자를 권했다"고 전했다.

• 40여 억 원 받아 챙겨 잠적

임씨는 NPL에 투자하면 연 20~30%의 수익을 얻을 수 있다고 속여 지난 6월부터 10월 22일까지 수강생 34명으로부터 40억 7,700만 원을 받아 챙긴 뒤 잠적해 사기 혐의로 경찰의 추적을 받아왔다. 임씨는 부동산경매컨설팅 강의 때 알게 된 수강생을 모아 건국내 명칭을 도용한 사설 부동산경매 심화과정을 만들어 투자를 유도했다. 피해자는 건국대 행정대학원생을 포함해 퇴직자·자영업자·주부 등으로 5,000만 원에서 7억 5,000만 원까지 투자한 것으로 조사됐다.

피해자들은 이날 강동서를 찾아 피해 규모가 큰 만큼 피의자 사망 여부에 관계없이 계좌추적 등 수사를 계속해줄 것을 요청했다. 이와 함께 건국대를 상대로 민사소송 준비에 나섰다.

이에 대해 건국대 미래지식교육원 측은 "임씨 등이 학교 측 허락도 없이 건국대 이름을 도용한 사설 심화과정을 만들어 투자자들을 꼬드겼다"며 "학교의 명성을 이용해 투자자들을 끌어 모아 범죄를 저질러 학교도 피해자"라고 주장했다.』

05 투자전문펀드가 원금을 까 먹어버린 경우

허가 업체가 저지르는 사고도 적지 않다

펀드는 다수의 투자자들로부터 받은 투자금을 모아서 만든 거대한 자금을 말한다. 투자처를 미리 정하고 자금을 모으는 것이 일반적이다. 이렇게 모은 자금을 전문투자인력(펀드매니저)들이 운용하여 결과를 투자자들에게 배당하는 구조로 운영된다.

금융기관들이 부동산담보부 부실채권을 담보로 채권을 발행하여, 은행이나 증권사, 투자전문회사, 또는 개인에게 이 채권을 판매하여 자금을 마련한 다음, 부실채권에 투자하는 구조이다. 이런 부동산담보부채권이 운용결과 손해가 나는 경우가 있다. 은행이나 증권사 창구에서 권유받는 부실채권펀드에 투자했다가 발생하는 투자손실이 이런 유형이다.

신기한 것이 하나 있다. 변변한 자산을 가지고 있지 않은 일반서민들의 펀드가입 경로는 대강 이렇다. 권유하는 펀드가 어떤 펀드인지, 어떻게 설계되어 있는지, 운용사가 떼어가는 알선 수수료는 얼마인지, 펀드를 굴리는 펀드회사가 또 떼어가는 운용수수료는 얼만지, 어떤 실적을 가지고 있는지, 별로 알지도 못하는(알지 못하는지 알고도 말을 안 하는지 모르겠다) 사람들이 몇 주 교육을 받았다고 '투자상담사' 자격을 자랑스럽게 비치고는 펀드가입을 권한다. 보통은 다른 일 보러 은행에 갔다가 창구에서 투자상담사를 겸하고 있는 은행원의 일방적인 설명만으로 펀드에 가입한다는 것이다.

필자도 은행원이 권하는 해외 펀드에 가입했었다

결과는 -36.7%라는 처참한 수익률이었다. 당시 필자가 거래했던 은행의 창구 여직원의 권유를 뿌리치지 못한 혹독한 대가였다.

누구의 말대로 '펀드투자'가 대형마트에서 주말에 보는 한 차례 생필품 사는 정도로 생각하는 것은 아닌지. 이런 식으로 가입한 투자펀드가 온전한 수익률을 올려준다는 것은 어불성설이다. 무식하게 가입한 펀드가 손실이 발생해도 고객은 고분고분하기만 하다. 손실 났다고 은행창구에 가서 조금 시끄럽게 했더니, 해당 직원을 쥐도 새도 모르게 다른 곳으로 발령 내버리는 꼴을 당한 적 있다.

부실투자 펀드 역시 마찬가지다. 투자판은 커지고 있어 전문적으로 채권과 부동산을 공부한 사람들이 펀드매니저나 투자주체로 나서고는 있지만, 현재 시중의 분위기를 보면 아직 갈 길이 먼 것처럼 보인다. 이런 투자주체들이 모집하는 펀드에 가입해서는 온전한 수익을 올린다는 것은 당초부터 무리다.

06 당초 예상과 다르게 배당표가 작성된 경우

주택, 상가일 때는 배당표 작성에 온 힘을!

소액 임차인이 최우선변제로 저당권보다 먼저 배당받는 경우다. 주택이나 상가 부동산에서 자주 발생한다.

"세입자가 5가구라면서요?"

"소액최우선배당으로 임차 가구당 1,600만 원씩 배당되면, 총 8,000만 원 만 배당되는 것으로 판단했는데, 뜬금없이 한 가구당 2,500만 원 씩 배당이 나오고 말았다니까요."

"어떻게 그럴 수가 있나요. 생각보다 얼마가 더 배당되었다는 말이세요!"

"배당기준이 이동하면서 소액배당이 한가구당 900만 원 씩 더 나왔는데 도대체 어떻게 그럴 수 있는지 이해가 안 돼요?"

"매입한 저당권이 제1순위가 아니라 두 번째 저당권을 인수하셨죠!"

"두 개 저당권을 매입했습니다. 제1순위 저당권과 두 번째 저당권에 투자했습니다."

"첫 번째 저당권에서는 다 받으셨죠!"

"어떻게 아세요?"

"두 번째 저당권을 기준으로 배당될 때 각 임차인당 900만 원 씩이 다시 배당되었다는 말씀을 하고 싶으신 거죠!"

"도무지 이해가 안 되서 이의를 제기하자 판사가 오히려 나에게 면박을 주더라고요."

"제1순위 저당권이 자신의 채권액을 다 배당받고, 두 번째 저당권을 기준으로 추가로 소액최우선배당을 해야 하는 경우에서는 그렇게 배당이 되는 것이 맞습니다."

"그런 이야기는 처음 듣습니다."

"처음 듣는 것이 중요한 것이 아니고, 그런 내용을 모르고 부실채권투자를 감행한 것이 용감한 거죠."

"아무튼 당초 예상보다 4,500만 원이나 배당금액이 줄었어요!"

"배당표 확인해보지 않아도, 법원이 정당하게 배당한 것이 맞습니다."

"그런 말 해주는 사람이 아무도 없었다니까요?"

"계속 그런 이야기를 해봐야 모양만 우스워집니다!"

"하기는 그렇죠!"

"당연한 부분을 챙겨보지 못한 투자자 책임이 큽니다."

"손해보고, 야단맞으려니 기분이 말이 아니네요!"

소액최우선배당에서 저당권 등 소액최우선배당 기준이 달라짐으로서 소액임차인에게 추가로 더 배당되는 부분은 정확히 모르는 사람들이 많다.

공장일 때

임금채권이 최우선변제로 배당 가능성이 있는 부동산은 공장 등 기업체 물건이다. 임금채권이 가압류되어 배당에 참여하게 되면 저당권자에게는 많은 피해가 발생하게 된다.

"근로자의 퇴직 직전이나, 회사부도 직전 3개월 임금에 대해서는 배당가능금액의 1/2까지를 근로자들의 임금채권이 1순위 저당권보다 우선해서 배당받아 버리거든요"

"퇴직금도 여기에 포함이 되나요?"

공장부동산의 부실채권을 인수하는 경우에는 등기부만으로 배당표를 작성했다가는 낭패를 당할 수 있다.

"사전에 알아낼 수 있는 방법은 없을까요?"

"부실채권을 인수하는 단계에서 투자자는 이해관계인이 아니어서 임금채권의 존재를 정확하게 파악할 방법이 현재로는 없다고 봐야 합니다. 그래도 임금채권은 집행비용을 제외한 배당가능금액의 1/2 범위 내에서만 배당된다는 점을 다행이라고 위안을 삼으면 좋습니다."

공장 물건의 담보부 부실채권은 특히 근로자들의 체불임금과 밀린 퇴직금이 압류되어 있는 경우가 보통이다.

조세채권 일 때

부실채권투자에서 매입가격을 정하기 위해서 사전적으로 해야 할 작업 중에 권리분석과, 배당표작성, 그리고 낙찰가격 점치기가 중요하다는 말을 이미 했다. 그러나 말이 쉽지 실상은 그리 쉬운 일이 아니다. 당초 예상과 다른 배당표가 나오게 되는 대표적인 이유 중 하나가 조세채권 때문이다. 조세채권은 당해세와 일반조세로 나누어 볼 수 있다.

경매배당에서 당해세는 배당가능금액의 1/2 범위 내에서 임금채권, 소액임차인과 함께 최우선 배당되고, 일반조세채권은 체납세금 발생일을 기준으로 순위 배당된다. 조세채권은 등기부에 압류여부와 관계없이 배당요구만으로 배당에 참여하게 된다. 부실채권에 투자할 때 결과를 예측하기 어렵게 만드는 커다란 원인이다. 부실채권투자를 망치는 핵심사항이다.

앞에서도 잠깐 살펴봤지만 조금만 더 보자.

"당해세는 등기부에 압류도 되어 있지 않았는데 교부청구서 한 장 제출했다고 같은 국가기관이라고 묻지도 따지지도 않고 2,500여 만 원이나 배당했다니까요?"

"그게 아니죠~! 당해세가 배당될 때 최우선배당 된다는 것은 아시죠!"

"그 정도는 압니다."

"대강들은 아시는데 정확하게 아는 사람은 드물어요!"

"무슨 말씀이세요?"

"당해세는 최우선 배당되고, 일반조세는 순위 배당된다는 정도는 아시잖아요?"

"모른다는 부분이 어느 대목인가요?"

"당해세는 최우선 배당된다는 말에 위력적이라고 생각하는 사람들이 많은데, 일반조세가 받아가는 순위배당이 부실채권투자자를 훨씬 심하게 망가뜨릴 수 있거든요!"

"처음 듣는 말인데 무슨 말인지 잘 모르겠네?"

"당해세가 최우선배당에 참여할 때는 배당가능금액의 1/2 범위 내에서 받아 간다는 것은 아시죠!"

"그 정도는 알고 있습니다."

"진짜 큰 문제는 일반조세입니다!"

"일반조세가 어째서 더 심각한가요?"

"문제는 일반조세는 배당받아 가는데 제한이 없다는 점이죠."

"무슨 제한이 없다는 말씀이세요!"

당해세는 1/2 범위 내에서 배당에 참여하는 대신, 일반조세는 등기여부와는 상관없이 체납세금이 발생한 날을 기준으로 순위배당을 받게 되는데 자신의 채권(체납세금)을 전액 만족할 때까지 배당을 받게 된다.

"무슨 말인지 이해가 잘 안됩니다."

"일반조세는 법정기일에 따른 순위배당을 한다는 것은 아시죠!"

"최우선배당보다 순위배당으로 배당되는 부분이 부실채권투자자를 더 크게 해칠 수 있다는 말을 하고 싶으세요!"

많은 사람들이 최우선배당이라는 말이 주는 느낌 때문에 최우선배당이 더 크게 배당되는 것으로 느끼지만, 당해세는 순서상 먼저 배당될 뿐 배당가능금액의 『1/2 범위 내』라는 단서조항이 있다.

"일반조세는 그렇지 않다는 말씀인가요?"

법정기일을 기준으로 배당되는 순위배당(일반조세 포함)은 아무런 제한 없이 배당되어 버린다는 것입니다. 예상하지 못한 부분에서 많이 가져가버리는 일이 발생할 수 있다.

"아직은 어렵네!"

배당표 작성은 부실채권 학습에서 이론부분의 핵심적인 사항이다. 더 많은 공부를 해주실 것을 부탁드린다.

07

NPL 공동투자에서
원금마저 까먹은 경우

지인들끼리의 공동투자에서 '원금손실'이 발생

지인들끼리의 공동투자에서 '원금손실'이 발생하면 돈 날리고 사람마저 잃는 살아 경험하는 지옥판이 벌어진다. 요즘 일반투자자들이 부실채권투자하는 유형의 대표적인 형태가 지인들끼리 공동으로 경매가 진행되고 있는 물건 중에 2회 정도 유찰된 경매물건에 주로 투자하는 것으로 나타나고 있다. 서울과 수도권 지역은 2회 유찰되면 감정가격의 64%로 떨어진다. 1억 원짜리 감정가격이라면 최저응찰가격이 6,400만 원이다. 1순위 저당권이라도 채권회수를 다 못할 수도 있게 된다.

부동산 경기가 죽어있고 경매시장마저 불황일 때는 1순위 저당권의 회수금액도 매입가격 아래로 떨어질 가능성이 있다. 부실채권투자의 리스크 중 하나가 얼마에 낙찰될 지 알 수 없는 상태에서 매입가격을 결정한다는 것이다. 국공채는 미리 정해진 이자율로 할인해서 만기기간만큼을 싸게 매입하여 수익을 올리기 때문에 안전한 반면, 부실채권은 미래에 있을 낙찰가격을 알지 못하고 투자금액을 정해야 한다.

사고가 나면 흔히 보게 되는 명장면

"1억 원 투자를 했는데 7,000만 원 밖에 안 돌려주면 어떻게 합니까?"

"최선을 다한 결과가 그런데 나더러 어떻게 하라는 말이세요!"

"여러 말 마시고 원금은 돌려주세요?"

"투자과정 전체를 한 점 숨김없이 투명하게 공개해서 운영했고, 그 결과가 이렇다면 받아들여주셔야 하는 것 아닙니까."

"그건 내가 모르겠고, 내 원금은 돌려달라는 말입니다."

"공동투자해서 손해나면 같이 감수하는 게 투자 아닌가요?"

"공부시키려고 하지 마시고 나는 원금에서 어떤 경우에도 일 원 짜리 하나라도 손해 보면 가만히 있지 않겠습니다."

이전과는 전혀 다른 두 번째 얼굴을 보게 된다.

원칙은 원칙일 뿐

경매투자든, 부실채권투자든 공동으로 투자했다가 원금에서 손해가 나면 늘 보게 되는 장면이다. 수익이 발생하면 간이라도 빼줄 듯하지만, 손실이 발생하면 현실에서는 훨씬 더 거친 이야기가 오고간다. 필자도 철없던 시절에 사설펀드 매니저 노릇을 몇 번 한 적 있다. 무릇 투자란 이익이 나도, 손해가 발생해도 함께 누리고 감수하는 것 아니겠는가.

그 당시(2006년 전후) NPL 투자는 아니었고, 공동투자로 구옥(단독주택)을 낙찰 받아 철거하고 다세대를 신축해서 분양하는 투자였다. 신축대상 물건지는 은평구 구산동이었고 멤버는 필자를 포함해서 5명이었다.

그래서 공동투자의 여러 가지 점들을 조금은 안다. 이제는 두 번 다시 공동투자는 조직하지 않는다.

08 공동투자에서 매니저가 재투자를 권유하는 경우

투자계약서는 꼼꼼히 읽어보자

투자는 성공리에 끝이 났지만, 당초 약속만큼의 원금과 이익금이 배당되지 않는 유형의 사고다. 투자자들은 닭 쫓던 강아지 꼴 되고 만다.

"이제 와서 매니저수수료를 이런 식으로 정산하면 어떻게 합니까!"

"뭐가 잘못되었나요, 나는 펀드약정서대로 수수료를 요구하고 있습니다."

"일방적으로 말씀하시면 안 됩니다."

"약정서를 잘 읽어보세요, 펀드 청산 시, 총투자금액의 10%를 매니저수수료로 받게 약정되어 있습니다."

"이익금의 10%를 가져가야지 총투자금액의 10%를 가져가는 경우가 어디 있습니까?"

"지금 와서 그런 이야기하면 곤란합니다. 다 읽고 이해하고 서명하셨잖아요?"

"이런 내용이 투자약정서에 들어 있는 줄 몰랐다니까."

"그렇게 말씀하시면 다들 웃습니다. 나는 약정서 내용대로 배당할테니 그렇게 아세요!"

원금과 수익을 재투자 권하는 경우

부실채권 투자든, 부동산 투자든 투자사고가 발생하게 되는 유형이다. 부실채권 투자 시 투자사고가 발생하는 대부분의 경우가 원금과 수익을 다시 투자하는 구도에서 발생한다. 매니저는 이번에 투자한 사람의 돈으로 이전에 투자한 사람의 수익을 채워주는 돌려막기를 시작하면 피해 규모는 급속히 증가할 수밖에 없다. 당장의 높은 수익에 눈이 멀어 자기 원금, 받은 수익금도 모자라 지인까지 투자하게 하는 상황이 벌어지면 이미 상황을 돌이킬 수 없다고 보시는 것이 맞다.

"윗돌 빼서 아랫돌에 채우는 돌려 막기 전설이 시작되는 건가요?"
"망할 확률 102%, 원금 까먹을 일 120% 입니다."
"원금 확정이자 보장 하는 곳은 거의 그런 집단들입니다!"
"월 5부 확정이자를 장담하는 곳도 있더라고요."
"그런 수익률 맞춰 주려면, 아마 돈을 직접 찍어 뿌릴 수 있어야 할 것입니다!"

어떤 투자든 리스크는 존재한다. 여기서 언급하지 못한 상상도 못한 리스크가 존재할 수 있을 것이다. 잘못 된 투자는 이익은 고사하고 원금마저 줄어들거나 심한 경우 통째로 날아간다. 담보부채권도 이럴진대, 여러분들에게 무담보 후순위부실채권에 대해서 설명하지 않는 이유를 헤아려 주시면 감사하겠다. 손실이 발생할 가능성이 거의 100%라고 생각한다.

왕초보자 당신만을 위한

경매·NPL 투자 비법

Chapter 07

NPL 투자를 위한 기본은 경매공부

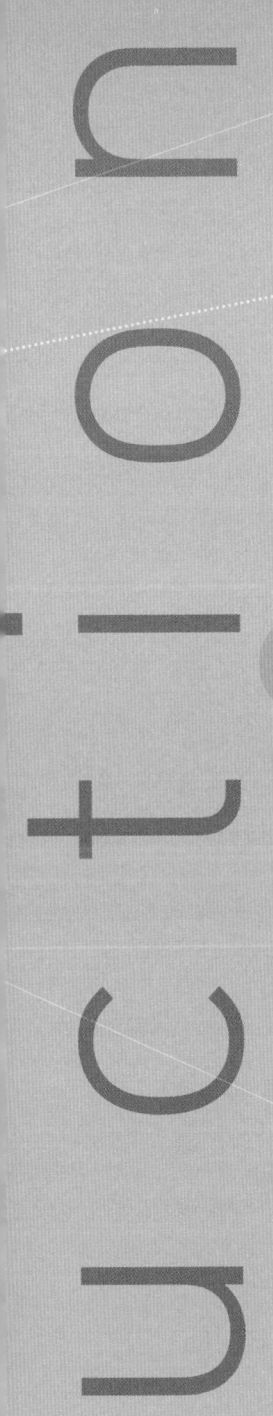

- 01 기본적인 경매공부는 하고 나서 시작하자
- 02 기본적인 권리분석은 알고 나서 투자하자
- 03 유료 경매정보지는 볼 줄 알아야 한다
- 04 NPL 경매물건 유료정보지 보는 방법
- 05 기본적인 배당표는 쓸 줄 알아야 한다
- 06 소액임차인에게 배당되는 최우선변제 변동내역
- 07 NPL 투자자에게 중요한 또 다른 최우선배당
- 08 대항력, 최우선변제, 우선변제, 확정일자

NPL 투자를 위한 기본으로 경매공부를 해야 하는 이유를 설명하는 7장의 목차는 다음과 같다.

『01. 기본적인 경매공부는 하고 나서 시작하자
02. 기본적인 권리분석은 알고 나서 투자하자
03. 유료 경매정보지는 볼 줄 알아야 한다
04. NPL 경매물건 유료정보지 보는 방법
05. 기본적인 배당표는 쓸 줄 알아야 한다
06. 소액임차인에게 배당되는 최우선변제 변동내역
07. NPL 투자자에게 중요한 또 다른 최우선배당
08. 대항력, 최우선변제, 우선변제, 확정일자』이다.

경매구조를 모르고는 NPL 투자구조를 이해할 수 없는 이유다.

경쟁 치열한 1순위 저당권 매입보다는 2순위 저당권이 더 매력!

NPL 시장의 과열로 1순위 저당권 투자로는 재미 보기가 어려웠다는 독자들의 푸념은 정당하다. 쉽게 수익이 날 아파트 1순위 저당권은 유동화회사도 매각할 수 없는 판이 형성되어 버렸다. 그렇다고 투자할 물건이 없다고 한탄할 일은 아니다. 틈새는 얼마든지 있다. 1순위 저당채권액을 넘는 경매물건의 2순위 또는 3순위 저당권으로 눈을 돌린다면 넓고 넓은 투자의 세계가 여전하다.

세상은 아는 것만큼 보인다.

그때 보이는 것은 예전에 보았던 것과는 다르단다. 다시 강조하지만 자본주의가 망하는 날까지는 경매 NPL판의 투자가치는 여전하다. 『갈수록 치열해지는 경쟁의 본질이 뭘까』를 잠깐만 생각해봐도 금방 답이 나온다.

월급 잘나오는 좋은 직장의 월급쟁이(?)

묻고 싶다. 안정된 직장, 남들이 선호하는 좋은 직장에 아침마다 깨끗한 양복 입고 출근해서 행복하냐고. 월급쟁이는 더도 덜도 아닌 월급쟁이일 뿐이다. 사정이 조금만 어려워지면 정리대상 『0순위』, 파리 목숨이다. 조직은 당신에게 아직 단물이 남아있을 때까지만 당신 편이고 붙잡고 있을 뿐이다.

눈에 보이는 것이 전부가 아니라는 정도는 이미들 아신다.

냉정히 고민해 보시고 이제부터라도 자신의 일을 해야 한다. 누구도 나를 대신할 수 없는 자신만의 영역을 구축해야 한다. 상황을 타령하는 분들도 계실 것이다. 자신의 영역을 구축 할 수 없는 이유를 늘어놓으려면 밤을 새워도 시간이 부족하다. 할 수 없는 이유를 찾지 말고, 할 수 있는 일과 방법을 찾아보시라.

01 기본적인 경매공부는 알고 나서 시작하자

부실채권투자에 관심을 가지는 분들은 경매에 관한 기본지식은 무장되어 있다고 보는 것이 옳다. 따라서 이 책에서 권리분석에 관한 부분을 기본적인 사항만을 점검한다.

경매투자 권리분석 시 말소기준권리 개념 이해하기

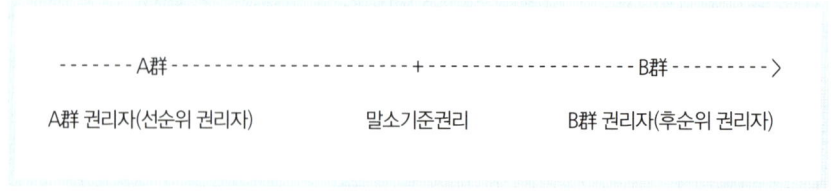

말소기준권리를 기준으로 시간 상 등기부에 먼저 이름을 올린 권리를 '선순위 권리'라 하고, 나중에 등재시킨 권리를 '후순위 권리'라고 한다.

A群의 권리자는 말소기준권리보다 시간 상 등기부에 먼저 권리를 등기(확보)

해서 선순위 권리자라 하고, B군의 권리자는 말소기준권리보다 시간 상으로 등기부에 나중에 권리를 확보했기 때문에 후순위라고 한다.

경매로 부동산을 취득하는 경우 낙찰자는 말소기준권리보다 나중에 등기부에 권리를 확보한 후순위(B군 권리자)자에 대해서는 금전적인 추가 부담을 하지 않는 것이 원칙이지만, 선순위(A군 권리자)자 중 일부에 대해서는 그들이 배당을 받지 못하거나 일부만 받는 경우 나머지 금액을 낙찰대금과는 별도로 추가로 물어줘야 하는 권리자가 있게 된다.

부동산 등기부 상 항상 말소기준권리가 되는 권리가 있고, 어떤 때에만 한정적으로 말소기준이 되는 권리가 있다. 등기부에 가장 먼저 설정된 '저당권'과 '근저당권', '담보가등기', '경매개시결정기입등기' 등은 언제나 말소기준권리가 된다. '전세권'과 '압류', '가압류' 등기는 경우에 따라 말소기준권리가 되는 경우도 있고, 되지 않는 경우도 있어 주의가 필요하다.

전세권이 말소기준일 때

말소기준 권리보다 나중에 설정된 후순위 전세권은 언제나 말소 대상이 되어 낙찰자는 추가 부담이 없다. 선순위 전세권인 경우에는 2가지 경우로 나누어 생각해야 한다. 건물전체를 전세권 설정 범위로 하고 있는 선순위 전세권자가 배당요구를 하는 경우에는 말소권리가 되어 이 권리 이후의 권리들은 말소대상이 된다. 그러나 선순위 전세권이라 할지라도 배당요구를 하지 않은 전세권이나 건물 일부를 범위로 하는 전세권은 말소기준이 되지 않는다. 부동산의 일부를 목적으로 하는 선순위 전세권이 말소기준이 된다면 다른 임차인들의 권리를 침해할 수 있기 때문에 말소기준권리가 되지 않는다.

『인수주의 원칙』과 『말소주의 원칙』

말소기준권리를 기준으로 선순위 권리가 설정되어 있는 경우라면 일단은 낙찰자가 인수해야 한다는 판단으로 권리분석에 임해야 하고, 후순위 권리가 설정되어 있는 경우라면 경매 결과로 말소되어 낙찰자 추가 부담이 아니라는 판단으로 권리분석에 임하면 된다.

『인수주의 원칙』이란 말소기준이 되는 권리(대개는 1순위 저당권 등)보다 먼저 등기부에 등재된 일정한 권리들은 경매가 완료되어 촉탁등기의 결과로도 말소되지 않고 낙찰자가 추가로 인수해야 하는 권리를 말한다. 이를 인수주의 원칙에 따른 것이라고 한다.

『말소주의 원칙』이란 인수주의와 정반대로 경매가 완료되면 등기부 상의 모든 권리가 말소기준을 기준으로 낙찰로 인해 잔금을 납부하면서 소유권을 이전할 때 말소되는 것을 말한다.

말소되는 권리는 민법 또는 상법 등이 정하는 순서에 따라 부동산의 매각대금 중 배당에 참여하게 되며, 등기부 상 소제(=말소)주의가 적용되면 배당 여부에 상관없이 경료 되었던 모든 권리들은 말소되고, 낙찰자는 낙찰대금 이외의 추가부담이 없다.

02 기본적인 권리분석은 알고 나서 투자하자

말소주의와 인수주의 기본 도표

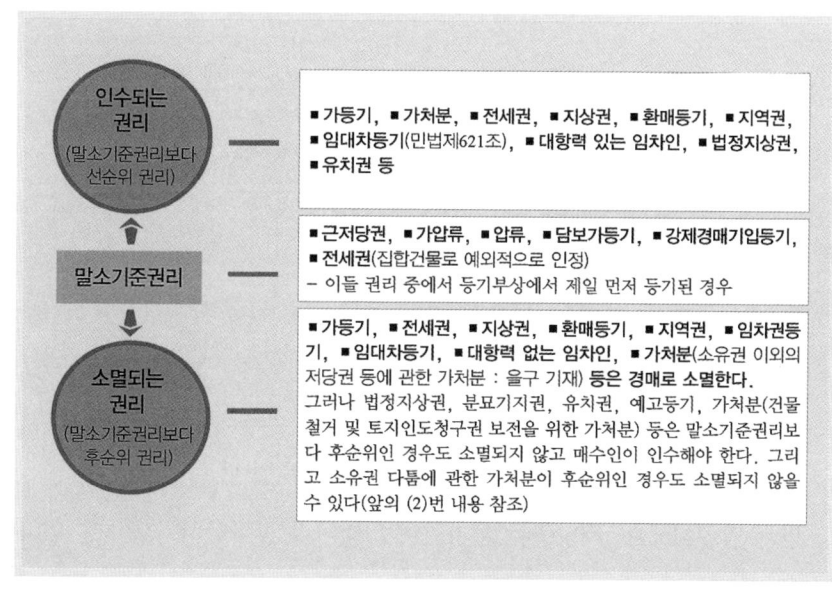

해당 등기부의 말소기준권리를 중심으로 하는 권리분석에서 제1순위 저당권 등 말소기준의 설정(경료)일자에 따라 낙찰자의 추가 부담이 없을 수도, 떠안을 수도 있어 제1순위 저당권 등 설정일자(=말소기준 또는 소멸기준)는 투자의 성패를 가늠하는 중요한 잣대가 된다. 이것이 등기부 상 선, 후순위를 가르는 본질적인 의미이다.

한편 경매주택의 임차인은 채권자의 지위를 지니는데 제 3자에게 자신의 임대차관계를 주장할 수 있는 권리를 '대항력'이라고 한다.

대항력 있는 선순위 임차인은 전 주인과 맺은 계약기간을 인정받고 전 주인에게 지불한 임대차보증금을 법원 배당이나 새 주인(낙찰자)에게 전액 반환 받을 때까지 비워주지 않을 권리가 있다. 따라서 배당받는 것을 목적으로 투자할 때나, 직접 낙찰 받는 것을 염두에 두고 투자할 때도 등기부에는 등재되지 않은 임차인의 권리행방은 부실채권투자자에게 중요하다.

NPL 투자는 경매투자와 기본 구조가 동일

"부실채권 투자하고 경매투자는 많이 비슷한 것 같아요?"

"그렇죠, 그런데 부실채권 투자가 조금 더 공부해야 합니다. 아니면 이미 경매 공부를 통해 알고 계시던가!"

"어떤 점들이 중요할까요?"

"경매투자를 생각해보면 이해가 빠르지 않을까요?"

"경매투자든 부실채권 투자든 결국 목표는 고수익인데!"

"맞는 말씀이세요, 배당받는 투자라면 낙찰가격 알아맞히기잖아요, 얼마에 매각될 것인가의 해답은 현장에 있고?"

"두 가지 모두 현장 확인이 중요하다는 말씀이시죠!"

"바로 그렇습니다."

"기초 작업으로는 뭐가 있나요?"

부실채권매입가격을 산정하기 위한 사전 작업으로는 이런 점들이 중요하다.

『• 경매가 진행 중인 물건을 기준으로,

- 해당 부동산의 현황 파악,

- 등기부등본에 나와 있는 사항 검점,

- 물건명세서, 감정평가서, 임대차 관계 등 정보 숙지,

- 부동산 현장에 가서 물건 가치 분석과 등기부등본에 나와 있지 않은 사항파악,

- 배당요구 안한 선순위 임차인 유무, 후순위 임차인관계 또는 점유자 사항 파악,

- 하자 섬검(유지권, 법정지상권 등),

- 향후 개발 가치 등을 짐검해야』한다.

선·후 순위 임차인에 대한 단상

"투자 대상 경매 NPL 물건에 선순위 임차인이 있으면 부실채권투자에 불리하다는 이야기도 있는데요?"

"그렇지 않을 수 있습니다."

"어떻게요?"

"얼른 생각하면 선순위 임차인을 투자의 걸림돌로 생각할 수도 있지만, 선순위 임차인의 인수금액이 많은 경우에서는 배당을 목적으로 한 투자보다, 직접

낙찰법을 동원하면 훨씬 높은 수익을 올릴 수도 있습니다."

"경매에서 인수가 많은 물건이 투자하기 더 유리하다는 말과 맥이 같은가요?"

"사전에 정해진 것은 어떤 것도 없는 정글을 가는 거죠. 다른 사람의 투자 사례나, 또 자신이 이전에 했던 직접투자 역시 참고 사항에 불과할 뿐입니다."

"없는 길을 만들면서 나아가는 형국이네요?"

"그렇게 생각하면 정확합니다."

해당부동산의 특징을 파악한 후 다른 사람이 응찰하면서 제시할 응찰가격과 배당 금액을 산정하여 채권매입가격을 정하면 된다. 자신이 정한 수익률을 달성할 수 있는 가격 선에서 구입하면 된다.

부실채권은 네 번 감정한다!

"부실채권 투자는 결국 누가 얼마에 낙찰 받을까를 예상하는 점치기 놀이죠!"

"한 차원 더 높은 투자 실력이 필요하다는 말씀이시죠?"

"해당 부동산의 가치를 정확하게 파악할 줄 모르면 실패할 가능성이 높습니다."

"남의 머릿속을 읽는다는 것이 쉽지 않겠네!"

"그렇죠!"

"네 번 감정한다는 말이 무슨 말인가요?"

"네 번이 맞습니다."

『① 담보 제공할 때 하는 담보감정평가가 첫 번째이고,

② 경매 들어가면 경매가격산정을 위한 감정평가,

③ 낙찰 받으려는 사람이 하는 감정평가,

④ 부실채권 매입하려는 사람이 하는 평가를 하게 됩니다.』

"낙찰 받으려는 사람이 하는 감정평가와 부실채권 매입하려는 사람이 하는 평가를 부실채권투자자가 하면 되겠네요!"

부실채권매입은 현재에서 하게 되고, 투자금 회수는 미래에 하게 된다. 예상치와 실제 회수금액 사이에 (-)갭이 발생할 수도 있다.

부실채권투자도 권리분석이 중요

"무식하면 용감하다는 말이 있는데 정말 그런 사람들이 있어요!"

"무슨 말씀이세요?"

"어떤 경매 책이나 선생들 중에는 권리분석이나 배당표작성 훈련이 중요하지 않다고 말하는 사람들이 있어요!"

"에~~이 설마요?"

"백번 공부보다 한번 질러버리라고 선동한다니까요?!"

"실제투자를 통해 많은 것들을 배우고, 책상에서 하는 재테크공부는 한계가 분명하지만, 극단적으로 실제투자만 강조하는 것은 문제가 있습니다."

"그러게요."

"그런 사람이 있다면 누구를 죽이려고 아주 작심을 한 사람이네?!"

"왜 그럴까요?"

"옛날에는 공부 안 해도 대충 가능했던 때도 있었지만 지금은 아닙니다!"

"부실채권투자는 경매공부보다 더 노력해야 하는 것 같아요?"

"그렇습니다. 경매투자도 그렇지만, 부실채권투자는 남이 낙찰 받은 낙찰금에서 배당받는 구조여서 더 정확하게 알아야 합니다. 공부 없이도 수익을 낼 수 있다고 하는 사람들은 문제가 있는 사람들입니다."

"동감입니다!"

부실채권업에 종사하는 매니저급이나 NPL강사 수준까지는 아니라고 하더라도, 피 같은 내 돈 투자하면서 어떤 구조로 돌아가고, 어떤 위험과 수익이 나는지는 정확하게 꿰고 있어야 한다.

"그렇지 않으면 눈뜨고 코 베일 수 있는 판이 부실채권투자 판입니다!"

"경매나 부실채권 투자를 위한 권리분석이 어렵나요?"

"『권리분석』그 자체는 그리 어렵지 않습니다. 기본적인 사항만 학습하면 됩니다!"

"기본적인 사항이라면 어떤 게 있나요?"

앞의 그림들을 통해서 보여드린 것처럼, '말소기준' 찾기라고 할 수 있다.

『인수주의 – 소제주의』만 판명할 수 있으면

"기본적으로는 『인수주의 – 소제주의』만 판명할 수 있으면 된다는 말씀이시죠!"

말소기준보다 선순위로 말소 안 되는 처분금지가처분이나, 소유권이전청구권보전가등기가 있는지 정도만 잘 따져주면 권리분석은 별 문제 없다.

"금융기관이 처분하는 부실채권에는 이런 하자가 있을 수가 없습니다."

"은행이 담보로 잡을 때 이미 하자있는 물건은 취급하지 않는다는 말이시죠!"

"네~~에! 부실채권 물건에 투자할 때는 권리분석보다는 배당이 어떻게 진행될 것인가에 초점을 맞추는 것이 올바른 자세입니다."

"권리에 하자가 있는 물건은 은행이 '대출해주지 않는다!'는 말이고, 얼마에 낙찰돼서 어떤 권리자에 먼저 배당되고 내게는 얼마가 배당되는가를 정확하게 파악하는 것이 '부실채권투자의 핵심이다'는 말이시죠."

"그렇죠!"

"말은 쉽지만 어려운 대목입니다."

"최대한 보수적으로 판단해야 한다는 말씀이네요?"

부실채권 투자의 기본 중 기본이다.

03
유료 경매정보지는
볼 줄 알아야 한다

NPL 유동화 된 경매 물건 정보지 상세보기

"등기부 권리관계를 중심으로 저당권 이전과 질권 대출 내역 설명 좀 해주세요?"

"물건의 특성, 경매지상의 표현, 저당권 설정 내역과 저당권을 담보로 한 질권 설정, 경매신청과 임차인 배당관계를 전체적으로 해석할 수 있으셔야 합니다."

"경매 정보지를 볼 때 가장 주의해서 봐야 할 부분이 어디인가요?""

전체가 중요하지만, 처음 공부하실 때는「임차조사」란과「등기권리」란 입니다!"

"『수원 2013-12838』의 경매정보지라면「임차인 장화*」씨와「이경훈의 근저당권」을 비교해야 한다는 말씀이신가요?"

"그렇습니다!"

경매 정보지 전체를 설명해보자.

수원 14계 2013-12838 상세설명

```
수원14계 2013-12838
```

소재지	경기 용인시 처인구 고림동 781-5 금강아트맨션 103동 제OOO호		
경매구분	임의경매	채권자	이경훈
용도	다세대	채무/소유자	황**/배**,
감정가	130,000,000 (13.03.20)	청구액	31,384,927
최저가	91,000,000 (70%)	토지면적	46.65 m² (14.11평)
입찰보증금	10% (9,100,000)	건물면적	75.21 m² (22.75평)
		매각일시	13.10.22. (10:30)
		다음 예정	13.11.19.
		경매개시일	13.03.05
		배당종기일	13.05.16

소재지/감정서	물건번호/면적(㎡)	감정가/최저가/과정	임차조사	등기권리

449-010
경기 용인시 처인구 고림동 781-5 금강아트맨션 1 03동 제000호
 	
감정평가정리
- 철콘조슬래브지붕
- 용인정보산업고교남측인근
- 주변단독및다세대주택,근린생활시설등형성
- 차량접근가능
- 근접지비스(정)소재
- 제반교통사정보통
- 삼각형가까운동고평탄지
- 동측약10m,남서측약4m도로각각접함
- 소로1류접합
- 개별난방
 	
2013.03.20 심규동감정
	물건번호: 단독물건
	대지 46.645/310
	(14.11평)
	건물 75.21
	(22.75평)
	공용면적:4.62
	- 총4층
	- 보존:2003.08.07
		감정가 130,000,000
		· 대지 35,100,000
		      (27%)
		(평당 2,487,597)
		
		· 건물 94,900,000
		       (73%)
		(평당 4,171,429)
		
		최저가 91,000,000
		       (70.0%)
		
		경매진행과정
		① 130,000,000
		  2013-09-12 유찰
		② 30%↓ 91,000,000
		  2013-10-22
			법원임차조사
			장화 * 전입 2012.04.03
			     확정 2012.04.03
			     배당 2013.05.07
			     (보) 85,000,000
			     주거/방3
			     점유기간
			     2012.3.31.-2014.3.31
			*임차인점유. 2차에 걸쳐 현황조사차 방문하였으나 폐문부재로 인하여 소유자 및 점유자를 만나지 못하였으며, 이에 안내문을 부착하여 두었으나 점유자들의 연락이 없어 점유관계를 확인할 수 없었음. 전입세대 열람한바 장화 *이 전입신고 되어 있음
			
			지지옥션세대조사
			세 12.04.03 장**
			주민센터확인:2013.08.29
				근저당 이경훈
				    2009.10.01
				    49,400,000
				소유권 배**
				    2011.06.10
				    전소유자:김두*
				임의 모아저축은행
				    2013.03.05
				    *청구액:31,384,927원
				
				질권 키움저축은행
				    2013.03.26
				    춘의동
				    49,400,000
				    이경훈저당질권
				채권총액 98,800,000원
				
				열람일자 : 2013.10.07

수원14계에서 조회수까지

· 소재지 : 해당 부동산의 주소이고 명칭은 금강아트맨션, 103동 20*호다.

· 경매 구분 : 『임의경매』와 『강제경매』 중 저당권자가 경매를 실행하여 임의경매로 경매가 진행되고 있다. NPL 투자자나 경매투자자에게는 『임의경매』와

『강제경매』의 구분 실익은 없다.

- 용도 : 해당 부동산의 종별이다. 이 부동산은 다세대 주택이라는 것을 알 수 있다.

- 감정가 : 130,000,000. 이 다세대 주택의 감정가격이고 통상 이 감정가격이 1차 경매진행 가격이다.

- 최저가 : 91,000,000(70%). 1차 유찰되어 최초 감정가격에서 30%(=수원지방법원은 1회 유찰시마다 30%) 최저매각가격을 낮춘 91,000,000원에 경매를 진행할 예정이라는 의미다.

- 입찰보증금 : 10%(9,100,000). 2013.10.22에 응찰하고자 한다면 당일 최저매각가격의 10%인 9,100,000원의 입찰보증금을 제공해야 한다는 의미다. 9,100,000원의 입찰보증금을 납부하고 최고가매수인으로 선정된 낙찰자가 매각허가를 받고, 잔금납부를 포기하는 경우에 이 입찰보증금은 몰수되고 경매법원은 재매각(=재경매)을 진행한다.

- 채권자 : 모아저축은행. 2009.10.01. 채권최고액 49,400,000원. 저당권자 이기훈의 저당권을 인수하여 경매를 신청한 권리자다.

- 채무/소유자 : 황**/배**. 황**은 채무자이고, 배**은 해당 부동산의 소유자이다. 소유자는 채무자가 이 부동산을 담보로 돈을 빌릴 때 자신의 부동산을 담보로 제공한 보증인이다.

- 청구액 : 31,384,927. 채권자 모아저축은행이 경매신청 당시에 받아야할 실제 채권액이다.

- 토지 총면적 : 46.65㎡(14.11평). 20*호의 대지지분이다.

- 건물 총면적 : 75.21㎡(22.75평). 20*의 건물 전용면적이다.

- 매각기일 : 2013.10.22.(10:30)에 수원지방법원 경매법정에서 경매절차가 진행된다. 이 자료를 검색할 시점으로 매각기일까지는 145일 전이라는 것을 알 수 있다.

- 다음예정일 : 2013.11.19.(63,700,000). 당시 경매기일인 2013.10.22에 91,000,000원 경매 진행된 경우에서 응찰자가 한 명도 없어 매각이 입찰불능이 되면, 당초 매각가격에서 30%가격을 낮춘 63,700,000원 최저매각가격으로 하여 2013.11.19에 다시 경매진행 예정이라는 의미다.

- 경매개시일 : 2013.03.05. 채권자 모아저축은행이 이 부동산을 경매신청한 날이다. 주택임차인이 있는 경우 주택임대차보호법의 보호대상이 되려면, 해당 부동산의 경매개시일 전날까지 전입을 완료해야 기본적으로 이 법의 보호대상이 된다.

- 배당종기일 : 2013.05.16. 모아저축은행이 2013.03.05에 경매를 신청하자 경매법원이 임차인을 포함한 이 부동산의 이해관계자들에게 경매법원에 받을 채권의 내용과 금액을 신고할 것의 최종일을 정해서 공고한 날이다. 특히 『주택 – 상가건물 임차인』의 경우는 이날까지 배당요구를 완료해야 배당에 참가할 수 있다.

- 조회수 : 해당 경매물건의 인터넷 조회수로 입찰경쟁을 파악하는데 도움이 된다.

우편번호 및 주소/감정서

- 해당 부동산의 주소와 객관적인 주변 환경, 도로조건, 주위건물, 공법사항을 통해 해당 부동산의 대체적인 가치를 파악하는데 도움이 된다. 감정평가사

가 『경매목적』을 위해 해당 부동산을 감정 평가한 평가 보고서를 바탕으로 작성되어 신뢰도가 높다고 할 수 있다.

물건번호/면적(㎡)

- 물건번호 : 단독물건. 경매진행 건수가 하나라는 뜻이다.
- 대지 46.645/310(14.11평) : 이 다세대 주택의 전체 대지면적은 310㎡이고 해당 경매물건의 다세대 주택의 대지지분은 46.645㎡(14.11평)이다.
- 건물 75.21㎡(22.75평)이고, 공용면적은 4.62㎡이다.
- 전체 층수는 4층이고, 2003.08.07에 보존등기가 된 다세대주택이다.

임차조사

- 법원임차조사 : 『장화*』이라는 임차인이 2012.04.03. 전입과 동시에 확정일자를 부여 받아 거주하고 있다가, 해당 주택이 경매 진행되어, 법원으로부터 배당요구 할 것을 통보받고 2013.05.07. 자신의 임대차계약서와 주민등록등본을 첨부하여 해당 경매 법원에 배당요구를 하고 있는 것을 알 수 있다.

임대차보증금은 8,500만 원이다. 『장화*』이 이 주택에 전세계약을 체결하고 전입할 때 이 부동산의 등기부에는 이경훈의 저당권이 설정되어 있는 것을 알 수 있다. 저당권 등이 설정된 후에 전입한 임차인은 후순위 임차인이라고 하고, 대항력은 없다. 따라서 후순위 임차인은 법원 배당을 통해서 자신의 임차보증금을 배당 받지 못하더라도 낙찰로 소유권을 취득한 새로운 소유자에게 자신의 임차보증금을 돌려 달라고 주장할 수 없다.

- 임차인 점유 : 집행관이 해당 주택의 현황조사를 나갔을 당시의 점유현

황에 대한 보고다. 『폐문부재』라는 말은 집행관이 해당 부동산을 방문했을 때 문이 잠겨있고 사람이 없어 아무도 만나지 못했다는 뜻이다. 사람이 살지 않는 다는 말이 아니다. 해당 동사무소를 통하여 확인한 『전입세대』 열람을 통하여 해당 번지, 호수로 『장화*』이라는 사람이 주민등록 전입되어 있는 것을 확인하고 이를 경매기록에 올린 것이다.

등기권리

- **근저당 이경훈 설정일자 2009.10.01. 채권최고액 49,400,000원** : 이경훈이 전소유자 김두*에게 해당금액을 대출해주고 이 주택을 담보로 제공받아 근저당권을 설정하였다. 최선순위 설정된 1순위 저당권이고, 이 저당권은 이 경매사건의 말소기준권리가 된다. 설정일이 말소기준일이다. 최선순위 저당권 설정일보다 먼저 전입한 임차인이 있다면 대항력 있는 선순위 임차인이고, 저당권 설정일보다 나중에 전입한 임차인은 후순위 임차인이라고 한다.

- **소유권 배** 2011.06.10.** : 전 소유자 김두*. 현 소유자 배**는 김두*으로부터 저당권이 설정된 상태로 부동산매매 계약을 하고 소유권을 취득하였다.

- **임의 모아저축은행 2013.03.05. 청구액 : 31,384,927원** : 최선순위 이경훈의 저당권을 NPL 채권으로 인수한 모아저축은행이 2013.03.05.일에 경매 신청할 당시의 받을 채권으로 신고한 채권청구액이 31,384,927원이다.

- **질권 키움저축은행 춘의동 2013.03.26. 49,400,000원. 이경훈저당질권** : 이 등기부에는 표시되지 않고 있지만, 모아저축은행으로부터 이경훈의 저당권을 NPL로 매입한 NPL 투자자가 있다. NPL 투자자가 NPL저당권을 3,500만 원에 매입하고 계약금으로 매매액의 10%인 350만 원을 지불하고 나머지 90%

인 3,150만 원은 매입하는 저당권을 담보로 제공하자, 질권융자를 실행한 키움저축은행이 이경훈의 저당권을 담보로 확보할 방법으로 『질권』을 설정한 것이다.

- 등기부 채권총액 : 98,000,000원. 경매신청당시에 등기부에 등재되어 있는 채권 총액이다.

- 열람일자 : 이 주택의 2013.10.07. 현재 등기부의 압류내역이다.

04
NPL 경매물건 유료정보지 보는 방법

경매사건 2011-19924번으로 공부하기

일반투자자가 AMC나 대부법인을 통하지 않고도 담보부 부실채권 물건을 찾는 방법이 있다. NPL물건 정보를 제공하는 경매회사 사이트를 통해 담보부 부실채권부 경매물건을 찾아보면 된다.

경매사건 번호 2011-19924번을 통해 연습해 보자.

2011타경 19924 NPL 경매 물건 상세정보

고양7계 2011-19924

소 재 지	경기 파주시 서패동 000-0, 000-0, 000-00 1동호 [일괄]2동호, 3동호, 241-4, 241-5, 외2		
경매구분	임의경매	채 권 자	엔에스제일차유동화전문유한회사(중소기업은행의 양수인)
용 도	점포	채무/소유자	박도.*	낙찰일시	13.09.26
감 정 가	2,001,601,200 (11.07.18)	청 구 액	1,928,000,000	낙찰가격	1,670,000,000원
최 저 가	980,785,000 (49%)	토지면적	1689 m² (510.92평)	경매개시일	11.07.12
입찰보증금	20% (196,157,000)	건물면적	591.74 m² (179평)	배당종기일	11.11.07
주의사항	■ 유치권 ■ 일괄매각 ■ 2011.09.08. 유치권자 동남00(주) 권리(청구)신고 제출 ■ 2011.10.12. 유치권자 동남00(주) 참고자료제출 ■ 2013.06.18. 유치권자동남00(주) 유치권포기서 제출 ■ 임금채권자 : 좌ㅅ~, 김이~, 배재~, 김취~, 이환~, 김.*, 문욱~, 임유~, 최픙~, 박셔~, 신재.*		
유동화 채권정보	관리회사 : (메이트플러스) 엔에스제일차유동화 (중소기업은행 양수인) 대표전화 : 02 - 3775 - 7354		

소재지/감정서	물건번호/면적(m²)	감정가/최저가/과정	임차조사	등기권리 NPL
413-150 경기 파주시 서패동 000-0, 000-0, 000-00 1동호 (구: 경기 파주시 교하읍 서패리 243-1) 감정평가액 건물:214,898,400 2011.07.18 계산감정	물건번호: 단독물건 건물 • 음식점 143.04 (43.27평) • 음식점 55.94 (16.92평) - 총1층 - 보존:2011.03.18	감정가 2,001,601,200 • 대지 1,408,062,000 (70.35%) (평당 2,755,934) • 건물 593,539,200 (29.65%) (평당 3,315,861) 최저가 980,785,000 (49.0%) 경매진행과정 ① 2,001,601,200 2011-11-22 변경 ① 2,001,601,200 2012-06-21 변경 ① 2,001,601,200 2013-07-11 유찰 ② 30%↓ 1,401,121,000 2013-08-14 유찰 ③ 30%↓ 980,785,000 2013-09-26 매각 매수인 엔에스제1차유동화유한회사 응찰수 1명 매각가 1,670,000,000 (83.43%)	법원임차조사 정성* 사업 2011.05.12 배당 2011.09.29 (보) 150,000,000 점포/1층전부 점유기간 2011.5.20~ 꽃마름샤브샤브 *2,3동호 외벽에 `유치권 진행 중`이라는 현수막이 걸려 있으므로 별도의 확인요망. 임차인 정성미(꽃마름샤브샤브)에 의하면 자신은 2011년 5월부터 1동호를 임차하였다고 진술하나 임차보증금 및 차임에 대해서는 진술을 거부하므로 별도의 확인요망. 임차인으로 조사한 푸른솔문고 주식회사(대표 박도선), 한아름 (아이와 책), 홍성일(성일수산)은 모두 등록사항 등의 현황서상 동재자들임	소유권 박도.* 2011.03.18 근저당 중소기업은행 일산덕이 2011.03.18 1,200,000,000 근저당 중소기업은행 일산덕이 2011.03.18 728,000,000 근저당 홍기옥 2011.05.30 500,000,000 근저당 연합자류유통 2011.05.31 850,000,000 근저당 박상남 2011.05.31 1,000,000,000 근저당 정성미 2011.06.03 150,000,000 :중간 생략 : 임 의 중소기업은행 2011.07.12 여신관리부 *청구액:1,928,000,000원

경매물건의 기본개요를 파악하기 위해서는 이 사건번호로 인터넷 대법원 사이트(http : //www.scourt.go.kr ⇒ http : //www.courtauction.go.kr)에 접속하면 해당 경매사건 전반에 대한 기본적인 정보를 얻게 된다. 유료경매정보지를 통한 정보습득 역시 이 사건번호를 알고 있으면 된다.

당초 저당권자였던 중소기업은행의 저당권을 인수한 『엔에스제일차유동화전문유한회사』로 그 권리 전부가 이전되었다. 2011년 11월 22일에 경매진행은 「변경」을 거쳐, 2013년 9월 26일 경매일에 최저응찰가격 980,785,000원일 때 『엔에스제일차유동화전문유한회사』가 1,670,000,000원에 단독응찰로 낙찰받아 가고 있는 것을 볼 수 있다. 『엔에스제일차유동화전문유한회사』 입장에서는 더 이상 유찰되어 제3자에게 낙찰되어 버리면 배당을 통한 투자금 회수액이 매입가격이하로 되기 때문에 손해 방지 차원에서 자체『유입법』을 통해 소유권을 취득한 것이다.

만약 이 물건에 관심 있는 NPL 투자자라면 2013년 9월 26일 경매일 이전에 『엔에스제일차유동화전문유한회사』와 접촉하였다면 낮은 가격에 1,2순위 저당권을 인수할 수도 있었다.

이 경매사건을 통해 부실채권과 경매내역의 기본적인 사항을 파악해보자.

- 사건번호[48] : 2011 타경 19924이다. 채권자(중소기업은행)가 자신의 채권을 회수하기 위해 담보로 확보했던 채무자(박도*) 소유의 부동산을 경매신청하자 법원이 부여한 「경매사건번호」다.
- 관할법원 : 의정부 지방법원 고양지원(경매 7계 031-920-6317)이 해당 경매물건의 경매를 진행하고 있는 담당 경매법원이다. 기본적인 사항에 관한 문의에는 응답을 해준다.

---

48 경매정보제공회사 중 「지지옥션」, 「굿옥션」, 「태인」 등에서 NPL경매물건 정보를 제공하고 있다.

• 매각기일 : 의정부 지방법원 고양지원 2013.9.26.(화) 10:00이 매각(입찰)기일이다. 해당 물건에 응찰하고자 하는 때에는 입찰법정에 도착하여 입찰마감시간까지 입찰서류를 제출해야 한다.

• 소재지 : 경기도 파주시 교하면 서패리 241-4외 4필지는 해당 경매물건의 소재지이다. 「2011 타경 19924」로 총 5필지가 일괄경매가 진행되고 있다. 따라서 이 물건에 입찰해서 낙찰 받아 잔금을 납부하게 되면 총 5필지 소유권을 취득하게 된다. 물건번호 없는 경매사건이다.

• 물건종별 : 근린시설이다. 해당 부동산의 쓰임새에 따른 구별에서 근린생활시설로 분류된 부동산이다.

• 토지면적 : 1,689㎡(510.92평)로 5필지 전체 면적이다.

• 건물면적 : 591.74㎡(179.00평)로 본 건물과 제시 외 건물로 이루어져 있다. 제시 외 건물의 소유권도 낙찰로 인하여 함께 취득한다.

• 경매개시일 : 2011.07.12.은 채권자가 경매를 신청하자, 법원이 경매신청타당성을 검토하여, 경매신청이 이유 있다고 결정, 경매개시사실을 해당 부동산 등기부에 이를 기재한 날이다. 등기부에 경매개시일이 기입된 이 날짜는 법원경매에서 중요한 기준일이 된다. 주택이나 상가건물에 임차한 임차인은 최소한 이 날짜보다는 먼저 전입이나 사업자등록을 신청해야 한다.

이 날짜 이후에 전입이나 사업자등록을 완료한 임차인은 설령 정당한 임차인이라고 해도 주택임대차보호법이나 상가건물임대차보호법의 보호 대상이 되지 못한다. 또한 경매개시결정기입등기일은 강제경매에서 말소기준일이 되기도 한다.

- 감정가격 : 2,001,601,200원은 토지와 건물전체의 감정가격을 합산한 가격이고, 이 가격이 최초 입찰일에 최저입찰가격으로 결정되는 것이 보통이다. 법원 경매 감정가격과 시세가 일치하는 것은 대체로 아니다.

- 최저가격 : 980,785,000원은 해당입찰일에 응찰해야 할 최저입찰가격의 기준가격이다. 해당일에 이 가격과 동일하거나 이 가격 이상으로 응찰해야 유효입찰이 된다. 단독응찰도 유효한 입찰이다.

- 채무자 : 박**은 해당 부동산의 소유자겸 채무자이다. 간혹 채무자와 소유자가 다를 수도 있다. 이 경우는 채무자는 해당 담보대출은 받은 사람이고, 소유자는 채무자가 금융기관에서 대출을 받을 때 자신 소유 부동산을 담보로 제공한 사람이다. 즉 담보제공자다. 또한 채무자란에 두 사람 이상의 이름이 올라갈 수 있다. 이 경우는 상속이나 공동등기로 공동소유인 경매물건일 때이다.

- 채권자 : 「중소기업은행 ⇒ 엔에스제일차유동화전문유한회사」는 경매신청 권리를 가진 채권자다. 채권자가 반드시 제1저당권자일 필요는 없다. 제1저당권의 등기부 상 설정일과 접수번호가 해당 경매물건의 말소기준이 된다.

말소기준 권리를 기준으로 인수주의와 말소주의가 적용된다. 매각후 잔금납부로 인해 소유권을 취득한 소유자는 인수주의가 적용되는 선순위 권리자에게는 추가로 그의 권리를 인수하게 되고, 말소주의가 적용되는 후순위 권리자의 권리는 추가부담하지 않는다.

- 입찰기일 : 2013.09.26.은 해당 경매물건의 입찰일이다. 이 물건에 응찰하고자 하는 사람은 당일 9시 이전에 대법원 경매 사이트에 접속하여 연기 변경 취하 등의 일정 변경여부를 확인한 다음 법원으로 가는 것이 좋다. 해당 입찰기일 당일에 경매가 진행되는 도중에도 경매진행이 중지되는 경우도 있다.

경매진행이 중지된 사건에 입찰한 경우에는 개찰 즉시 무효 처리된다. 개찰절차를 거치지 않고 미개봉 상태로 입찰서류 일체를 돌려준다. 입찰보증금은 응찰자에게 즉석에서 돌려주고 마무리한다.

- 입찰결과 : 2013. 09. 26.에 『엔에스제일차유동화전문유한회사』가 1,670,000,000원(감정가격 대비 83.4%)로 단독 응찰하여 소유권을 취득하였다.

- 특이사항 : 당초에는 유치권이라는 「특별매각조건」이 있어 낙찰로도 소멸되지 않는 권리가 있었다. 「유치권신고 있음」이라는 문구는 해당 경매물건에 경매사건과는 무관하게 유치권을 신고하고, 그 권리를 주장하는 권리자가 있음을 경매법원이 공시하고 있다. 이 물건에서는 2013.06.18.에 유치권 포기서를 제출하고 있는 것을 알 수 있다.

또 다른 특이사항인 「토지별도등기 있음」, 「유치권신고 있음」, 「법정지상권 성립여지 있음」, 「입찰외 건물있음」, 「맹지」, 「분묘기지권」, 「인수되는 전세권 있음」, 「매각으로도 소멸되지 않는 권리 있음」 등이 있는 경우에도 경매법원은 매각명세서와 목록에 이 사실을 표시해 준다.

2011타경 19924 담보부 부실채권 등기부

순위	등기목적	접수일자	권리자	청구액(6,447,808,050)	소멸여부
1	소유권보전	2011.03.18	박**		
2	근저당	2011.03.18	중소기업은행	1,200,000,000원	말소기준
3	근저당	2011.03.18	중소기업은행	728,000,000원	소멸
4	근저당	2011.05.30	홍기욱	500,000,000원	소멸
5	근저당	2011.05.31	연합지류유통	850,000,000원	소멸
6	근저당	2011.05.31	박상남	1,000,000,000원	소멸
7	근저당	2011.06.03	정성미	150,000,000원	소멸
8	가압류	2011.06.09	㈜희망	16,608,050원	소멸
9	가압류	2011.06.14	신용보증기금	480,000,000원	소멸
10	가압류	2011.06.16	중소기업은행	1,360,000,000원	소멸
18	임의경매	2011.07.12	중소기업은행	1,928,000,000원	소멸

『① 소유권 보전 : 2011.03.18. ⇒ 소유자 박도*으로 2011.03.18에 해당 부동산을 매입하면서 중소기업은행으로부터 담보대출을 받았다.

② 근저당권 설정 : 2011.03.18. ⇒ 저당권자는 중소기업은행이고, 채무자는 박도*, 설정액 1,200,000,000원이다. 이 저당권이 말소기준권리이다. 이 저당권 설정이후에 설정된 모든 권리는 경매로 인해 촉탁말소 과정을 통해 말소된다. 낙찰자의 추가부담은 없는 말소주의가 적용된다.

③~⑦ 근저당권 설정 : 「중소기업은행~정성미」가 각각 근저당권을 설정하고 있다. 총 설정 금액은 3,228,000,000원이다. 물권자인 저당권자는 배당과정에서 "순위배당"을 통해 배당에 참여하게 된다.

⑧~⑰ 가압류 설정 : ㈜희망 가압류~총 10건이고, 채권총액 2,003,200,000원이다. 채권인 가압류는 배당과정에서 "안분배당"에 참여하게 된다. 즉 가압류 채권자는 동순위이다. 가압류설정순위에 상관없이 동순위로 배당에 참여하게 된다.

다만 주의해야 할 점은 "가압류"권자 들이 배당에 참여하게 된다는 말이 실제로 배당을 받는다는 말은 아닐 수도 있다.

⑱ 임의경매 : 중소기업은행이 경매를 신청하였다. 2011년 3월 18일에 채권최고액 12억 원을 설정했던 1순위 저당권자인 중소기업은행이다. 2011년 7월 12일에 채무 불이행되고 있는 채권금액을 회수하고자 경매 신청하였다.

경매사건번호 2011타경 19924이고, 경매신청 당시 채권자가 신청한 채권청구액 1,928,000,000원이다. 이 금액은 경매종료시까지 증가하게 된다. 다만 채권최고액을 넘을 수는 없다. 채권최고액을 넘은 금액은 일반채권이 된다.

⑲ 총 채무액 : 15건, 채무총액 6,447,808,050원이다.

⑳ 채무비율 : 310.43%(= 채무총액 / 감정가격)이다.

부동산 가격 대비 150% 이상이라면 경매로 정리될 수밖에 없다. 감정가격대비 채무액이 1.5배 이내라면 경매가 진행되는 도중에 채무자의 변제 등으로 경매가 취하되는 경우도 있다. 이런 경우라도 부실채권투자라면 투자가치가 있다. 채무자가 임의변제 등으로 경매를 취하시키려면 밀렸던 연체이자까지 변제해야 하기 때문이다. 감정가격의 3배 이상의 채무가 걸려 있다. 3배의 채무액이라면 경매로 마무리 될 수밖에 없다. 채무자 입장에서 보면 해당 부동산에 더 이상 미련을 가질 이유가 없기 때문이다.

05 기본적인 배당표는 쓸 줄 알아야 한다

배당표는 왜 작성하고 배당은 왜 하나

이유는 간단하다. 돈 받을 권리가 성립한 순서로 채권(돈)을 돌려주기 때문이다. 배당할 금액이 채권액 보다 많거나 같다면 아무 문제가 안 된다. 채권액보다 배당가능금액이 더 많다면 설령 순서에 상관없이 돌려주어도 문제가 발생하지 않을 것이다. 그러나 경매로 매각되는 경우 보통은 채무액보다 채권액(돈)이 모자라기 때문에 문제가 발생하는 것이 일반적이다.

만약 채권자들이 받아가야 할 돈이 전부 10억 원이다. 나눠줄 수 있는 돈도 10억 원이다. 이러면 굳이 순서를 정할 필요가 없을 것이다. 누구를 2번째로 주든, 5번째로 주든 순서(위)는 그다지 중요하지 않다. 채권자는 받을 돈만 다 받으면 그만일 것이다. 그러나 채권자들이 받을 돈은 10억 원이다. 그런데 나누어 줄 수 있는 돈이 3억 원 뿐이다. 그러면 이때는 말이 달라진다.

따라서 권리 성립순서에 따라 나누어 주(배당하)지 않는다면 혼란은 불을 보듯이 뻔하다.

배당의 대원칙은 권리 성립 순서대로 배당을 한다. 받아가야 할 돈 보다 나눠줄 돈이 모자라기 때문에 권리가 성립한 순서대로 배당해야 한다. 배당순서는 여러 법과 시행령에 규정되어 있다. 정해진 엄격한 관련법과 시행령, 기준에 따라 경매법원이 배당실시 3일 전에 배당표를 작성한다. 작성 후 이해관계인들에게 열람시킨 다음 이의가 없으면 배당표를 확정한다. 이것을 바탕으로 배당기일에 채권을 돌려주는 것이 배당이다. 나누어 주던 도중에 돈(배당금)이 떨어지면 배당은 중단된다. 즉 채권고갈로 배당은 종료된다. 따라서 더 이상 나누어 주지 못하기 때문에 순서가 중요하다. 따라서 후(뒤)순위로 갈수록 배당(돈) 받을 가능성이 낮아진다. 배당 받지 못한 자는 불만을 표출하여 혼란을 일으킬 수 있다. 그런 혼란과 다툼을 방지하기 위해서 엄격한 순서에 따라 분배하는 '배당'이 필요하다.

배당표 작성도 잘 해야 한다

"부실채권은 배당관계 파악이 경매투자보다 훨씬 중요합니다."

"경매와 약간 다른 점이라는 말씀이시죠!"

"경매는 투자목적이 '부동산'이어서, 채권자들끼리 받아가는 배당에 대해서 중요도가 떨어집니다."

"그렇다고 하더라고요?"

"배당을 목적으로 하는 부실채권투자는 '투자자가 배당받는 다는 것'이어서 '내게 얼마가 배당되는가'가 중요한 문제이므로, 배당표는 정확하게 쓸 수 있어야 합니다."

"선순위 임차인이 있으면 인수해야 하는 부분도 중요하지 않나요?"

"중요합니다."

소액임차인이나 선순위 임차인이 참여하는 순위배당 여부에 따라 부실채권 투자자에게 돌아오는 배당금액이 달라지기 때문이다.

"어려운 것 같아요?"

"꼭 그렇지 않아요, 수고에 대한 보상이 높은 수익으로 돌아온다고 보면 정확합니다."

"그렇기는 하죠!"

"「부실채권을 얼마에 인수해서, 얼마에 낙찰되고, 낙찰대금이 누구에게 얼마가 어떻게 배당되는가」하는 것이 전부라고 할 수 있잖아요!"

"부실채권을 매입하는 단계에서 투자자는 얼마를 배당받을 수 있는가를 예상할 수 있어야 한다는 말씀이시죠!"

"그렇죠, 다시 말씀드리지만 바로 그 부분이 부실채권투자의 핵심사항이죠, 그리고 이를 가능하게 하는 것이 배당표 작성이라는 말입니다."

"쭉 듣고 보니 결국 경매투자구조하고 비슷합니다."

"비슷한 게 아니라 동일하다고 보면 됩니다."

"그러면 다른 점이 뭐가 있어요?"

"경매투자는 경매 그 자체로 끝이지만, 부실채권은 여러 면에서 복잡하죠!"

경매투자와 부실채권 투자의 기본으로, 본인의 노력으로 달성할 수 있는 부분이다. 그러나 더 중요한 부분이 따로 있다. 경매와 부실채권투자를 통해 성공을 이루기 위해서는 부동산 자체에 대한 가치를 파악하는 것이다.

배당표를 본격적으로 다루는 것은 이 책의 범주를 벗어난다. 따라서 여기서는 배당과 배당표에 관해서는 기본적인 사항에 대한 부분만을 보도록 한다.

배당에 관한 심도 있는 공부는 다른 배당표 책을 통해 해주시면 한다.

배당표에 관해 기본적인 부분이 정리되어 있지 않으면, 어디서 어떻게 시작해야 할지 모르게 된다. 임차인이 많거나, 근린주택처럼 주택과 상가가 한 건물에 혼재되어 있는 경우에는 더 혼란스럽다. 일단 어떤 용도로 사용되고 있는가에 따라 주거용으로 사용되고 있으면, 주택임대차보호법을, 영업을 위한 상가로 사용되고 있으면 상가건물임대차보호법을 적용하면 된다.

전체적인 배당종류 및 배당순서

투자자가 인수한 부실채권 물건이 경매를 통해 누군가에게 낙찰되었다고 해보자. 또는 투자자가 직접 낙찰 받았다고 해도 배당표의 중요성은 낮아지지 않는다. 배당은 낙찰된 매각금액에서 권리자들에게 순서대로 돈을 배분하는 과정이다. 법원이 정상적으로 배당표를 작성하지만 경우에 따라서는 잘못 작성하는 경우도 있다. 배당표 작성 역시 기본적인 사항만을 살펴보자.

배당의 종류와 순서

『① 최우선배당 : 주택(상가)임차인 소액보증금,[49] 임금채권, 당해세.

② 우선(순위)배당 : 주민등록 전입일자(상가는 사업자등록일), 확정일자 중 늦은 날 기준.

③ 안분배당 : 배당 가능 금액 × 「각자 채권/채권 전체」.

---

[49] 338, 340페이지 소액임차인에 대한 최우선배당표 참고. 본격적인 배당표 작성 공부에 관해서는 필자의 책 『경매*NPL 투자자를 위한 배당표의 모든 것』을 참고요망.

④ 흡수배당 : 안분배당 후 흡수 배당해야 할 물권 등이 있다면 흡수배당까지.

⑤ 소액이동배당 : 소액최우선보호 기준 변동에 따라 소액배당금 증가.

⑥ 동시배당·이시배당 : 원칙은 이시(異時)배당, 실무에서는 동시(同時)배당』 순이다.

낙찰자가 법원에 잔금 납부를 완료하면 법원은 배당에 참가할 수 있는 권리자들을 대상으로 배당기일 3일 전까지 배당표를 작성해 이해관계인에게 열람할 수 있게 한다. 배당에 이의가 있는 당사자에게는 배당이의소송 등을 통해 배당표를 바로잡게 한다. 배당은 각 권리자들에게『최우선배당 ⇒ 우선배당 ⇒ 안분배당』을 실시하고 난 다음 흡수배당의 필요가 있으면『흡수배당』까지 가게 된다.

주택(상가)경매 시 배당순서

『• 0순위 : 경매집행비용, 민법상 비용 상환청구권
- 1순위 : 임대차보호법상 소액최우선변제 채권
- 2순위 : 근로기준법 상 임금채권 중 일정 금액(최종 3개월분의 임금과 최종 3년간의 퇴직금 및 재해보상금)
- 3순위 : 집행목적물에 부과된 국세 및 지방세와 그 가산금(당해세)
- 4순위 : 당해세를 제외한 국세 및 지방세, 저당권·전세권·담보가등기에 의해 담보된 채권, 대항요건과 확정일자를 갖춘 임차인의 임차보증채권
- 5순위 : 위 임금채권을 제외한 임금채권
- 6순위 : 법정기일이 전세권·저당권·질권설정일보다 늦은 국세·지방세 등 지방자치단체의 징수금

- 7순위 : 의료보험법·산업재해보상법 및 국민연금법에 의한 보험료 등 공과금
- 8순위 : 집행력 있는 일반채권
- 9순위 : 일반 가압류채권』 순이다.

배당표를 작성할 때 확인해야 할 사항

『① 해당 부동산의 지역

② 임차인의 임차보증금액

③ 말소기준권리 설정일

④ 임차인의 전입일자와 확정일자

⑤ 점유 및 영업여부

⑥ 배당요구 여부

⑦ 전체 배당가능금액

⑧ 해당 부동산의 실제 사용용도』다.[50]

이와 같은 8가지 사항에 따라 소액최우선배당과 순위배당의 결과가 달라진다. 배당결과에 따라 저당권자의 배당금에도 차이가 생긴다.

---

[50] 이 책의 특성상 배당표작성에 관한 설명은 기본적인 설명만으로 그친다. NPL투자자에게 배당표 작성 연습은 대단히 중요하가.

채권적 임차인의 배당 참여조건과 범위

『① 임대인 또는 임대인의 대리인과 체결한 유상계약이어야 하고

② 전입신고[51]를 완료하여야 하고

③ 임대차계약서 원본에 확정일자인을 받아야 하고

④ 해당 주택에 입주하여 주거를 하여야 하고

⑤ 위 ②, ④의 대항요건을 계속해서 유지해야 한다!』이다.

배당사건에서 이해관계인

실시되는 배당에 관해서 이해관계자는 배당이의를 제기할 수 있다. 배당사건에서 낙찰자(=부실채권 인수로 저당권자)는 이해관계인이기 때문이다. 배당표가 정상적으로 짜지지 않은 경우에는 그 손해는 낙찰자에게 돌아가게 된다. 주거용 부동산이나 상가·건물 부동산에서 배당표와 관계있는 사람들은 다음과 같다.

『① 채무자(건물소유자) : 배당에 관계없음(잉여 있는 경매에서는 자동배당).

② 보증인(건물소유자) : 배당에 관계없음(잉여 있는 경매에서는 자동배당).

③ 배당 요구한 선순위임차인 : 배당 요구한 경우에 한해 배당에 관계있음.

④ 배당 요구하지 않은 선순위임차인 : 배당에 관계없음.

⑤ 배당 요구한 후순위임차인 : 배당 요구한 경우에 한해 배당에 관계있음, 경우에 따라 배당금 없음.

---

51 『전입일/계약일/입주일』 중 제일 늦은 날 중 전입일이 가장 나중인 경우에는 익일(=다음날)과 비교를 확정일자가 가장 나중인 경우에는 당일과 비교하여 늦은 날.

⑥ 배당 요구하지 않은 후순위임차인 : 배당에 관계없음.

⑦ 경매개시결정일 이후 전입자 : 배당에 관계없음.

⑧ 주민등록(사업자등록)없는 점유자 : 배당에 관계없음.

⑨ 낙찰자(=근저당권자) : 배당에 관계있음.

⑩ 저당권자 : 당연 배당자로 배당에 관계있음.』이 대강이다.

이 중에서 신경을 써서 배당에 참여할 수 있게 해야 하는 사람이 『③ 배당 요구한 선순위임차인』이다. 선순위임차인이 배당요구를 했다고 해서 전액 배당받는다고 할 수는 없기 때문이다. 배당표가 잘못 작성되는 바람에 정당하게 배당에 참여해야할 선순위임차인이 배당에서 누락되는 경우도 있다. 선순위 임차인이 어떤 이유로든 배당에서 제외되는 경우에는 그 금액만큼이 낙찰자의 추가부담으로 귀결된다. 낙찰자는 배당현장에서 그 피해를 얼마든지 구제받을 수 있다.

06 소액임차인에게 배당되는 최우선변제 변동내역

배당표 작성은 경매 - 부실투자 잘하는 기본이자 지름길

거듭 말씀드리지만 경매 이론 공부할 때 머리 아픈 것 중 하나가 배당표 작성이다. 부실채권투자에서도 마찬가지다. 경매 공부를 잘 하는 것이 권리분석과 함께 배당표를 잘 쓰는 것이라고 듣게 되지만 유독 배당관계는 무슨 암호문처럼 도통 알아볼 수 없게 쓰여 있다. 부실채권투자자로 성공하려면 이 부분은 반드시 극복해야 한다. 배당표를 보아야 이해관계자들의 운명이 한눈에 들어오기 때문이다. 권리분석과 수익률분석의 핵심이다. 배당표 공부를 대강 넘어가 버리면 부실채권을 매입할 수도, 응찰할 수도 없다.

주택이나 상가건물이 경매로 소유권이 바뀌는 경우 해당 부동산에 거주나 영업을 하고 있던 채권적임차인이나, 해당 부동산에 관계된 임금채권자, 해당 부동산으로 인하여 체납된 조세채권은 배당가능금액의 『1/2』 범위 내에서 권리 성립순위 상관없이 저당권자보다 우선해서 배당에 참가한다. 이를 『최우선배당』이라고 한다. 먼저 주택 – 상가건물 임차인에게 적용되는 『최우선배당』[52]을 보자.

주택 임대차보호법상 소액최우선변제 변천과정(단위 : 만 원)

지역	보호범위	구간⑤ 2001.09.15 ↕ 2008.08.20	구간⑥ 2008.08.21 ↕ 2010.07.25	구간⑦ 2010.07.26 ↕ 2013.12.31	구간⑧ 2014.01.01 ↕ 2016.03.30	구간⑨ 2016.03.31 ↕ 현재까지
서울	보증금상한	4,000이하	6,000이하	7,500이하	9,500이하	10,000이하
	최우선상한	최고 1,600까지	최고 2,000까지	최고 2,500까지	최고 3,200까지	최고 3,400까지
과밀억제권역	보증금상한	4,000까지	6,000까지	6,500이하	8,000이하	
	최우선상한	최고 1,600까지	최고 2,000까지	최고 2,200까지	최고 2,700까지	
4개시	보증금상한	규정없음 과밀억제권이나 기타지역		5,500이하	6,000이하	
	최우선상한			1,900까지	최고 2,000까지	
광역시	보증금상한	3,500이하	5,000이하	5,500이하	6,000이하	
	최우선상한	최고 1,400까지	최고 1,700까지	최고 1,900까지	최고 2,000까지	
기타	보증금상한	3,000이하	4,000이하	4,000이하	4,500이하	5,000이하
	최우선상한	최고 1,200까지	최고 1,400까지	최고 1,400까지	최고 1,500까지	최고 1,700까지

[52] 최우선변제권의 배당 적용범위 : 주택임대차보호법 및 상가건물임대차보호법상 대항력을 가진 소액임차인의 소액최우선변제권리는 다른 물권자들보다 설령 나중에 성립했다 해도 법에 규정된 일정 금액까지 언제나 우선으로 배당한다. 또한 임대차특별법에 의해 대항요건(주택의 경우 전입·점유·채권계약, 상가건물의 경우 사업자등록·인도·점유·채권계약)을 갖춘 소액임차인은 근로기준법에 의한 일정 기간 이하의 임금채권과 국세·지방세 등의 조세채권자와 함께 우선해 배당된다.

이때 최우선변제권자의 총액이 실제배당가능금액의 각 1/2를 초과하는 경우 최우선변제 대상자들의 총액을 각자의 채권 비율만큼 나눠 배당한다(국세기본법 제35조, 지방세법 제31조). 다만 소액최우선배당에서 각 채권자끼리는 동순위로 보아 흡수배당은 하지 않는다. 소액최우선임차인들은 주민등록전입 시기의 전후에 상관없이 항상 동순위다. 즉 권리순위에 우열이 없다. 따라서 동순위 권리자들끼리 자신의 채권을 모두 만족하지 못하는 상황이 되면 소액최우선보증금 비율에 따라 안분 배당한다.

* 세종특별자치시는 『구간⑧』부터 광역시 기준에 포함된다.

이 표의 구간[구간⑤, 구간⑥, 구간⑦, 구간⑧, 구간⑨]에서 말하는 시간의 개념이 임차인의 전입일자를 기준으로 한 것이 아니다. 해당 부동산의 말소기준이 되는 저당권 등의 설정일이라는 점이다.

주택임대차보호법 상 소액최우선배당의 기준은 임차인의 전입일이 아니다. 저당권 등 말소기준일이 소액최우선변제 기준일이다. 경매개시결정기입등기일 전에 전입한 임차인은 소액최우선보호 범위에 포함된다. 소액최우선보호 임차인도 배당요구를 해야 배당에 참여할 수 있다. 상가건물 임차인의 소액 최우선배당 기준은 다음과 같다.

상가건물 임대차보호법상의 소액최우선변제 변천(단위 : 만 원)

지역	보호범위	구간② 설정일 2002.11.01 ↕ 2008.08.20	구간③ 2008.08.21 ↕ 2010.07.25	구간④ 2010.07.26 ↕ 2013.12.31	구간⑤ 2014.01.01 ↕ 현재까지
서울	환산보증금상한	2억 4,000까지	2억 6,000까지	3억 원까지	4억 원까지
	보증금상한	4,500까지	4,500까지	5,000까지	6,500까지
	최우선상한	최고 1,350까지	최고 1,350까지	최고 1,500까지	최고 2,200 까지
과밀억제권역	환산보증금상한	1억 9,000까지	2억 1,000까지	2억 5,000까지	3억 원까지
	보증금상한	3,900까지	3,900까지	4,500까지	5,500까지
	최우선상한	최고 1,170까지	최고 1,170까지	최고 1,350까지	최고 1,900까지
4개시	환산보증금상한	규정 없음		1억 8,000까지	2억 4,000까지
	보증금상한			3,000까지	3,800까지
	최우선상한			900까지	최고 1,300까지
광역시	환산보증금상한	1억 5,000까지	1억 6,000까지	1억 8,000까지	2억 4,000까지
	보증금상한	3,000까지	3,000까지	3,000까지	3,800까지
	최우선상한	최고 900까지	최고 900까지	최고 900까지	최고 1,300까지
기타	환산보증금상한	1억 4,000까지	1억 5,000까지	1억 5,000까지	1억 8,000까지
	보증금상한	2,500까지	2,500까지	2,500까지	3,000까지
	최우선상한	최고 750까지	최고 750까지	최고 750까지	최고 1,000까지

마찬가지로 이 표의 구간[구간②, 구간③, 구간④, 구간⑤]이라는 시간개념은 임차인의 전입일자를 기준으로 한 것이 아니다. 상가건물이 속한 지역과 임차보증금액, 말소기준권리 설정일에 따라 소액최우선배당은 상이하게 이루어진다. 상가건물임대차보호법에는 주택임대차보호법과 달리 월세환산 규정이 있다.

「월세 × 100」의 환산규정으로 환산된 월세도 보증금 총액에 합산하여 이 법 적용여부를 판단한다. 『구간②~구간④』까지는 상가 최우선배당 최대 범위는 배당가능금액의 1/3까지고, 『구간⑤』일 때는 상가 최우선배당 최대 범위는 배당가능금액의 1/2까지다. 상가건물은 『환산보증금상한』, 『계약서 상 보증금상한』, 『소액 임차인 최우선상한』을 모두 고려해야 한다.

근린주택 소액임차인 최우선배당

부실채권 투자자들 사이에 인기 있는 투자물건이 '수도권' 근린주택이다. 그러나 근린주택 경매물건은 임차인 분석과 권리분석 배당표작성에는 더 한층 각별한 주의가 요망된다. 주택임대차보호법과 상가건물임대차보호법이 혼합되어 적용되기 때문이다. 적용기준은 부동산등기부나 건축물관리대장 상의 용도가 아닌 이용현황대로 임차인을 분석해야 것이 대원칙이다. 즉 등기부 상에는 주거용 부동산이라 할지라도 현황상 상가용으로 임대차 되어 이용되고 있다면 해당부동산은 상가건물임대차보호법을 적용시켜 권리분석과 배당표를 작성하여야 한다.

두 법은 임차인을 보호한다는 기본적인 취지는 동일하지만 각론에서는 여러 가지 차이가 있다. 주택임대차보호법과 상가건물임대차보호법의 적용기준과 보호범위는 서로 상이하다. 구체적, 개별적 현황에 따른 각각의 법률과 시행령, 그리고 관련 대법원 판례를 정확하게 적용시켜야 한다.

07 NPL 투자자에게 중요한 또 다른 최우선배당

당해세와 일반조세 채권의 배당개념

금융기관에서 대출을 실행하고 저당권을 설정한 부동산을 채권회수를 위해 경매 붙여 매각할 때 그 담보된 저당권[말소기준] 등 보다 항상 우선하여 징수하는 조세채권이 있다.

이는 매각대상이 되는 당해 부동산으로 인하여 발생 부과된 조세로서 이를 줄여 당해세(當該稅)라고 한다. 간단히 설명하면 해당 부동산으로 인해 체납 발생한 세금을 당해 부동산에 압류한 경우이다. 당해세에 대해서는 국가예산의 원활한 확보를 목적으로 우선 징수권을 법적으로 보장한 것이다. 따라서 당해세는 소액임차인, 임금채권자와 함께 최우선배당에 참가한다. 즉 당해세는 성립순위나 압류순서와는 상관없이 일정 범위 내에서는 다른 권리자들 보다 우선적으로 배당에 참여하게 된다.

현행 세법 상 당해세로 인정되는 국세로는 상속세, 증여세 및 재평가세가 있고, 지방세로는 재산세, 종합토지세, 도시계획세 및 공동시설세가 있다. 종전에 지방세법 상 당해세로 분류되던 취득세와 등록세는 헌법재판소의 판결로 1994. 08.31부터 당해세에서 제외되고 있다.

『① 말소기준권리와 관계없이 조세채권이 항상 우선(진정한 의미의 當該稅),

② 말소기준권리와 세무서의 납세고지서 발송일 중 빠른 채권이 우선,

③ 말소기준권리와 과세표준과세액의 세무서 신고일자 중 빠른 채권이 우선』 이 당해세 배당순서다.

일반 국세와 권리자 간 우열은 법정기일과 등기설정기일 선후에 따른다. 등기부 상 국세 압류 설정이 저당권보다 나중이라고 해서, 해당 체납세금의 압류일(=법정기일)보다 나중이라고 판단해서는 안 된다. 국가기관(국세청, 관세청, 다른 지자체 등)에서 압류설정이 있는 경우에는 국세명목으로 압류가 경료 되어 있을 가능성이 높다고 판단해야 한다.

배당 상한이 있는 "당해세"와 상한이 없는 "국세"

경매공부를 좀 했다는 분들도 배당문제에서 길을 잃고 잘 못 이해하고 있는 부분이 바로 이 대목인 조세채권이다. 당해세는 "최우선배당"이고, 국세는 "법정기일"에 따른 순위배당을 한다는 점은 지금 살펴본 바이다. 문제는 "최우선배당"이라는 배당순위와 단어 느낌이 "순위배당" 보다 더 위력적으로 생각하게 만든다는 점이다.

그러나 배당실무에서 보면 국세채권이 법정기일에 의한 "순위배당"으로 배당에 참여할 때는 배당액의 제한이 없다. 최우선배당의 경우에는 주택 1/2, 상가건물은 1/2, 또는 1/3이라는 배당상한선이 있지만, 국세는 이 같은 배당상한이 없다. 따라서 법정기일이 1순위 저당권보다 우선한다면 받아야할

체납세금을 전액 배당받게 된다. 그만큼 NPL 투자자에게는 리스크가 증가하게 된다.

"소액최우선배당에 참여하지 못한 선순위 일반 임차인이 있는 경우에도 법정기일에 따른 국세채권이 우선배당을 받게 되나요?"

"NPL 투자뿐만 아니라 경매투자자도 가장 염려하고 주의해야 하는 부분이 여기입니다."

"등기부를 기준으로 저당권이 설정되기 전에 전입한 임차인은 대항력을 갖지만, 그리고 확정일자까지 1순위 저당권보다 먼저라고 해도, 조세채권에 배당요구를 하고 있는 경우에는 임차인이 전액 배당받는다는 보장이 없다는 말씀이시죠?"

"저당권자도 마찬가지입니다."

배당금 수령법일 때는 받는 금액에 차질이 발생하고, 유입법일 때는 인수금액이 추가될 가능성이 있게 된다.

채무자가 법인일 때 반드시 챙겨야 하는 임금채권(인천 2013-103522)

> 임금채권자 : 최은*, 우종*, 신주*, 김요*, 정지*, 김준*, 성지*, 전찬*, 장화*, 임동*, 이한*, 이정*, 이영*, 이성*, 유준*, 유동*, 안미*, 배영*, 배병*, 박진*, 문홍*, 문지*, 명재*, 김건*, 강신*, 정진*, 김동*, 김재*, 박금*, 박동*, 박성*, 황정*, 차재*, 조현*, 유준*, DJANIKULOVA RUZ***, 이기*, 김정*, 이재*, 정순*, 정해*, 이종*, 근로복지공단안양지사, 최흥*

법인 소유 부동산이 경매로 나온 물건에 임금을 받지 못한 근로자들이 경매법원에 배당요구를 하고 있는 사례다. 임금채권은 배당가능금액의 1/2 범위 내에서 주택임차인의 소액배당, 그리고 당해세 등과 함께 최우선배당된다.

08 대항력, 최우선변제, 우선변제, 확정일자

주택임대차보호법이 제정, 시행된 것이 벌써 30여 년 이상에 이르고 있다. 채권적 임차인의 권리로서 법원경매를 공부할 때 알아야 하는 내용은

『• 대항력,

- 최우선변제(=최우선배당),

- 우선변제,

- 확정일자』으로 이 4가지가 경매공부의 4대 핵심개념이다.

채권적 임차인이 가진 4대 핵심권리

	개요	성립 요건	의미
대항력	경매나 매매로 소유자가 바뀌어도 자신의 임차보증금을 전액 회수할 권리	저당권 등 말소기준보다 선순위로 ① 전입 ② 점유 ③ 채권이 있을 것	임차기간 중 소유자가 바뀌어도 임차기간 및 보증금을 전액 회수할 때까지 계속해서 자신의 임대차계약을 주장하면 명도당하지 않을 권리
최우선 변제	권리성립순위에 상관없이 일정액 이하의 소액보증금에 대해 다른 권리자들보다 먼저 배당 받을 권리	경매개시결정기입등기일보다 먼저 ① 전입 ② 점유 ③ 채권(임대차보증금) 있을 것	임대차보증금 중 일정액 이하의 최우선배당, 주택은 1/2, 상가건물은 1/3 또는 1/2 범위 까지만 배당 가능
우선 변제	다른 권리자들과 순위배당에 참여해 자신의 채권을 확보할 수 있는 권리	경매개시결정기입등기일보다 먼저 ① 전입 ② 점유 ③ 채권(임대차보증금) ④ 확정일자 있을 것	물권적 효력 발생 규정으로 순위배당에 참여함
확정 일자	채권인 임대차계약서에 확정일자를 부여받으면 그날부터 채권이 물권적 효력 발생	시기 상관없이 임대차계약서에 확정일자 날인 받을 것	주택은 관할동사무소, 등기소, 공증사무소, 상가는 관할 세무서에서 부여받음

① 대항력

『대항력』이란 임차인이 자신이 임대해 주거(=주거용 부동산)하거나 사용하고 있는 부동산(=상가 건물)이 매매나 경매 등으로 소유자가 바뀌어도 자신의 임차보증금을 전액 회수할 권리다. 다시 말해 임차기간 중 소유자가 바뀌어도『대항력』을 가진 선순위 임차인은 임차기간 및 보증금을 전액 회수할 때까지 계속해서 자신의 임대차계약을 주장하면 명도 당하지 않을 권리라고 할 수 있다. 이는 저당권 등 말소기준보다 선순위로 전입·점유하고 있어야 권리가 성립된다.

상가 임대차 보호법에서 말하는『채권』은 임차인의 임차보증금을 말한다.『인수주의』가 적용되는 선순위 임차인의 대항력과 『말소주의』가 적용되는 후순위 임차인의 대항력은 차이가 있다.

② 최우선변제

『최우선변제(=최우선배당)』란, 주택임대차보호법이나 상가건물임대차보호법에서는 일정 규모 이하의 임대차보증금에 대해서는 권리의 성립순서에 상관없이 보증금액의 일부를 최우선적으로 보호하는 의미에서 배당에 참여하게 해준다. 매각대금에서 경매집행비용을 빼고 실제 배당 가능한 금액의 1/2 범위 내에서 권리 성립순서에 상관없이 배당해준다. 즉 소액임차인에게 실시되는 최우선변제에 따른 최우선배당은 각 해당자의 권리 성립순서에 관계없이 동순위로 각자의 채권(전세보증금)상황에 맞게 배당을 실시한다.

최우선변제보호에 따른 소액임차인에게 실시되는 최우선배당은 임대차계약서 상 확정일자 유무에 관계없이 배당에 참여시킨다. 다만 소액최우선배당에 참여하기 위해서는 경매개시기입등기일까지 주택이라면 해당 주소로 주민등록 전입이 있어야 하고, 상가건물이라면 사업자등록을 해야 하고, 「배당요구종기일」까지 배당요구를 해야 한다.

최우선변제에 해당하는 권리는

『① 주택임대차보호법 상의 소액보증금액,

② 상가건물임대차보호법 상의 소액보증금,

③ 근로기준법 상의 최종 3월분 임금과 퇴직 직전 3년 치 퇴직금,

④ 국세·지방세 중의 당해세』가 여기에 포함된다.

소액최우선 보호 범위에 해당하는 임차인이라도 『배당요구종기일』까지 배당

요구를 하지 않으면 최우선배당에 참가할 수 없다. 또한, 해당 번지로 주민등록 전입을 하지 않아도 최우선변제보호 대상에 포함되지 않는다.

③ 우선변제

『우선변제』란 주택임대차보호법의 보호 대상이 되는 임차인이나 상가건물임대차보호법의 보호 대상이 되는 임차인 중 대항력과 확정일자를 모두 겸비한 임차인은 해당 부동산의 경매 또는 공매 시 매각대금에서 후순위 권리자 및 기타 채권자보다 우선해 보증금을 변제받을 권리가 있다. 대항력을 갖추고 있는 임차인의 우선변제권리 기준은 전입일자·확정일자 중 늦은 날짜를 다른 권리자들의 권리 성립일과 비교한다.

이는 확정일자를 갖추면 후순위라도 다른 물권자나 기타 등기부 상 권리자가 있다고 해도 그들보다 우선해서 자신의 임차보증금을 배당받을 수 있는 권리다. 채권적 권리인 임차권으로 우선변제권자가 된 임차인이 법원경매 절차에서 그 권리를 행사하기 위해서는 경매법원이 정한 『배당요구종기일』까지 배당요구를 해야 한다는 것이 민사집행법과 대법원 판례다. 즉 우선변제권이 인정되는 확정일자부의 임차인 역시 반드시 배당요구를 해야 하는 권리자에 해당한다.

이것은 등기가 없는 임차권의 특성상 등기부상에 공시되는 권리가 아니기 때문에 배당요구를 하지 않는 경우 제 3자가 이를 알 수 없기 때문이다. 하지만 경매개시결정기입등기일 전에 임차권등기명령에 의해 등기부 상에 임차권등기를 한 임차권자는 경매 절차에서 우선변제에 의한 배당을 받기 위해 따로 배당요구를 할 필요는 없다. 이 경우 전입일자·확정일자와 다른 권리자의 성립순서에 따른 우선변제(순위배당)가 된다.

④ 확정일자(=순위배당의 기준)

주택임대차보호법 상 보호 대상이 되는 채권적 임차인에게 『확정일자』는 중요한 의미를 가진다. 즉 채권계약에 불과한 임대차계약이 확정일자를 부여받음으로써 물권적 성격(순위배당에 참가할 수 있는 권리)을 갖는 것이다.

확정일자는 경매진행의 순위배당과정에서 배당순서를 결정짓는 능력이 있을 뿐, 임대차 계약서 상에 『확정일자』가 없다고 해서 대항력이 없는 것은 아니다. 초보 학습자들이 자주 오해하는 부분이 확정일자까지 갖추어야 비로소 대항력이 발생한다고 생각하는 점이다. 그렇지 않다. 확정일자와 대항력은 별개의 권리다. 확정일자가 없어도 말소기준보다 먼저 전입한 선순위 임차인은 대항력은 가진다. 확정일자는 대항력 발생요건과는 무관하다.

주택임대차보호법 상의 임차인은 『해당 읍면동사무소』, 『관할등기소』, 『공증사무소』에서 확정일자를 날인 받을 수 있고, 상가건물임대차보호법 상의 상가건물 임차인은 『관할 세무서』에서 신규로 사업자등록을 하거나, 사업장 주소를 이전하면서 지참한 임대차계약서에 날인 받으면 된다.

확정일자가 없는 임차인은 순위배당에는 참여하지 못한다. 다만 말소기준보다 먼저 전입한 선순위 임차인은 『대항력』을 가지고 있어 배당과정에서 배당받지 못한 자신의 임차보증금을 낙찰자에게 모두 인수시킬 수 있다.

확정일자에 따른 우선배당 시 확정일자일이 주민등록전입일(상가건물의 경우 사업자등록일)보다 나중이면 확정일자 날인일이 배당기준일이 되고, 확정일자일이 주민등록전입일보다 먼저이면 주민등록전입일이 배당기준일이 된다. 확정일자일과 주민등록전입일이 같은 날이면 다음날 오전 0시를 기준으로 주민등록전입일이 배당기준일이 된다.

Chapter 08

13억 원 저당권을
3억 3천만원에
매입한 사례

- 01 2012-5121 경매 정보지 해석
- 02 NPL 매수 제안서(의향서)
- 03 NPL 계약서 전문 실물
- 04 NPL 계약금 영수증 실물
- 05 경매 기일입찰표 실물
- 06 대(잔)금지급기한일 통지서 실물
- 07 경락잔금 융자확정 내역서 및 계산서
- 08 낙찰대금 완납 증명원(서) 실물
- 09 2012-5121 배당표 실물
- 10 경매낙찰인의 신청에 따른 인도명령결정문
- 11 낙찰 받은 상가건물임대차 계약서 실물
- 12 일자별로 본 NPL 투자 한 건 총 소요시간

13억 원 저당권을 3억3천 만원에 NPL 투자 매입완료!

NPL 관심을 가진 초보독자들이 궁금해 하는 대목이 이 부분이다.

"『정상적인 금융기관이 1순위로 저당권을 설정하고 빌려준 돈을 원금마저도 손해 보면서 NPL 채권으로 매각 하냐!』다. 아무리 생각해봐도 도저히 이해되지 않는다고 하소연 한다. 이번 장 전체에서 보여주는 실제 투자사례를 보고 나서 판단을 다시 해보시기 바란다.

사례로 보여드리는 이 경매사건에서 투자자는 하나은행이 설정한 1순위 13억 원짜리 저당권을 유암코라는 유동화회사를 통해서 3억 3,000만 원에 매입했다. 은행이든 유동화회사든 1순위 저당권을 10억 원 가까운 돈을 손해 보면서 매각했다는 점이다.

처음부터 끝까지 필자가 도왔다.

NPL 물건 선정에서부터 협상 매입 응찰 잔금융자 명도 재계약까지 한 건 투자 전체를 필자가 발 벗고 도와준 실제 투자사례다. 낙찰자는 필자가 운영하고 있는 다음카페 경매 NPL 동호회『NPL 주말집중반』수강생이었다. 실제 투자사례를 통해 NPL매입부터 낙찰 잔금납부 재계약까지의 과정과 소요시간을 살펴보도록 하자. 원래 사건번호는 서울동부 법원 2012-512번이다.

2012-5121 NPL저당권 매입부터 임대까지 소요된 시간!

- 2012-5121 경매물건 발견 : 2013년 6월 20일경
- 유동화회사와 사전 접촉 : 2013년 6월 30일~7월 10일경
- NPL 매수 제안서(의향서)제출 : 2013년 7월 16일
- NPL 계약서 작성 및 계약금액 송금 : 2013년 7월 23일
- 2012-5121 경매 입찰 : 2013년 7월 29일
- 2012-5121 최고가매수인 확정 : 2013년 8월 6일
- 경락잔금 융자확정 내역서 및 계산서 : 2013년 8월 10일
- 대금지급기한일 통지서 : 2013년 8월 13일
- 낙찰대금 완납 : 2013년 8월 19일
- 점유이전금지가처분 신청 및 인도명령신청 : 2013년 8월 19일
- 2012-5121 배당 실시 : 2013년 9월 27일
- 낙찰 받은 상가건물임대차 계약 : 2013년 10월 27일」로 완료되었다.

한 건 투자하는데 걸린 시간 총정리!

NPL 경매물건 발견부터 명도 후 임대까지 걸린 시간은 4개월이다. 3억 3,000만 원에 매입한 저당권을 발판으로 3억 7,000만 원에 응찰해서 소유권을 취득했다. 재임대 후 6억 5,000만 원에 일반 매물로 내 놨다.

01

『채무인수방식』으로 투자한
2012-5121 경매 정보지 해석[53]

『채무인수방식』으로 13억 원짜리 저당권을 3억 3천만 원에 매입완료

지금부터 소개하는 투자사례는 필자의 주도로 유동화전문회사로부터 『채무인수방식』으로 매입한 투자사례다.

"대부업법 개정에도 불구하고 일반투자자들이 계속 할 수 있는 투자방법이 『채무인수방식』이라고 하셨죠?"

"그래서 이 방식을 집중적으로 소개하려고 합니다!"

"박사님 제가 솔직히 궁금한 점이 한 가지 있습니다?"

"『정상적인 금융기관이 1순위 저당권을 빌려준 돈 이하로 손해 보면서 NPL 채권으로 매각하냐!』라는 점이시죠!"

"맞습니다, 아무리 생각해봐도 도저히 이해가 가지 않습니다?"

---

[53] NPL 물건 선정에서부터 협상 매입 응찰 잔금융자 명도 재계약까지 한 건 투자 전체를 필자가 발 벗고 도와준 실제 투자사례다. 낙찰자는 필자가 운영하고 다음카페 경매 NPL 동호회 『NPL 주말집중반』수강생이었다. 실제 투자사례를 통해 NPL매입부터 낙찰과 잔금납부 후 기존 임차인과 재계약까지의 과정과 소요시간을 살펴보도록 하자. 본래 사건번호는 서울동부 법원 2012-512번이고, 지지옥션 경매정보지를 참고 하였다.

"NPL 경매구조를 몰라서 이해되지 않을 뿐이고요, 사례로 보여드리는 이 경매사건만 해도 하나은행이 설정한 1순위 13억 원짜리 저당권을 유암코라는 유동화회사를 통해서 3억 3,000만 원에 매입했습니다!"

"은행은 10억 원 가까운 돈을 손해 보면서 매각했다는 말씀이잖아요?"

"융자기간 중에 원금회수한 부분도 있었을 테니까 10억여 원이라고는 단정할 수 없지만 손해 본 것은 맞습니다!"

"최초 융자를 해 준 은행은 등기부등본에서 보는 것처럼 하나은행이고, 융자해준 년도는 2009년 3월이고, 빌려준 돈은 13억 원이라고 이해하면 되나요?"

"다른 것은 맞지만 빌려준 돈은 13억 원이 아니고, 10억 원입니다!"

"융자액은 10억 원인데 왜 13억 원을 설정하나요?"

"금융기관은 통상 융자해 준 금액보다 보통 120~130%를 설정합니다!"

"『청구액이 579,563,270원』이라는 부분도 설명 좀 부탁드려요?"

"경매신청 은행이 경매 신청할 시점에서 이 대출 건으로 인해서 원금, 연체이자, 경매신청비용까지를 포함해서 받아야할 실제 금액이 『청구액 579,563,270원』이고 이를 『실채권청구액』이라고 합니다."

"하나은행 저당권을 매입한 NPL 투자자는 이 금액까지를 배당받을 수 있나요?"

"채권최고액까지는 배당받을 수 있고 이 물건의 경우 연체이자가 21%여서 매월 약 1,000만 원 정도가 연체이자로 추가되는 상태였습니다."

"그러면 경매 신청한 년도가 2012년 1월이고, 낙찰 받은 시점이 2013년 7월이어서 약 18개월 치 연체이자로 1억 8,000만 원 정도를 추가로 배당받을 수 있다고 보면 되나요?"

"맞습니다. NPL투자자는 『실채권 청구액 + 경매기간 중 추가된 연체이자』까지를 배당 받을 수 있습니다. 다만 합산 금액이 채권최고액인 13억 원을 초과하면 채권최고액까지만 『순위배당』받게 됩니다."

『채무인수 방식』으로 투자한 2012-5121 NPL 경매물건

동부3계 2012-5121

공매진행	2011-22624-001				
소재지	서울 송파구 신천동 20-6 파크리오상가 B동 지1층 지하 OOO호 [일괄]지하 OOO호 지하 OOO호				
경매구분	임의경매	채권자	유에이치제이유동화전문 유한회사(승계전: ㈜ 하나은행)		
용도	상가	채무/소유자	전종*	매각일시	13.07.29 (370,000,000원)
감정가	1,005,000,000 (12.01.20)	청구액	579,563,270	종국결과	13.09.27 배당종결
최저가	263,454,000 (26%)	토지면적	34.74 m² (10.51평)	경매개시일	12.01.11
입찰보증금	10% (26,345,400)	건물면적	58.5 m² (17.7평)	배당종기일	12.03.23
주의사항	■ 일괄매각 ■ 대금지급기한 후 지연이자 연 20% ■ 지하 OOO호, 지하 OOO호, 지하 OOO호는 우리동네 음식점으로 이용중임				
유동화 채권정보	- 관리회사 : (유암코) 1순위 은행채권양수인 유에이치제이차유동화전문회사 - 설정금액 : 1,300,000,000원 - 관매방식 : (UH2-R269-2) - 해당물건소재지 : 서울 송파구 신청동 206-0, 파크리오상가 제b층 지층 지하 호/ 근린상가 - 대표전화 : 02-2179-2400				

소재지/감정서	물건번호/면적(m²)	감정가/최저가/과정	임차조사	등기권리

138-240
서울 송파구 신천동 20-6
파크리오상가 B동 지1층
지하 OOO호
 	
감정평가액
토지:134,000,000
건물:201,000,000
 	
2012.01.20 가온감정
	물건번호: 1번
	(총물건수 2건)
	
	1)대지 11.58/3780.7
	(3.5평)
	건물
	· 음식점 19.5
	(5.9평)
	공용포함:31.23
	- 총5층
	- 보존:2008.10.28
		감정가 1,005,000,000
		· 대지 402,000,000
		         (40%)
		  (평당 38,249,286)
		· 건물 603,000,000
		         (60%)
		  (평당 34,067,797)
		최저가 263,454,000
		         (26.2%)
		
		【경매진행과정】
		① 1,005,000,000
		     2012-07-30 유찰
		② 20%↓ 804,000,000
		     2012-09-10 유찰
		- 중간 생략 -
		⑤ 20%↓ 411,648,000
		     2013-04-29 유찰
		⑥ 20%↓ 329,318,000
		     2013-06-10 유찰
		⑦ 20%↓ 263,454,000
		     2013-07-29 매각
		
		【매수인 강경*】
		【응찰수 3명】
		【매각가 370,000,000
		         (36.82%)】
			【법원임차조사】
			정하나 사업 2011.10.04
			      확정 2011.10.04
			      배당 2012.03.19
			      (보) 100,000,000
			      (월) 440,000
			      점포:지하113호,지
			      하114호,지하115호
			      점유기간
			      2011.10.1.-2012.9.30
			      한식음식점
			      조사서상:
			      1억/40만
			*임차인점유. 관할 주민센터
			에 주민등록등재자를 조사한
			바, 등재자 없음. 세무서에 등
			록사항 등의 열람을 요청한
			바, 등록사항 등이 없다고 함 *
			정하나:임대차보증금(1억) 월
			차임(440,000원)은 지하113
			호,114호,115호 전체호수에
			대한 보증금 및 차임임
				소유권 전종*
				       2009.03.31
				       전소유자:나인도시
				       비젼
				근저당 하나은행
				       을지로
				       2009.03.31
				       1,300,000,000
				근저당 잠실시영아파트재건
				       축정비사업조합
				       2009.03.31
				       387,000,000
				압류 서울시송파구청장
				       2009.09.14
				압류 송파세무서
				       2010.10.14
				근저당 장훈종
				       2010.11.09
				       150,000,000
				임의 하나은행
				       2012.01.11
				       여신관리부
				       *청구액:579,563,270원
				
				채권총액 1,837,000,000원
				
				열람일자 : 2013.07.12

• 사건번호 : 2012 타경 5121이다. 채권자(하나은행)가 자신의 채권을 회수하기 위해 담보로 확보했던 채무자(전종*) 소유의 아파트상가 부동산을 경매 신청하자 법원이 부여한「경매사건번호」다.

경매물건의 기본개요를 파악하기 위해서는 이 사건번호로 인터넷 대법원 사이트(http : //www.scourt.go.kr ⇒ http : //www.courtauction.go.kr)에 접속하면 해당 경매사건 전반에 대한 기본적인 정보를 얻게 된다. 유료경매정보지를 통한 정보습득 역시 이 사건번호를 알고 있으면 된다.

• 관할법원 : 서울지방법원 동부지원(경매 3계)이 해당 경매물건의 경매를 진행하고 있는 담당 경매법원이다.

『소재지』에서『유동화 정보』까지

『• 소재지 : 서울시 송파구 신천동 20-6 파크리오상가 B동 지1층 113, 114호는 해당 경매물건의 소재지이다.「2011 타경 19924」로 2개호가 일괄경매가 진행되고 있다. 따라서 이 물건에 입찰해서 낙찰 받아 잔금을 납부하게 되면 113, 114호 소유권을 취득하게 된다. 물건번호 없는 경매사건이다.

• 임의경매 : 하나은행이 경매를 신청하였다. 2009년 3월 31일에 채권최고액 13억 원을 설정했던 1순위 저당권자인 하나은행이다. 2012년 1월 11일에 채무 불이행되고 있는 채권금액을 회수하고자 경매 신청하였다.

경매신청 당시 채권자가 신청한 채권청구액 579,563,270원이다. 이 금액은 경매 종료 시까지 증가하게 된다. 다만 순위배당은 채권최고액을 넘을 수는 없다. 채권최고액을 넘은 금액은 일반채권이 된다.

• 용도 : 상가로 표시되어 있다. 아파트단지 상가다.

• 감정가격 : 1,005,000,000원은 대지지분과 건물전체의 감정가격을 합산한

가격이고, 이 가격이 최초 입찰일에 최저입찰가격으로 결정되는 것이 보통이다. 법원 경매 감정가격과 시세가 일치하는 것은 대체로 아니다.

- 최저가격 : 263,454,000원은 해당입찰일에 응찰해야 할 최저입찰가격의 기준가격이다. 입찰일에 이 가격과 동일하거나 이 가격 이상으로 응찰해야 유효입찰이 된다. 단독응찰도 유효한 입찰이다. 채권최고액 이하로 경매진행가격이 떨어져 버리면 유동화회사는 NPL을 매각하는 것이 유리해진다. 즉 손해가 나더라도 매각하게 된다.

- 입찰보증금 : 10%(26,345,400원) 입찰일에 입찰보증금액으로 최저입찰가격의 10%를 입찰보증금으로 제공해야 한다. 이 물건에서는 26,345,400원이 입찰보증금이고 이 금액보다 적은 금액을 입찰보증금으로 제공해서는 입찰이 무효가 된다.

- 채권자 : 「하나은행 ⇒ 유암코」는 경매신청권리를 가진 채권자다. 제1저당권의 등기부 상 설정일과 접수번호가 해당 경매물건의 말소기준이 된다. 이 경매사건의 말소기준은 2009년 3월 31일이다. 말소기준 권리를 기준으로 인수주의와 말소주의가 적용된다. 매각 후 잔금납부로 인해 소유권을 취득한 소유자는 인수주의가 적용되는 선순위 권리자에게는 추가로 그의 권리를 인수하게 되고, 말소주의가 적용되는 후순위 권리자의 권리는 추가부담하지 않는다.

- 채무/소유자 : 전종*은 해당 부동산의 소유자겸 채무자이다. 채무자와 소유자가 다를 수도 있다. 이 경우는 채무자는 해당 담보대출을 받은 사람이고, 소유자는 채무자가 금융기관에서 대출을 받을 때 자신 소유 부동산을 담보로 제공한 사람이다. 즉 담보제공자다. 또한 채무자란에 두 사람 이상의 이름이 올라갈 수 있다. 이 경우는 상속이나 공동등기로 공동소유인 경매물건일 때이다.

- 청구액 : 579,563,270원. 경매신청 은행이 경매 신청할 시점에서 이 대출건으로 인해서 원금, 연체이자, 경매신청비용까지를 포함해서 받아야할 실제 금액이 『청구액 579,563,270원』이고 이를 『실채권청구액』이라고 한다.
- 토지면적 : 34.74㎡(10.51평)으로 대지지분 면적이다.
- 건물면적 : 58.5㎡(17.7평)로 113, 114호 합산 면적이다.
- 낙찰일시 : 서울지방법원 동부지원 2013.07.29. 10:00 가 매각(입찰)기일이다. 해당 물건에 응찰하고자 하는 때에는 입찰법정에 도착하여 입찰마감시간까지 입찰서류를 제출해야 한다. 이 물건에 응찰하고자 하는 사람은 당일 9시 이전에 대법원 경매 사이트에 접속하여 연기 변경 취하 등의 일정 변경여부를 확인한 다음 법원으로 가는 것이 좋다. 해당 입찰기일 당일에 경매가 진행되는 도중에도 경매진행이 중지되는 경우도 있다.

경매진행이 중지된 사건에 입찰한 경우에는 개찰 즉시 무효 처리되고, 개찰절차를 거치지 않고 미개봉 상태로 입찰서류 일체를 돌려준다. 입찰보증금은 응찰자에게 즉식에서 돌려주고 마무리한다.

- 낙찰가격 : 입찰일에 최고가매수인이 제시한 최고가 응찰가격이다. 이 물건에서는 NPL 투자자인 저당권 매입자 강경*이 370,000,000원으로 최고가매수인이 되었다.
- 경매개시일 : 2012.01.11.은 채권자가 경매를 신청하자, 법원이 경매신청타당성을 검토하여, 경매신청이 이유 있다고 결정, 경매개시사실을 해당 부동산 등기부에 이를 기재한 날이다. 등기부 상에 경매개시일이 기입된 이 날짜는 법원경매에서 중요한 기준일이 된다. 주택이나 상가건물에 임차한 임차인은 최소한 이 날짜보다는 먼저 전입이나 사업자등록을 신청해야 한다. 이 날짜 이후에 전입

이나 사업자등록을 완료한 임차인은 설령 정당한 임차인이라고 해도 주택임대차보호법이나 상가건물임대차보호법의 보호 대상이 되지 못한다. 또한 경매개시결정기입등기일은 강제경매에서 말소기준일이 되기도 한다.

- 배당종기일 : 받을 채권이 있는 이 부동산의 이해관계인들에게 경매법원이 정한 배당요구 마감일이다. 이 물건에서는 2012년 3월 23일이 배당요구종기일이다.
- 조회수 : 해당물건의 관심도를 알 수 있다.
- 주의사항 : 1. 일괄매각 : 113호, 114호, 115호의 건물과 대지지분 전체를 한꺼번에 매각한다는 것을 알 수 있다.
  2. 대금지급기한 후 지연이자 연 20% : 낙찰자가 경매법원이 정한 매각대금납부기한일을 지나서 잔금을 납부하면『지연일수 × 낙찰대금 × 20%지연이자』를 납부해야 한다는 민사집행법상의 규정에 따른 조치다.
  3. 지하 113호, 114호, 115호 전체를『우리동네』라는 상호의 식당으로 사용되고 있다는 것을 알 수 있다.
- 유동화 채권정보 : 이 경매 물건의 저당권을 현재 보유 매각하고 있는 유동화전문회사는 유암코라는 것을 알 수 있고, 1순위 저당권 설정액은 13억 원이다. 이 저당권을 매각한다는 것이고, 유암코 대표전화는 02-2179-2400이다. 매입의사가 있는 경우 이 번호로 전화를 하면 담당자와 통화할 수 있다.
- 우편번호및주소/감정서 : 해당 경매물건의 주소와 개략적인 상황을 알 수 있다. 물건번호 1번인 113호의 대지지분 감정가격은 402,000,000원이고, 건물가격은 603,000,000원이다.

- 물건번호/면적(㎡) : 세 개의 물건(113호, 114호, 115호) 중 물건번호 1번인 113호의 부동산 내역이다. 대지지분은 11.58㎡(3.5평)이고, 건물전용면적은 19.5㎡(5.9평)이다. 건물의 총 층수는 지상5층이고, 보존등기가 난 것은 2008년 10월 28일이다.

- 감정가/최저가/과정 : 감정가 1,005,000,000원[= 대지 402,000,000원(40%) + 건물 603,000,000원(60%)]으로 감정되어 경매가 시작되었고, 수차례 유찰로 감정가격대비 26.2%인 263,454,000원이 입찰일 최저응찰가격이다.

 경매진행과정을 보면 2012년 7월 30일이 1차 경매기일이고, 2013년 7월 29일 263,454,000원까지 유찰된 상태에서 NPL 투자자는 저당권을 매입하였다. 저당권 매입당시 경매 최저가격은 263,454,000원이고, 전회차 가격은 329,318,000원이었다. 통상 이 두 개의 가격 평균이 유동화회사와 협상할 때 기준가격이 된다. 참고로 이 사례는 3억 3,000만 원에 저당권을 매입해서 3억 7,000만 원에 응찰했다. 경락잔금 융자는 3억 2,000만 원, 융자은행은 기업은행, 이율은 4%였다. 낙찰자는 NPL저당권을 매입했던 강경*이다.

- 임차조사 : 임차인 정하나가

  사업자등록 : 2011.10.04.

  확정일자일 : 2011.10.04.

  배당요구일 : 2012.03.19.

  임차보증금 : 100,000,000원

  매월임대료 : 440,000원에 점포 113호, 114호, 115호를 임대하여 『우리동네』라는 상호로 식당영업을 하고 있었다.

- 등기권리 : 소유권 전종* : 2009.03.31. ⇒ 전소유자 비젼**로부터 매입

하면서 하나은행으로부터 10억 원을 융자받고 융자금액의 130%인 13억 원을 설정해주었다. 1순위 저당권 내역이다.

- 근저당권 설정 : 2009.03.31. 근저당권 설정일이고, 저당권자는 하나은행이고, 채무자는 전종*, 설정액 1,300,000,000원이다. 이 저당권이 말소기준권리이다. 이 저당권 설정 이후에 설정된 모든 권리는 경매로 인해 촉탁말소 과정을 통해 말소된다. 낙찰자 추가부담이 없는 말소주의가 적용된다.

②~③ 근저당권 설정 :「잠실시영아파트~전효*」까지 서울시 송파구 압류와 송파세무서, 그리고 전효*의 저당권이 설정되어 있다.

- 임의 : 하나은행 여신관리부 2012.01.11. : 채권자 하나은행이 신청한 경매개시결정이 등기부에 등재된 날이다. 이 시점에 실채권 청구액은 579,563,270원이다.

- 총 채무액 : 5건, 채무총액 1,837,000,000원이다.

- 채무비율 : 182%(= 채무총액 / 감정가격)이다.

부동산 가격 대비 150% 이상이라면 경매로 정리될 수밖에 없다. 감정가격대비 채무액이 1.5배 이내라면 경매가 진행되는 도중에 채무자의 변제 등으로 경매가 취하되는 경우도 있다. 이런 경우라도 부실채권투자라면 투자가치가 있다. 채무자가 임의변제 등으로 경매를 취하시키려면 밀렸던 연체이자까지 변제해야 하기 때문이다. 감정가격의 2배 가까운 채무가 걸려 있다. 채무액이 이 정도면 경매로 마무리 될 수밖에 없다. 즉 일반적인 경우에 채무 총액이 감정가격의 150%이상이면 채무자 입장에서는 해당 부동산에 미련을 가질 이유가 없다.

- 열람일자 : 2013.07.12. 현재 등기부 압류내역이다. 경매가 진행되는 동안에 추가로 압류, 가압류 등이 추가될 수 있다.

02 NPL 매수 제안서 (의향서)

"356페이지의 경매정보지를 보고 임장조사를 통해 매매시세와 임대수준, 상권분석 등을 통해 투자해도 좋은 것 같다는 판단을 하셨다는 말씀이세요?"

"임장활동을 통해 NPL 가격을 정한 다음 이 저당권을 가지고 있는 유암코로 전화를 해서 담당자와 통화를 해서 매입의사를 밝혔죠!"

"유동화회사 담당자와 통화를 할 때는 주로 무슨 이야기를 하나요?"

"먼저 매각 되었는가를 묻고, 매각되지 않았다고 하면 매각하는 물건이냐를 먼저 확인하셔야 합니다."

"NPL 물건 중에서 매각하지 않는 물건도 많이 있다고 하던데 그런가요?"

"매각하지 않는 물건도 있고, 매각할 수 없는 물건도 있습니다."

"매각한다고 하면 그 다음은 어떻게 하나요?"

"가격, 조건, 방법, 주의사항, 특이점들을 물어보셔야 합니다!"

"특이점이라는 게 뭔가요?"

"예를 들어 선순위로 매입저당권보다 먼저 배당되는 금액이 있는지, 있다면 얼마인지, 유치권신고자가 있는지 등을 물어보시면 잘 알려줍니다."

"매입가격을 제시하는 기준이 있나요?"

NPL투자자 입장에서는 이번 경매진행가격과 전회차 경매진행가격의 평균이 일반적인 제시가격이 된다.

"유동화 회사는 어떤 가격을 제시하나요?"

"보통 전회차 가격이 제시기준 가격입니다."

"2012-5121번에서 NPL투자자는 대략 2억 9,000만 원이 제시가격이고, 유동화회사는 3억 3,000만 원이라는 말씀이세요?"

"대략 그렇게 됩니다."

"매수제안서를 보면 3억 3,000만 원에 매수제안을 하신 것으로 되어 있는데요?"

"대신 세부조건『나』항을 보면 선순위 및 집행비용은 유동화 회사가 부담하는 것으로 되어 있어서 나쁜 조건이 아닙니다!"

"매매금액은 3억 3,000만 원이어서, 계약금액은 3,300만 원을 내셨겠네요?"

나머지 잔금 90%는『채무인수방식에 따른 사후정산부 매매계약』으로 지불하기로 해서 계약금액 3,300만 원만 지불했다. 매수제안서는 2013년 7월 16일에 제시하고, 2013년 7월 29일에 3억 7,000만 원에 입찰하기 했다.

"3억 7,000만 원에 응찰하면 배당일에 누가 배당받나요?"

"채무인수방식은 계약금만 지불한 상태여서 매입 대상『저당권』의 명의가 여전히 유동화회사로 되어 있기 때문에 법원은 유동화회사 에게 배당합니다."

"일단 유동화회사가 배당을 받고 난 다음 차액은 돌려주나요?"

"그래서 『채무인수방식에 따른 사후정산부 매매계약(사후 정산부 채권매매계약)』이라고 합니다."

"배당받고 난 다음(사후) 정산을 하면 유동화회사가 NPL 매입자에게 얼마를 돌려주나요?"

"369페이지 계약서를 보시면 알겠지만 유동화회사는 3억 3,000만 원에 매각하고, 계약금으로 3,300만 원을 받았으니, 추가로 잔금 2억 9,700만 원을 제한 7,300만 원을 NPL투자자에게 돌려줍니다!"

"여기까지는 알겠는데요, 궁금한 게 하나 있어요?"

"『계약대로 3억 7,000만 원에 응찰했는데 더 높은 가격에 응찰한 사람이 나타나서 NPL 저당권자가 떨어져 버리면 그때는 어떻게 되는가?』라는 것이 궁금하시죠?"

"귀신이시네요!"

그런 경우에는 계약은 무효가 되고, 유동화회사는 계약금 원금만 돌려주고 끝난다.

매 수 제 안 서

수신 : 유에이치제이차유동화전문유한회사
참조 :

귀사의 아래 자산에 대하여 매수하고자 하오니 검토하여 주시기 바랍니다.

- 아 래 -

1. 사건 : 서울동부지방법원 2012타경5121부동산임의경매
2. 물건 내용 : 서울 송파구 신천동 OO-O 파크리오상가 제비동 지하 OOO호
☆ 3. 매수 조건
   - 매수금액 금삼억삼천만원(₩330,000,000원)
   - 매수방법 사후정산부 채권매매계약
   - 세부조건 가) 매수금액외 차순위금액 신고시 차액보전(한도 없음)
             나) 선순위 및 집행비용 매도인 부담
             다) 계약금 : 매수금액의 10% 계약일에 지급
             라) 계약 요청일 : 2013년 7월 16일
             마) 응찰금액 : 370,000,000원(매각기일 : 2013. 7. 29.)

2013. 7. 16 .

매수제안자 :   (인)
성   명 :
주민 번호 :
주   소 : 경기도 구리시
전화 번호 :

유에이치제이차유동화전문유한회사   귀중

03 NPL 계약서 전문 실물

『채무인수방식』 채권 일부 양수도 계약서[54]

369~372페이지까지가 서울동부법원 2012-5121 NPL 저당권을 『채무인수방식』으로 채권 일부를 매입한 『양수도 매매계약서』의 처음부터 끝까지다.

"369페이지 『⑧ 차순위차액보전금액』이라는 게 뭔가요?"

"370페이지 제4조의1(계약의 이행방법 × 채권 일부 양수도)를 이해하시면 됩니다."

* 지급금액 = 입찰참가금액(370백만 원) - 채권일부양도대금 중 잔금(297백만 원) - 차순위차액보전금액

---

54 계약서 제목이 『입찰참가이행 및 채권 일부 양수도 계약서』라고 되어 있어, 『채무인수방식』으로 NPL 투자를 하고 있는 것을 알 수 있다.

"이 조항이 이해가 잘 안 됩니다?"

쉽게 말하면 3억 3,000만 원에 매각은 하되, 만약 어떤 사람이 3억 3,000만 원 보다는 많고, 3억 7,000만 원보다는 적은 금액으로 응찰하는 경우, 그 금액은 추가로 부담한다는 조항이다.

즉 입찰일에 NPL매입자는 3억 7,000만 원에 응찰했는데 3억 5,000만 원에 어떤 사람이 2등으로 응찰했다고 하면, 당초 매각가격인 3억 3,000만 원은 무시하고, 입찰일에 2등으로 응찰한 사람이 제시한 응찰가격 3억 5,000만 원을 매각가격으로 한다는 내용이다.

"매입가격이 결국 2,000만 원 더 비싸지게 된다는 말인가요?"

"그렇습니다!"

"일종의 불완전 판매와 비슷하네요?"

"맞습니다!"

"2등으로 응찰한 사람이 얼마였나요?"

"2등이 3억 원에 응찰해서 차액보전은 하지 않았습니다!"

"계약서 작성은 2013년 7월 23일에 했네요?"

매입가격과 매입조건을 합의해서 매수제안서 제출한 것이 7월 16일이고, NPL 매매계약일이 7월 23일이다.

입찰참가이행 및 채권일부 양수도계약서

유에이치제이차유동화전문유한회사(소재지: 서울 중구 서소문로 116,4층,5층,6층 (서소문동, 유원빌딩), 이하 "양도인"이라고 한다)와 ○○○   경기 구리시 ○○○동 ○○○   ), 이하 "양수인"이라고 한다)은 다음과 같은 조건으로 입찰참가이행 및 채권일부 양수도계약(이하 "본건 계약"이라고 한다)을 체결한다.

제1조 (계약의 목적)
양수인은 양도인에게 본건 계약으로 약정 금액 금삼억삼천만원(₩330,000,000)을 지급하도록 하고 이의 지급방법과 절차를 정함을 목적으로 한다.

제2조 (용어의 정의)
① "양도대상채권"이라 함은 양도인이 채무자에 대하여 가지는 총채권 중 일부금으로 별지목록에 기재된 채권의 원금과 그 이자 및 연체 이자를 말한다.
② "채무자"라 함은 양도대상채권의 채무자인 ○○○ 를 말한다.
③ "담보권"이라 함은 양도대상채권을 담보하기 위하여 상기 채무에 담보로 제공된 담보권 중 일부금으로 별지목록에 기재된 담보권을 말한다.
④ "양도대상채권 및 담보권 관련서류"라 함은 여신거래약정서, 근저당권설정계약서, 지상권설정계약서 등 양도대상채권 및 담보권의 발생과 관련된 서류를 말한다.
⑤ "본건 경매사건"이라 함은 서울동부지방법원 2012타경512호 부동산임의경매 사건을 말한다.
⑥ "집행비용"이라 함은 본건 경매사건의 법원 배당표상의 경매비용을 말한다.
⑦ "선순위금액"이라 함은 본건 경매사건 배당일 현재 배당표에서 양도인의 배당에 우선하여 타채권자에게 배당이 확정된 금액과 배당이의에 의하여 소송 결과 이전까지 양도인의 배당금 중 일부 또는 전부가 법원에 공탁되는 금액을 말한다.
⑧ "차순위자액보전금액"이라 함은 본건 경매사건의 매각기일에 차순위 제3자가 입찰신고한 매수가격이 채권일부양도대금 보다 높을 경우에 발생하는 금액의 차액을 말한다.

제3조 (계약금 및 대금지급의 방법)
채권 일부 양도 대금의 계약금 금삼천삼백만원(₩33,000,000)은 계약시 지급하되 계약금은 양도인이 지정한 은행계좌 및 지정방식으로 지급하기로 하며, 잔금 금이억구천칠백만원(₩297,000,000)은 본건 경매사건의 배당금으로 회수하기로 한다.

구 분	금 액	지급일자	비 고
계약금	금삼천삼백만원 (₩33,000,000)	계약일	
잔 금	금이억구천칠백만원 (₩297,000,000)	배당기일	①집행비용 양도인 부담 ②선순위 금액 양도인 부담 ③차순위자액보전금액 양수인 부담

제4조의1 (계약의 이행방법 · 채권 일부 양수도)

① 양도인은 계약금 수령 후 제4조의 2에 의하여 양수연이 본건 경매사건에서 최고가매수인이 되고 매각대금을 완납한 경우, 양도인이 보유한 1순위 근저당권 금일십삼억원(₩1,300,000,000) 중 금사천만원(₩40,000,000원)을 양수인에게 별지 목록 채권과 함께 양도하기로 한다.

* 양도인은 배당 금액에서 금사천만원(₩40,000,000)을 배당기일로부터 ○영업일 이내에 양수인에게 지급하기로 한다. 다만, 차순위차액보전금액이 발생할 경우 금사천만원 (₩40,000,000) 에서 차순위차액보전금액 만큼 차감하고 지급하기로 한다. 차순위 보전금액이 금사천만원((₩40,000,000)을 초과하는 경우에는 양수인은 양도인에게 초과하는 금원만큼 추가 지급한다.

(지급금액=입찰참가금액(370백만원)-채권일부양도대금 중 잔금(297백만원)-차순위차액보전금액)

② 위 채권 및 근저당권 관련 원인서류는 양도연이 보관하도록 하며, 필요한 경우 양수인에게 교부할 수 있다.

제4조의2 (계약의 이행방법 · 경매입찰참가)

① 양수인은 본 계약 체결 이후 본건 경매사건의 매각기일(2013.7.29.)에 금삼억칠천만원(₩370,000,000)으로 경매 입찰에 참가하기로 하며, 최고가 매수신고인이 된 경우 영수증 사본을 양도인에게 교부하도록 한다.

② 양도인은 양수인이 본건 경매사건에서 낙찰을 받고 낙찰대금을 완납한 경우, 양도인이 보유한 1순위 근저당권 금일십삼억원(₩1,300,000,000) 중 금사천만원(₩40,000,000)을 양수인에게 별지 목록 채권과 함께 양도하기로 한다.

③ 본건 경매사건과 관련하여 발생한 전입찰보증금 및 항고보증금 등 각종 몰취보증금(이자포함)은 어떠한 경우에도 본 계약과 별도로 양도인의 채권에 충당하기로 한다.

제5조 (승인 및 권리포기)

① 양수인은 자신이 직접 채무자, 양도대상채권, 담보권, 양도대상채권, 담보권 및 본건 경매사건 관련 서류에 대하여 심사를 한 후 본 계약을 체결한다.
② 본 계약은 계약체결일을 기준일로 하여 선순위 채권을 포함한 채권내역 및 근저당권 설정내역은 별지와 같음을 확인하며, 경매기일전까지 변동내역이 발생할 경우 양도인은 이를 양수인에게 통보하도록 한다.
③ 본 계약조항과 상치되는 여하한 것에도 불구하고, 양도인은 채무자의 재무 상태 및 변제 자력 또는 양도대상채권 및 담보권과 관련된 조건, 양도가능성, 집행가능성, 완전함, 대항요건, 양도대상채권 및 담보권 관련 문서의 정확성 및 그 양도가능성을 포함하여 양도대상채권에 대한 여하한 진술 및 보장도 하지 아니한다.
④ 양수인은 양도인이 현재의 형식과 상태대로 양도대상채권 및 담보권을 양도함을 확인한다.
⑤ 양도인은 양도대상채권 및 담보권의 양도와 관련하여 조치 및 어떠한 보증 또는 담보 책임을 지지 아니 한다.
⑥ 양수인은 본건 경매사건의 해당 목적물에 대하여 충분한 현장실사 및 행정조사를 하였으며 현재 및 장래에 발생할 수 있는 행정적 제한, 폐기물, 분실, 파손, 작동여부, 유치권, 점유변동 등에 대하여 어떠한 이의를 제기하지 않고 현황대로 계약하기로 한다.
⑦ 양수인은 경매사건의 배당절차에서 배당이의 소송이 발생할 수도 있음을 인지하며 이러한 경우 양도인에게 명도를 포함한 어떠한 책임도 묻지 아니한다.
⑧ 본 계약체결 이후로는 양도인은 직접 경매입찰에 참가하거나, 제3자와 계약을 체결하지 않도록 한다.

제6조 (계약의 해제, 근저당권 회복)
① ㄱ. 양수인의 입찰금액이상으로 제3자에게 매각되는 경우.
　　ㄴ. 법원의 낙찰 불허가통으로 당사자의 과실 없이 경매절차에 장애가 발생하였으나 양도인과 양수인이 이를 수용하기로 합의한 경우.
단, 위의 경우에 양도인은 양수인으로부터 받은 계약금을 반환함으로써 본 계약은 해지된다.
② 경매절차에 의한 대금납부기한까지 경매 매각대금을 납부하지 못한 경우.
③ 양수인이 제4조의2에 의하여 입찰에 참여하지 않은 경우.
위 ②항 및 ③항에 의하여 이 계약이 해지되는 경우, 양수인이 이미 지급한 계약금은 위약금 및 손해배상금으로 양도인에게 귀속되며, ②항의 경우 입찰보증금은 경매절차에 의한 배당재원에 포함된다.
단, 양도인의 동의가 있는 경우 대금납부기한 이후부터 재경매일 7일 전까지 양수인이 대금을 납부하면 본 계약은 유효하며, 해당 경매사건의 지연이자에 대하여는 양도인에게 지연손해금으로 잔금에 추가하여 수령하도록 한다.

제7조 (양도인의 면책)
양수인은 본건 계약 체결과 관련하여 양도인에게 발생하는 모든 조치, 소송, 채무, 청구, 약정, 손해 또는 기타 청구로부터 양도인을 영구하게 면책시킨다.

제8조 (비용의 부담)
각 당사자는 본건 계약의 협상을 위하여 지출한 변호사보수 기타 일체의 비용을 각자 부담한다. 그 외에 양수인은 양도대상채권 및 담보권의 심사에 소요된 변호사보수 기타 일체의 비용, 양도대상채권 및 담보권을 양도인으로부터 이전받는 것과 관련된 모든 비용 일체를 부담하며, 어떠한 경우에도 양수인은 양도인에 대하여 그 비용의 부담 또는 상환을 청구하지 못한다.

제9조 (관할 법원)
본건 계약과 관련하여 발생하는 분쟁에 관한 소송의 제1심 관할 법원을 서울중앙지방법원으로 정한다.

본건 계약의 체결을 증명하기 위하여 당사자들은 계약서 2통을 작성한다.

| 위 계약내용에 대해 설명을 들었으며, 내용을 충분히 숙지하고 이해함 | |

#특약사항
① 제4조의 1,2항 관련하여 차순위 차액보전 금액의 지급사유가 발생한 경우 차액보전 지급 금액의 한도는 정하지 아니한다.

2013년 7월 23일

양도인   유에이치제이차유동화전문유한회사
서울특별시 중구 서소문로 116, 4층,5층,6층 (서소문동, 유원빌딩)
이 사   하 정 수

양수인   ○○○
경기도 구리시 ○○○동 ○○○

[붙임] 1. 양도대상채권의 표시   1부.
       2. 양도대상 담보권의 표시   1부.

04

NPL 계약금 영수증 실물

영 수 증

영수금: 금삼천삼백만원(₩33,000,000)

위 금액을 채무자 OOO 관련 입찰 참가 및 채권일부 양수도 대금의 계약금으로 정히 영수함.

2013년 7월 23일

유에이치제이차유동화전문유한회사

이 사 O O O (인)

O O O   귀하

계약일에 NPL매매 계약서를 작성하고 계약금 10%를 주고받은 영수증이다. 계약서 작성하는 도중에 유동화 회사 계좌로 송금하고, 송금영수증을 주면, 계약서 작성완료하고, 대표이사 명의로 영수증 발행한다. 영수증을 받고나면 일단 NPL 매입은 완료되는 것이다.

05 경매 기일입찰표 실물

"2012-5121번 입찰표네요?"

2013년 7월 29일에 NPL매입자가 응찰가격 3억 7,000만 원에 응찰하여 최고가매수인이 되었다.

"입찰일에 낙찰 받았다는 말씀이시죠?"

입찰보증금으로 제공한 돈은 26,345,400원이다.

"이때까지 들어간 돈이 59,345,400원[= (NPL 매입금액) + (경매입찰보증금)]인가요?"

"입찰일에 계약대로 응찰은 했는데 낙찰 받지 못하면 어떻게 되나요?"

론세일 방식일 때는 저당권을 완전히 매입해서 저당권자여서 NPL 투자자는 배당을 받게 되지만, 채무인수방식일 때는 NPL 매입계약 당시에 유동화회사에 냈던 계약금만 돌려받고 계약은 끝난다.

"낙찰 받고 난 이후 일정은 어떻게 되나요?"

응찰로 최고가매수인이 되고 난 다음의 일정을 대강 이렇다.

『• 매각허가 결정일 : 입찰일로부터 1주일 뒤
- 매각허가 완성일 : 매각허가결정일로부터 1주일
- 잔(대)금납부기한일결정일 : 매각허가완성일로부터 2주일 뒤
- 잔(대)금납부기한일 : 잔(대)금납부기한일결정일로부터 약 4주간
- 배당기일결정일 : 잔(대)금납부일로부터 대략 2주
- 배당기일 : 잔금납부로부터 약 3~6주 사이
- 사후정산일 : 배당기일로부터 5일 이내』

계약서 작성 시 약속한 사후 정산일에 유동화회사와 정산하는 것으로 NPL 경매투자는 일단 마무리된다.

06 대(잔)금지급기한일 통지서 실물

471-010
(민사신청과 경매3계)
2012-013-512-13-09-13-10-00-666

[경매3계]

서울동부지방법원
대금지급기한통지서

사 건	2012타경5121 부동산임의경매
채 권 자	유에이치제이차유동화전문 유한회사(승계전:주식회사 하나은행)

채 무 자 ○○○
소 유 자 채무자와 같음
매 수 인 ○○○
매 각 대 금 370,000,000원
대금지급기한 2013.09.13   10:00   경매3계

위와 같이 대금지급기한이 정하여졌으니 매수인께서는 위 지급기한까지 이 법원에 출석하시어 매각대금을 납부하시기 바랍니다.

해당물건번호 : 1(370,000,000원)

2013. 8. 13.

법원주사보 ○○○   (직인생략)

주의: 1.사건진행ARS는 지역번호 없이 1588-9100입니다. 바로 청취하기 위해서는 안내음성에 관계없이 '1'+'9'+[열람번호 000211 2012 013 512]+'☆'를 누르세요.

법원 소재지	서울 광진구 아차산로 404(자양2동 680-22)
전 화[장소]	

◉ 주차시설이 협소하오니 대중교통을 이용하여 주시기 바랍니다.

"7월 29일에 응찰했는데 잔금납부결정일이 8월 13일이네요?"

"입찰일로부터는 2주일 후고, 매각허가결정일로부터는 1주일 후입니다."

"잔금납부결정일인 8월 13일부터 대금지급기한일인 9월 13일까지는 언제든지 매각대금을 납부해도 된다고 하셨죠?"

"이 건도 대금지급기한일이 9월 13일이어서 천천히 납부해도 되었지만, 381페이지에서 보시는 것처럼 8월 19일에 납부해버렸습니다!"

"서둘러서 납부해버린 이유가 있나요?"

"경매는 잔금을 납부하는 순간 실질적으로 모든 경매절차가 종료된 것으로 봐도 무방합니다!"

"무슨 말인가요?"

매각잔금을 납부하는 때가 낙찰자가 소유권을 실질적으로 취득하는 시점이다. 채무자가 돈을 갚고 경매를 취하하거나 하는 등의 부동산 방어 작업을 하지 못한다.

"매각대금을 일찍 납부하려면 어떻게 해야 하나요?"

"경락잔금융자해줄 금융기관과 사전에 긴밀한 협의가 필요합니다!"

"금융기관이 동의해 주나요?"

"문제없습니다!"

"납부 날짜를 협의해서 조절하면 된다는 말씀이시죠?"

"그렇죠!"

"매각대금을 일찍 납부하면 배당기일로 빨라지나요?"

"그 때 그 때 달라집니다."

07
경락잔금 융자확정 내역서 및 계산서

사건번호 (1%)	동부3계 2012-5121		물건지	서울 송파구 십전동 20-6 파크리오상가 비동 지하 OOO호 동		
낙찰자	OOO		전화			
취급은행	기업은행	대금지급기일	말일	실행일		
등 기 명	①소유권이전	②근저당설정		✤참고사항✤		
		390,000,000		진행하루전날까지 입금부탁드립니다.		
취득세	14,800,000					
교육세	1,480,000					
농특세	740,000					
대법원증지	102,000					
채권(원본,할인)	1,109,520	261,300		✤과세시가표준액✤		
제증명료	50,000					
나라채움료 소부속사무료	200,000					
부산및인증서 도역(각건)신고	60,000					
각종말소 19)건	265,000					
인도명령						
완납증명				★대금내역및은행수수료★		
임대차조사				낙찰대금		370,000,000
기본보수+누진	394,000			보충금		26,345,400
				대출금		325,000,000
부가가치세	39,400			잔 금		18,654,600
교통비밀출잡비	100,000			등기비용		19,621,220
기타업무추진비	-	-		지연연체이자		
합 계	19,359,920	261,300	-	신용조사	감정료	화재보험	인 시
총 합 계		15.7% 19,621,220				75,000
				은행비용+취급		75,000
①+② 취득세포함합계:				ⓒ임금할금액		38,350,820

* 저희 사무소의 사건 처리 비용은 등기 사건과 기타 그에 관련된 용역,관공서등의 위임사건을 합산한 금액입니다

NPL매입 경매투자의 장점을 한 눈에

NPL 투자의 장점을 한 눈에 보여주는 내용이다. 응찰가격은 3억 7,000만 원인데, 경락잔금 융자를 3억 2,500만 원 받았다.

"NPL 매입가격은 3억 3,000만 원 아닌가요?"

"그 점이 중요합니다!"

"실제로 들어간 자기자금은 낙찰대금만 따져보면 500만 원이다?"

"NPL투자 매력이 바로 이점입니다."

"『고가 응찰전략』의 매력이라는 말씀이시죠?"

배당 받을 수 있는 금액인 5억 8,000만 원(356페이지 경매정보지 청구액 579,563,270원 참고)까지 응찰해도 되는 물건이다.

"연체이자까지 감안하면 6억 원까지 응찰해서 배당 받을 수 있고, 높은 응찰로 매입가격을 높이면, 나중에 매각했을 때 발생하게 되는 양도소득세 부분에서 유리하다는 점은 알겠는데, 자금동원 측면에서는 오히려 부담이 되지 않나요?"

"그렇게 생각하는 분들이 계시는데 오히려 그 반대입니다!"

"자금 부담이 덜 하다는 말씀이세요?"

경락잔금은 응찰가격 대비 %로 융자액을 정한다. 만약 6억 원에 응찰해서 응찰가격의 80%인 5억 4,000만 원을 경락잔금 융자를 받는다고 가정해보면서, 배당받은 후 정산해보면 2억 1,000만 원이 남게 되는 구조가 완성된다.

고가 응찰이 더 아름다운 NPL투자비법

3억 3,000만 원에 NPL 저당권을 매입해서 3억 7,000만 원에 응찰, 3억 2,500만 원을 융자받는 경우보다, 3억 3,000만 원에 NPL 저당권을 매입해 배당받을 수 있는 금액인 6억 원에 응찰, 5억 4,000만 원을 융자받는 경우가 더 잘한 투자법이다.

"배당시점에서 2억 1,000만 원이 남는다는 말이 되네요!"

"이해되셨다니 다행입니다."

"이 건 경락잔금 이율은 몇 %였나요?"

4%였다. 경락잔금 이자율이 예전에 비해서 많이 낮아졌다.

현재는 수도권 아파트 경매물건을 기준으로 3.5%전후로 낙찰가격의 80%까지는 경락잔금 융자가 가능하다.

잔금 납부할 때 실제 부담한 금액

"이 계산표는 누가 주나요?"

"경락잔금을 융자해주는 금융기관과 업무협의를 맺고 있는 법무사 사무실에서 보내줍니다."

"낙찰자는 잔금납부 전날까지 보내달라는 금액만 경락잔금을 융자해줄 금융기관 계좌로 보내주고 나면 끝인가요?"

"이 경우에서는 잔금 납부 때 38,350,820원 만 송금하고 나면 나머지는 법무사 사무실에서 알아서 다 해줍니다."

"더 부탁할 일은 없나요?"

"잔금납부하면서 점유자를 상대로 『점유이전금지가처분』과 대항력 없는 소(점)유자를 상대로 『인도명령신청』을 부탁하시면 해 줍니다!"

"소유권 이전 후에 등기권리증은 어디 가서 찾나요?"

본래는 해당 경매계로 가서 낙찰자가 찾아오지만, 경락잔금을 융자받은 경우에는 법무사 사무실에서 찾아 우편이나 퀵서비스로 보내준다.

08 낙찰대금 완납 증명원(서)실물

낙찰대금완납증명원

채 권 자   주식회사 하나은행

채 무 자   ○○○

소 유 자   ○○○

낙 찰 인   ○○○

           경기도 구리시 ○○○동 ○○○

위 당사자간 귀원 2012 타경 612(1) 부동산임의경매에 관하여 낙찰자는 별지목록기재 부동산에 대하여 낙찰허가를 받아 2013. 8. 19. 낙찰대금 370,000,000 원을 완납하였음을 증명하여주시기바랍니다.

2013. 8. 19.

위 낙찰자   ○○○

서울동부지방법원 경매 3 계 귀중

서둘러 납부해버린 경매잔금

"8월 13일 매각대금납부일을 정했는데, 그리고 납부하라는 기일이 한 달 뒤인 9월 13일까지로 정해졌는데, 서둘러 납부한 이유가 있나요?"

"맘에 들고 좋은 물건일수록 잔금납부는 서둘러야 합니다!"

"왜요?"

"잔금을 납부하면 사실상 경매절차가 종결되고, 배당이나 소유권 이전 등 부수적인 절차만 남게 됩니다."

"채무자가 해당 부동산을 방어할 기회를 막아버린다는 말씀 같네요?"

"채무자가 경매를 취하시켜 부동산의 소유권을 지킬 수 있는 시기가 낙찰자가 잔금을 납부하기 전까지거든요!"

"사전에 금융기관하고 협의를 해야겠네요?"

"별 문제없습니다!"

"소유권이전을 낙찰자가 직접 할 수도 있나요?"

"경락잔금 융자 없이 매각대금을 납부한다면 셀프등기 할 수 있습니다만, 경락잔금 융자를 받는다면 법무사 사무실에서 대신 해줍니다!"

"대금납부를 미리하면 배당도 당겨서 해주나요?"

"이 건도 대금을 미리 납부했더니, 배당을 당겨서 해주었습니다."

"배당이 실시되는 것이 중요한 이유가 뭔가요?"

배당이 확정되어야 대항력 없는 점유자 등을 상대로 한 명도작업이 가능해진다.

09

2012-5121
배당표 실물

서울동부지방법원 배 당 표

사 건	2012타경5121 부동산임의경매			
배당할금액	금	696,941,635		
명 세	매각대금	금	695,750,000	
	지연이자 및 절차비용	금	0	
	전경매보증금	금	0	
	매각대금이자	금	1,191,635	
	항고보증금	금	0	
집 행 비 용	금	9,498,690		
실제배당할 금액	금	687,442,945		
매각부동산	서울 송파구 신천동 20-6 ㅁㄹㅁ0사가 비도 지하113호(19.5㎡), 지하 114호(19.5㎡), 지하115호(19.5㎡), 지하110호(29.25㎡), 지하143호 (6.44㎡), 지하144호(6.58㎡)			
채 권 자	서울특별시송파구	서울특별시	유에이치제이차유동화전 문 유한회사(승계전:주 식회사 하나은행)	
채 권 금 액	원 금	5,970,880	63,938,410	552,000,000
	이 자	0	0	190,612,273
	비 용	0	0	0
	계	5,970,880	63,938,410	742,612,273
배 당 순 위	1	2	3	
이 유	압류권자(당해세)	압류권자	신청채권자 겸 근저당권자	
채 권 최 고 액	0	0	1,300,000,000	
배 당 액	5,970,880	63,938,410	617,533,655	
잔 여 액	681,472,065	617,533,655	0	
배 당 비 율	100.00%	100.00%	83.16%	
공탁번호 (공탁일)	금제 호 (. .)	금제 호 (. .)	금제 호 (. .)	

2013. 9. 27.
사 법 보 좌 관

대출은 하나은행이 해주고 배당은 유동화회사가 받고

2013년 9월 27일에 실시된 2012-5121번의 배당표 실물이다. 배당표 실물을 해석해보자.

- 사건 : 2012-5121 부동산 임의경매
- 배당할금액 : 금 696,941,635(=물건번호 1,2번을 동시에 배당해서 배당금액이 달라졌다.)
- 명세 : 매각대금 : 금 695,750,000원

    지연이자 및 절차비용 : 금 0원(납부기한일 이전에 납부해서 지연이자는 발생하지 않았다.)

    전경매보증금 : 금 0원(재매각 사건이 아니어서 전 낙찰자로부터 몰수한 경매보증금이 없다.)

    매각대금이자 : 금 1,191,635원(입찰보증금과 잔금을 납부하고 배당일까지 은행 가상계좌에 입금한 금액에서 발생한 이자)

    항고보증금 : 금 0원(이 사건에 항고를 제기한 이해관계자가 없다.)

- 집행비용 : 금 9,498,690원(경매를 진행하면서 소요된 비용으로 배당순위 0순위다.)
- 실제 배당할 금액 : 금 687,442,945원(명세금액에서 집행비용을 뺀 채권자들이 받을 실제 금액)
- 매각부동산 : 경매 2012-512로 취득하게 되는 구체적인 부동산범위
- 채권자 : 배당에 참가하는 권리자

    1. 서울시 송파구 : 원금 5,970,880원

        이자 0원

비용 0원

계 5,970,880원

배당이유 : 압류권자(당해세)

배당액 5,970,880원

배당비율 : 100.00%

2. 서울특별시 : 원금 63,930,410원

이자 0원

비용 0원

계 63,930,410원

배당이유 : 압류권자

배당액 63,930,410원

배당비율 : 100.00%

3. 유동화회사 : 원금 552,000,000원

이자 190,612,273원

비용 0원

계 742,612,273원

배당이유 : 경매신청자 겸 근저당권자

채권최고액 1,300,000,000원

배당액 617,533,655원

배당비율 : 83.16%

- 배당실행일 : 2013.09.27일(배당이 실시된 날)
- 사법보좌관 : ***(이 배당을 실제 진행한 법원 담당자)

약 7,000만 원이 발생한 선순위비용

NPL 매입 시 선순위비용을 누가 부담할까에 대한 사항이 중요하다는 것을 알 수 있다.

"선순위 비용을 정확하게 알기 어려울 때는 유동화회사가 부담하는 쪽으로 계약을 해도 괜찮네요?"

"유리한 면이 있습니다."

"NPL 투자자가 요구하면 그렇게 계약해주나요?"

"항상 그렇지는 않습니다."

당초 하나은행이 대출해준 저당권의 배당을 유동화회사가 일단 받고 난 다음 정산을 통해 자기들 몫을 제하고는 NPL 투자자에게 돌려준다.

"유동화회사는 자기들이 받은 배당금에서 정산하고는 어느 정도 있으면 NPL 투자자에게 나머지 금액을 송금해주나요?"

NPL 매매계약서에 명기한대로 하지만 통상은 5일 이내가 보통이다. 실무에서는 정산되면 다음날이라도 바로 입금시켜 준다.

10. 경매낙찰인의 신청에 따른 인도명령결정문

구리시 건원대로 !

신청인1 ○○○

471-010

2060118-357907
민사신청과   경매3계
2013-014-1349-506

서울동부지방법원
결 정

| 사 건 | 2013타기1349 부동산인도명령 |

신 청 인 ○○○
　　　　　경기도 구리시 ○○○동 ○○○

피신청인 ○○○
　　　　　서울 송파구 신천동 20-6
　　　　　113,114,115호

주 문

| 피신청인은 신청인에게 별지목록기재 부동산을 인도하라 |

이 유

이 법원 2012타경512호 부동산임의경매에 관하여 신청인의 인도명령신청이 이유있
다고 인정되므로 주문과 같이 결정한다

정본입니다.
2013. 9. 30.
법원주사보 ○○○

2013. 9. 30.
판사 ○○○

인도명령신청은 8월 19일에 접수

"그런데『인도명령신청결정문』이 나온 건 신청일로부터 한 달도 훨씬 더 지난 9월 30일이네요?"

경락잔금 납부하면서 대항력 없는 자들을 대상으로 인도명령을 신청하면 통상 1주일 내로 결정문이 나온다고 생각하는 사람들이 많은데 실제는 다르다.

"1주일 내로 나오지 않나요?"

"채무자나 소유자에게는 그렇지만, 점유자가 임차인인 경우에는 배당표가 확정되어야 인도명령신청을 심사를 합니다."

"경매법원이 인도명령을 결정하는 것 아닌가요?"

"그렇기는 하지만, 일단 배당표가 확정되는 것을 보면서 인도명령을 결정합니다."

"그러면 그 전에는 강제집행이 불가능한가요?"

"신청한 인도명령이 받아들여져 결정문이 나오면, 그 결정문 정본을 가지고 집행과로 가서 강제집행 신청을 접수해야 합니다!"

"결정문 정본이 없으면 강제집행 신청을 못한다는 말처럼 들리는데요?"

강제집행을 신청하려면 반드시『부동산 인도명령 결정문』정본이 있어야 한다.

"그러면 그 기간 동안 낙찰자는 점유자를 상대로 어떤 법적 조치를 할 수 있나요?"

할 수 있는 일이라고는 대항력 없는 자들과 입씨름뿐이다.

11

낙찰 받은
상가건물임대차 계약서 실물

보증금 5,000만 원에 월세 250만 원에 재 임대

"기존의 임차인과 재계약하셨다는 말씀이신가요?"

"기존에 장사하시던 분이 간절하게 부탁해서 그렇게 했습니다."

"상가 낙찰 받으면 바닥 권리금을 받을 수 있다고 들었는데요?"

"새로운 임차인이라면 당연히 받을 수 있죠."

"기존의 임차인과 재계약했다면 바닥 권리금은 못 받는 것 아닌가요?"

"받기 어렵습니다."

"그런데 왜 기존 임차인과 재계약을 하셨는지?"

"경매정보지를 보시면 아시겠지만, 기존의 임차인이 임차보증금을 1억 원 날렸거든요?"

"상가건물임대차보호법 보호대상자가 아니었나요?"

임대차보증금이 보호범위를 벗어나서 소액임차인에 배당해주는 최우선배당은 받지 못하고, 후순위 임차인이서 순위배당에는 참여하지 못해서 결국 임차보증금 1억 원을 몽땅 날렸다.

"그래서 양보해주셨다는 건가요?"

"너무 한 쪽으로 몰고 가는 것도 그다지 잘 한 일은 아닙니다."

"인도명령신청해서 결정문까지 받으셨잖아요?"

상가건물 임대차 표준계약서

☐ 있는 월세

[임차 상가건물의 표시]

소재지	서울특별시 송파구 신천동 20-6, 파크리오상가 제비동 제지1층 제지하 113, 114,115호 전부			
토 지	지목	대	면적	3,780.7분의 34.74㎡
건 물	구조·용도	철근콘크리트조	면적	58.5㎡
임차할부분	비동 제지하층 113, 114,115호		면적	58.5㎡

[계약내용]

제1조(보증금과 차임) 위 상가건물의 임대차에 관하여 임대인과 임차인은 합의에 의하여 보증금 및 차임을 아래와 같이 지급하기로 한다.

보 증 금	금오천만원정(₩50,000,000원)
계 약 금	금일천만원정(₩10,000,000원)은 계약시에 지급하고 수령함. 수령인 (　　　　인)
중 도 금	금 <없음> 원정(₩　　　　)은 _____년 _____월 _____일에 지급하며
잔 금	금사천만원정(₩40,000,000원)은 2013년 11월 20일에 지급한다
차임(월세)	금월이백오십만원(부가세별도)원정은 매월 19일에 지급한다.

제2조(임대차기간) 임대인은 임차 상가건물을 임대차 목적대로 사용·수익할 수 있는 상태로 2013년 8월 19일까지 임차인에게 인도하고, 임대차기간은 인도일로부터 2014년 8월 18일까지로 한다.

제3조(임차목적) 임차인은 임차 상가건물을 간이일반음식점(업종)을 위한 용도로 사용한다.

제4조(사용·관리·수선) ① 임차인은 임대인의 동의 없이 임차 상가건물의 구조·용도 변경 및 전대나 임차권 양도를 할 수 없다.
② 임대인은 계약 존속 중 임차 상가건물을 사용·수익에 필요한 상태로 유지하여야 하고, 임차인은 임대인이 임차 상가건물의 보존에 필요한 행위를 하는 때 이를 거절하지 못한다.
③ 임차인이 임대인의 부담에 속하는 수선비용을 지출한 때에는 임대인에게 그 상환을 청구할 수 있다.

제5조(계약의 해제) 임차인이 임대인에게 중도금(중도금이 없을 때는 잔금)을 지급하기 전까지, 임대인은 계약금의 배액을 상환하고, 임차인은 계약금을 포기하고 계약을 해제할 수 있다.

제6조(채무불이행과 손해배상) 당사자 일방이 채무를 이행하지 아니하는 때에는 상대방은 상당한 기간을 정하여 그 이행을 최고하고 계약을 해제할 수 있으며, 그로 인한 손해배상을 청구할 수 있다. 다만, 채무자가 미리 이행하지 아니할 의사를 표시한 경우의 계약해제는 최고를 요하지 아니한다.

제7조(계약의 해지) ① 임차인은 본인의 과실 없이 임차 상가건물의 일부가 멸실 기타 사유로 인하여 임대차의 목적대로 사용, 수익할 수 없는 때에는 임차인은 그 부분의 비율에 의한 차임의 감액을 청구할 수 있다. 이 경우에 그 잔존부분만으로 임차의 목적을 달성할 수 없는 때에는 임차인은 계약을 해지할 수 있다. ② 임대인은 임차인이 3기의 차임액에 달하도록 차임을 연체하거나, 제4조 제1항을 위반한 경우 계약을 해지할 수 있다.

[　]
① 2월 이상 월세 미납시 계약은 자동 해제되기로 하며, 소유자의 이전부분 처분행위에 대하여 민형법상 일체의 이의제기를 하지 않기로 한다.
② 임대차 종료시, 시설물 일체는 자진 철거하고 원상회복 하기로 한다.
③ 계약금은 계약시 지불하며 잔금은 2013년 11월 20일까지 계좌 입금하기로 한다.
　 잔금 미입금시 이 계약은 원천 무효되며, 계약금은 해약금으로 하여 임대인에게 귀속되기로 한다.
④ 2013년 8월 19일부터 10월까지 임대료 금오백만원은 별도로 계약송금하기로 한다.

계약을 증명하기 위하여 계약 당사자가 이의 없음을 확인하고 각각 서명·날인 후 임대인, 임차인, 개업공인중개사는 매 장마다 간인하여, 각각 1통씩 보관한다.　　　2013년 07월 20일

대인	주　소	구리시 인창동 665-1 ***아파트 **동 ****호						
	주민등록번호 (법인등록번호)	691211-*******	전　화	010-5644-****	성　명	강**		서명 또는 날인인
	대 리 인	주소			성　명			
임차인	주　소	송파구 풍납동 28*-***						
	주민등록번호 (법인등록번호)	510828-*******	전　화	010-4261-****	성　명	정**		서명 또는 날인인
	대 리 인	주소		주민등록번호		성　명		

절차 상 당연히 필요한 과정이고, 또 협상에서 우위를 점하기 위한 작전이다. 물론 끝까지 대화로 안 된다면 마지막에는 집행관을 동원해서 강제집행으로 마무리해야 할 때도 있겠지만 많은 경우 대화로 해결 가능하다.

수익률 추정해 보기

"투자 수익률이 대단하네요?"

"은행에 납부하는 이자가 월 110만 원 전후이고 받는 월세가 250만 원이니 차액 140만 원 정도가 순수입입니다."

"최종 정산해보면 투자된 돈은 얼마나 되나요?"

"임대보증금 받았으니 투자로 잠기게 된 자금은 거의 없다고 보면 됩니다."

"제가 대강 계산해 봐도 그런 것 같네요?"

"이 정도 수익이 보장되는 물건은 널려있습니다!"

"매매할 계획은 있나요?"

"매매되는 부동산의 특징은 "월세"가 잘 나오면 매매됩니다. 이 물건도 인근 부동산 중개업소에 매매 의뢰해놓은 상태입니다!"

"얼마에 매각할 계획인가요?"

6억 5,000만 원에 매물로 내놓고, 협상해서 6억 원 정도면 팔겠다는 전략이다.

"이 대목에서 따져 볼 일이 3억 7,000만 원 낙찰 받는 것보다, 6억 원에 낙찰 받았다면 양도소득세까지 절세대책을 세울 수 있었겠네요?"

3억 7,000만 원에 낙찰 받았으니, 6억 원에 매각한다면 경비공제 등을 받는다고 해도 1억 여 원은 양도소득세로 납부해야 한다.

"고가응찰에 따른 합법적인 절세 대책으로 NPL 투자가 매력이라는 것을 보여주네요?"

급할 것 하나 없는 매각이다. 매월 250만 원 임대료를 받아 110만 원을 은행이자로 납부하고, 140만 원이 쌓이고 있다.

12 일자별로 본 NPL 투자 한 건 총소요시간

2012-5121번 NPL저당권 매입부터 임대까지 소요된 시간

- 2012-5121 경매물건 발견 : 2013년 6월 20일경
- 유동화회사와 사전 접촉 : 2013년 6월 30일~7월 10일경
- NPL 매수 제안서(의향서)제출 : 2013년 7월 16일
- NPL 계약서 작성 및 계약금액 송금 : 2013년 7월 23일
- 2012-5121 경매 입찰 : 2013년 7월 29일
- 2012-5121 최고가매수인 확정 : 2013년 8월 6일
- 경락잔금 융자확정 내역서 및 계산서 : 2013년 8월 10일
- 대금지급기한일 통지서 : 2013년 8월 13일
- 낙찰대금 완납 : 2013년 8월 19일
- 점유이전금지가처분 신청 및 인도명령신청 : 2013년 8월 19일

- 2012-5121 배당 실시 : 2013년 9월 27일
- 낙찰 받은 상가건물임대차 계약 : 2013년 10월 27일

한 건 투자하는데 걸린 시간 총정리

NPL 경매물건 발견부터 명도 후 임대까지 걸린 시간은 4개월이다.

이 건 수익률 추정 및 계산

실 투자금액은 1,500만 원이고, 경락잔금 융자로 인해 은행에 지불하는 이자는 약 110여 만 원이고, 식당 임차인에게 매월 받고 있는 월세는 250만 원이다. 하여 차액이 수익이다. 현재 6억 5천만 원에 매물로 내놓은 상태. 2억 5,000여 만 원 정도의 매각차액이고 양도소득세를 감안하면 1억 5,000여 만 원 정도의 수익 실현이 기대된다.

Chapter 09

NPL 관련 대부업법 개정의 내용과 시장 상황

01 대부업법 개정에 따른 NPL 개념정리, 시장 상황 정리

02 대부업법 개정 후 대부업자의 정의

03 개정 대부업법 주요내용 요약

04 개정된 대부업법의 문제점

05 개정 대부업법 하에서 주된 NPL 투자 방법 세 가지

06 대부업법 관련 개정 법령

경매 NPL 관련책의 개정 작업을 시급하게 해야 했던 이유?

앞에서도 설명했던 것처럼 정부가 부실채권 시장의 과열과 혼란을 바로잡고, NPL 투자를 통한 수익에 대해 과세하지 못한 부분에 과세체계를 확립하려는 의도로 2016년 7월 25일자로 『대부업법』을 개정하여 시행하기에 이르렀다. 그런데 문제가 발생했다. 일반 투자자들이 대부업법 개정으로 인해 NPL 물건에 투자할 수 없다는 오해가 발생하였지만 이는 사실과 다르다.

이 장을 통해 필자의 연구 결과 전부를 공개하겠다. 대부업법의 개정 내용과 의의, 정부 의도, 문제점, 그리고 일반 투자자로써 이에 따른 대책을 집중적으로 살펴보기로 한다. 시중의 어떤 NPL 관련책에서도 볼 수 없는 필자만의 땀의 결과다.

여러분들은 일반투자자가 대부업법 개정에도 불구하고 앞으로도 경매 NPL 투자가 가능하다는 점을 아시게 된다면 필자는 그것으로 충분히 행복하다.

필자는 구체적인 근거와 이유를 들어 설명하고 있을 뿐!

『대부업법 개정으로 NPL 투자시장은 끝났다!』는 실체와는 다른 악성 루머만 요란한 가운데서도, 소수의 사람만 남아 소리 소문 없이 향기롭고 달콤하기 그지없이 꿀단지를 항아리를 통째로 끌어안고 배가 터지도록 독식하는 블루오션으로 재편되고 있다.

대부업법 개정 후 블루오션으로 변한 NPL 시장상황!

『대부업법 개정으로 투자 분위기 악화

⇕

NPL 투자 시장 참여자 급감

⇕

NPL 투자 시장 급냉각

⇕

NPL 채권 소매가격 하락

⇕

NPL 투자자 투자수익 증가

⇕

유동화 전문회사인 NPL 유통업자 NPL POOL 매입 시 저가 입찰

⇕

응찰가격 하락에 따른 NPL 생산 공급자 수익감소

⇕

NPL 유통업자는 저가 입찰로 물건 확보 후

⇕

최종소비자인 일반 투자자에게 저가 매각

⇕

최종소비자인 일반 투자자, 저가 매입으로 수익증가』의

사이클이 완성된다.

01 대부업법 개정에 따른 NPL 개념정리, 시장 상황 정리[55]

대부업법 개정 전 대부업자의 정의

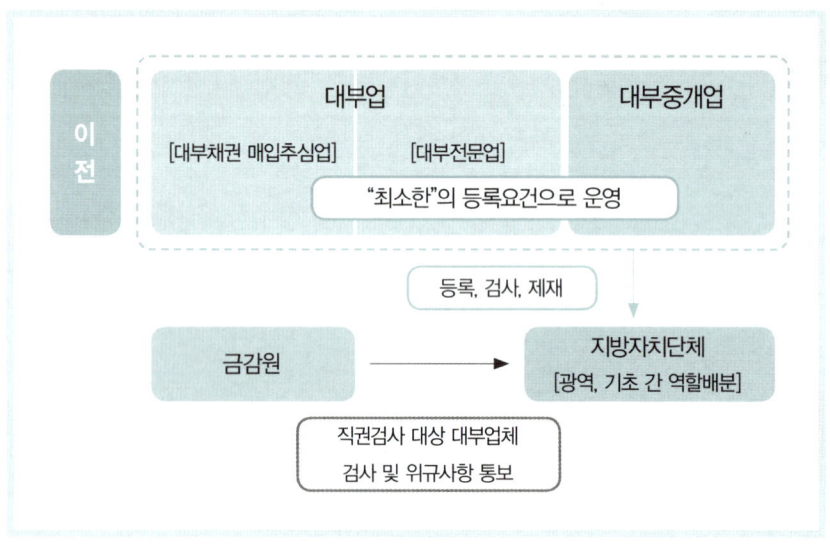

---

55 금융감독원이 2016. 7월에 발간한 『대부업 감독체계 개편 지방 설명회』 자료 참고.

"이 개념도는 금융감독원이 2016년 7월에 발간한 『대부업 감독체계 개편 지방설명회』에서 인용한 것입니다."

"대부업법 개정 전에 대부업자를 구분해 놓은 것인가요?"

"그렇다고 하네요!"

"대부업을 『대부채권매입추심업』과 『대부전문업』으로 구분해 놓았네요."

"글쎄요! 개념을 정확히 설정하려고 그랬을까요?"

"무슨 말씀이세요!"

"엄밀히 말씀드리면 NPL 투자는 『자산유동화법』에 규정되어 있는데, NPL 투자(자)를 대부업(자)으로 보았다는 시각이 타당할까요?"

NPL 투자에 대한 관리, 감독을 각 지자체가 하고 있는 것처럼 그려 놓고 있는 것은 정직하지 못하다.

"대부업법 개정 전에 NPL투자자를 각 지자체가 관리했다는 말 들어 본 적 없습니다!"

02 대부업법 개정 후 대부업자의 정의

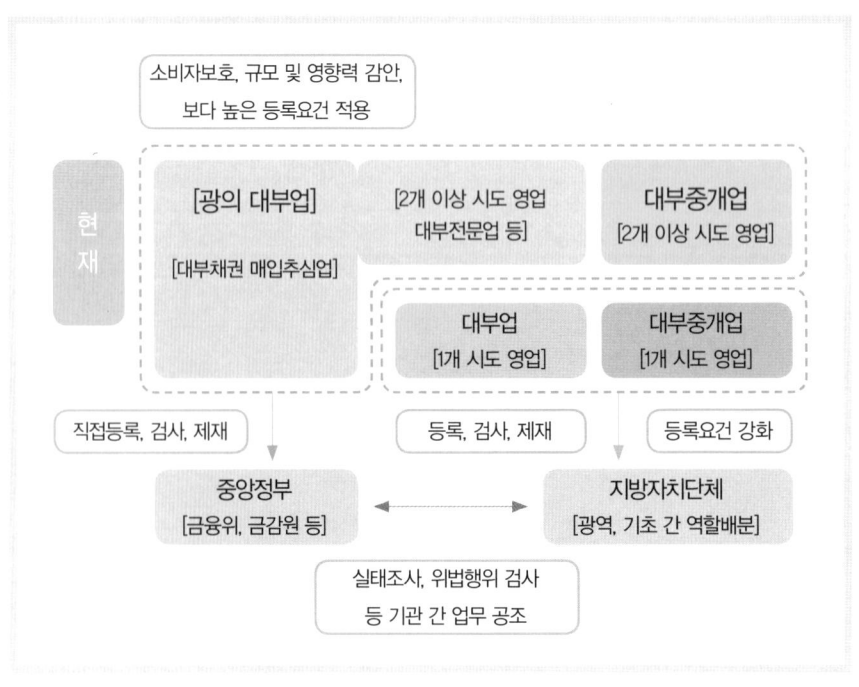

"이런 저런 이유로『대부업법』을 개정하면서 이렇게『대부채권매입추심업』이라는 업태를 신설했다고 봅니다!"

"법 개정을 통해『대부채권매입추심업(=NPL 투자(업))』으로 개념을 만들어『관리, 감독』과 과세체계 안으로 끌고 왔다고 본다는 말씀이시죠!"

"약간 억지스럽기는 하지만 그럴 필요는 어느 정도 있다고 봅니다!"

"그림에서 보는 것처럼 혼탁되고 날로 과열되어가는 NPL투자 시장을 감독 관리 하는 것에 방점이 찍혔나요?"

"정부가 말하는 것을 액면 그대로 받아들이기에는 무리가 있습니다!"

"추가 보완 작업이 있을 것으로 보신다는 말씀이시죠?"

2016년 7월 25일부터 시행되고 있는『대부업법』개정이 그다지 세련되지도 않을 뿐만 아니라,『자산유동화법』과 상충되는 면도 있어서 개정을 다시 하지 않을 수 없다고 본다.

그림을 설명해 보자

"개정 후 그림을 조금만 더 상세히 설명해주세요?"

기본 전제는『소비자를 보호하고, 이를 위해 보다 높은 등록요건 적용』을 명목으로 금융당국[총감독 및 연출, 주연 : 금융위원회, 조연 및 실행자 : 금융감독원]]이 NPL 투자업(자)을『대부채권매입추심업(자)』으로 **규정해서 직접 관리 감독**하겠다는 것이다.

"NPL 투자 개념을『광의의 대부업』으로 규정하는 것이 부드러워 보이지는 않네요?"

『대부전문업』이나 『대부중개업』은 본래의 대부업이니까 여기서 더 거론 할 일이 아니다.

"위반 시 처벌 규정도 강화되었다면서?"

"맞습니다, 어느 정도는 시장질서 확립에 긍정적으로 작용할 것으로 기대됩니다!"

"정부가 이렇게라도 개입할 만큼 NPL투자시장이 과열되기는 했나요?"

"『一魚濁水』라는 말이 있듯이, 그런 부류의 사람들이 있었습니다!"

그런데 이번 법 개정으로 NPL투자 시장이 위축될 것이라고 예상하는 사람들도 있다.

NPL투자 시장이 위축될 것

"투자자들이 겁먹고 기죽어 있는 것 맞습니다!"

"NPL 저당권 소매가격이 낮아지겠네요?"

"100원에 팔리던 것이, 70원에도 안 팔리고 있습니다!"

"그러면 누가 손해를 보나요?"

"그 피해는 고스란히 『NPL 생산 - 유통업자』에게 돌아가게 됩니다!"

"NPL 생산자인 은행 등 금융권이 피해자가 될 것이라는 말씀이신가요?"

"이미 피해가 발생하고 있어서, 은행이나 유동화전문회사 등 NPL 생산 - 유통업자들이 정부에 개선책을 요구하고 있다고 합니다!"

"어떤 상황인가요?"

"유동화전문회사가 『NPL POLL』을 매입할 때 입찰가격이 낮아지고 있다고 합니다!"

입찰을 통해 『NPL POLL』을 매입하는 유동화전문회사들의 입찰가격이 낮아지면, 은행 등 『NPL POLL』을 매각하는 공급자의 채권 회수액이 낮아지지 않을 수 없다.

대부업법 개정에 따른 NPL 저당채권을 공급하는 은행 등 금융기관의 입장에서 보자.

『대부업법 개정으로 투자 분위기 악화』
⇩
NPL 투자자 감소
⇩
NPL 채권 소매가격 하락
⇩
유동화전문회사 영업이익 감소
⇩
유동화회사의 『NPL POOL』 저가 매입
⇩
채권 회수액 감소
⇩
은행 등 NPL 공급업자 경영수지 악화』로 이어진다.

이와 같은 NPL 투자자 감소로부터 시작된 연쇄작용으로 유통업자인 유동화전문회사가 『NPL POOL』 입찰 시 응찰가격을 낮추지 않을 수 없고, 이 결과의 피해가 은행 등 NPL 생산자에 전이되고 있다. 즉 NPL 저당채권의 생산자이자 공급자인 은행 등 금융기관의 피해가 구체적으로 발생하고 있다. 사이클의 시작은 최종 소비자인 NPL투자자 감소이고, 마지막은 『평균 NPL 소매』 가격의 하락에 따라 『NPL 공급업자 경영수지 악화』로 귀결된다.

진퇴양난에 빠진 유동화전문회사

대부업법 개정으로 엉뚱하게 직격탄을 맞은 곳이 『자산유동화전문회사』 등 이미 고가로 매입한 다량의 NPL 채권을 재고로 가지고 있는 NPL 유통업자들이다. 여기는 더 심각하다.

"비싸게 팔릴 것으로 예상하고, 유동화채권 등을 발행해서 대량의 NPL 채권을 고가로 사 왔지만, 매입원가 이하로도 팔리지 않는 NPL 재고를 보유하고 있는 『유동화전문회사』의 상태가 심각하다고 합니다!"

자산유동화전문회사 입장에서 대부업법 개정의 (−)효과 측면을 살펴보자.

『대부업법 개정 전 「NPL POOL」 고가 매입
⇧
대부업법 개정으로 투자 분위기 악화
⇧
NPL 일반 투자자 감소
⇧
NPL 채권 소매가격 하락
⇧
영업이익 감소』의

부작용이 발생하고 있다.

"100원에 팔릴 것으로 판단하고, NPL 채권을 90원에 사온 유동화전문회사 등이 직격탄을 맞고 있는 실정입니다!"

"어느 정도 심각한가요?"

"원금은 고사하고 70원에도 안 팔리는 상황이라고 합니다!"

『SPC(=페이퍼컴퍼니)』라는 자산유동화회사 특성

"유동화회사라면 매입가격 이하로 입찰가격이 낮아지면 『유입』해 버리면 되지 않나요?"

"어느 정도는 그렇게도 하지만, 『SPC(=페이퍼컴퍼니)』라는 자산유동화회사 특성상 한정없이 낙찰 받을 수도 없습니다!"

"저당권을 매입 매각하는 것이 주된 업무라는 말씀이시죠?"

"오로지 그것만이 목적입니다!"

빤히 눈 뜨고 손해를 당하더라도 온전한 대응방법이 없는 실정이다. 물론 다른 유동화회사에 재매각하는 방법도 있지만 재매입하는 유동화회사도 매각에 확신이 서지 않으면 속 편히 매입하기는 쉽지 않을 것이다. 어떻게든 일반 투자자들에게 매각하는 방법 말고는 온전한 대안이 없다는 것이다.

"NPL 매입가격 이하로 경매최저가격이 떨어져 버려도 꼼짝없이 손해를 볼 수밖에 없다는 말씀 이해됩니다!"

대부업법 개정이 오히려 『참 좋은 투자기회』

NPL 투자의 최종 소비자인 일반 투자자에게는 대부업법 개정이 오히려 『참 좋은 기회』라고 필자가 주장하는 근거가 바로 이 대목이다.

대부업법 개정으로 진퇴양난에 빠진 『자산유동화회사』를 생각하는 동안에, 동아프리카 세렝게티 대평원에서 덩치가 아주 큰 코끼리가 정말 배가 터지도록 풀을 뜯어 먹었는데 『변비』로 똥은 안 나오고, 가스는 계속 차올라 숨도 제대로 쉴 수 없을 상태로 쓰러져 발버둥 치며 괴로워하는 광경이 스쳐간다. 이 코끼리를 그대로 나두면 곧 죽을 것이 뻔하다.

정말로 배가 터져 죽을 것 같은 고통을 더는 참지 못하게 된 유동화회사는 조만간 아우성을 내 지를 것이고, 들려오는 전언에 의하면 이미 아우성을 지르고 있단다. 살려달라고!! 이 사태의 원인 제공자이자 의사인 정부는 처방전으로 변비약을 마련하지 않을 수 없을 것이다.

대부업법 개정의 반사이익은 누구에게

"투자판의 특성상 한 쪽이 손해를 보면, 반대 쪽은 이익을 보는 것 아닌가요?"
"본질입니다!"
"은행이나 유통업자가 손해를 본다면 그 이익은 누구에게 돌아가나요?"
대부업법 개정에도 불구하고 이 판을 떠나지 않고 야무지게 버티고 있는 배짱 좋은 『일부 NPL 투자자』들이 이 판 전체의 이익을 차지할 것이다.
"외환위기 이후의 부동산 경매 시장 상황을 생각해 보시면 답이 보이지 않을까 합니다." "하락 장세에서 투자 했던 사람들이 높은 수익을 올렸다는 말씀이시죠?"
"가깝게는 2008년에 발생한 미국발 리먼 사태 때도 똑같은 경험을 했습니다!"
부실채권 투자 시장 상황은 대부업법 개정으로 1997년 외환위기 때와 2008년 발생한 리먼 사태의 악영향으로 국내 부동산 시장이 얼어 붙었던 상황과 비슷한 투자 분위기가 만들어지고 있다. 요지는 잘 못 알려지고 있는 것과는 달리 대부업법 개정에도 불구하고 일반 투자자들이 여전히 부실채권 매입이 가능하다는 점이다.
"구체적으로 설명을 좀 해 주시죠?"
대부업법 개정으로 일반 투자자가 이전 보다 더 큰 수익을 올리는 구도를 살펴보자!

대부업법 개정 전 레드오션이던 NPL 시장상황

NPL 최종 소비자 입장에서 본 법 개정 전의 레드오션이던 NPL 시장상황.

『NPL 투자 시장 참여자 급증
⇕
NPL 투자 시장 과열
⇕
NPL 채권 소매가격 상승
⇕
NPL 투자자 투자수익 감소
⇕
NPL생산 공급자 이익증가
⇕
유동화 전문회사인 NPL 유통업자 NPL POOL 매입 시 고가 입찰
⇕
NPL 유통업자는 고가 입찰로 물건 확보 후
⇕
최종소비자인 일반 투자자에게 고가 매각』으로

일반 투자자 입장에서는 소문만 요란한 레드오션이었다.

대부업법 개정 후 블루오션으로 변한 NPL 시장상황

NPL 최종 소비자 입장에서 본 법 개정 후에 블루오션으로 변한 NPL 시장상황을 살펴보자.

『대부업법 개정으로 투자 분위기 악화

⇕

NPL 투자 시장 참여자 급감

⇕

NPL 투자 시장 급냉각

⇕

NPL 채권 소매가격 하락[56]

⇕

NPL 투자자 투자수익 증가

⇕

유동화 전문회사인 NPL 유통업자 NPL POOL 매입 시 저가 입찰

⇕

응찰가격 하락에 따른 NPL 생산 공급자 수익감소

⇕

NPL 유통업자는 저가 입찰로 물건 확보 후

⇕

최종소비자인 일반 투자자에게 저가 매각』의

사이클이 완성된다.

---

[56] 일반투자자가 NPL채권을 어떤 가격에 매입하더라도 『경매낙찰가격』은 변하지 않는다. 따라서 NPL 매입가격이 낮아지면 수익(률)은 증가한다.

4배로 늘어날 NPL 투자자의 이익

전체 이익이 고정되어 있는 상태에서 나누어 달라는 사람이 절반으로 줄어든다면 결과는 어떻게 될까?

"남아 있는 사람들에게 종전보다 두 배의 분배가 가능하겠죠!"

"그러면 이번에는 이런 상상을 한 번 해보시죠!"

"그래 보세요!"

"이익이 두 배로 늘어났는데, 나누어 달라는 사람이 절반으로 줄었다면 어떻게 될까요!"

"NPL 투자자의 감소로 매입가격은 이전의 절반으로 줄었고, 매입가격이 줄어든 결과로 이익은 두 배로 증가 했는데, NPL투자자는 절반으로 감소했다는 그림이시죠!"

구체적인 근거와 이유를 들어 설명하고 있을 뿐

필자는 객관적이고 구체적인 근거와 이유를 들어 설명하고 있을 뿐이다. 『대부업법』 개정으로 『NPL 투자시장은 끝났다!』는 실체와는 다른 악성 루머만 요란한 가운데서도, 소수의 사람만 남아 소리 소문 없이 향기롭고 달콤하기 그지없이 꿀단지를 항아리를 통째로 끌어안고 배가 터지도록 독식하는 블루오션으로 재편되고 있다.

떠날 것인가 남을 것인가는 독자 여러분들의 몫이다.

03 개정 대부업법 주요내용 요약

1) 대부업 등록 기관 이분화

『(1) 금융위원회 등록대상[57]

① 2개 이상의 시도에 영업소를 설치하려는 자

② 대부채권 매입추심업자

③ 상호출자제한기업집단(대기업)에 속하는 자

④ 최대주주가 여신금융기관인자

⑤ 자산규모 120억 이상 및 대부잔액 50억 이상인 자[58]가 대상이고,

---

57 개정 「대부업법」 제3조 제2항에 따른 금감원(금융위) 등록 대상 요건은 총 5개로 구성.
58 동 요건 중 어느 하나에 해당되는 경우 16.7.25.부터 금감원(금융위) 등록 및 감독대상이 됨.

(2) 지자체 등록대상

① 금융위원회 등록대상 제외』이다.

2) 자기자본(순자산) 등 요건 신설

(1) 자기자본(순자산) : 자본금 + 자본잉여금 + 이익잉여금 + 전기오류수정

(2) 금융위원회 등록[59] : 3억 원(중개업 제외) + 법인 + 겸업제한

(3) 지자체 등록 : 순자산 1천만 원(개인), 자기자본 5천만 원(법인)

3) 손해배상책임 보장

(1) 대부업 관련 위법행위의 손해배상책임 보장

① 지자체 등록 : 1천만 원

② 금융위 등록 : 5천만 원

▶ 협회에 보증금 예탁, 보험 또는 공제에 가입

4) 대부법인 전환 요건

금융위원회 등록 대상인 대부업자의 법인 전환 등 자격요건은 해당 대부업자의 등록증 유효 기간 내(등록갱신시점)까지 갖추어야 하고, 세부 조항은 다음과 같다.

---

[59] 금융위원회 등록대상은 총자산한도 : 대차대조표상 총자산 ≤ 자기자본 × 10배로, 즉 금융감독원(금융위원회 업무 위탁기관)으로 등록관청이 변경된 대부업자는 3억 원 이상의 자기자본을 갖추어야 한다.

『① 법인일 것

② 3억 원 이상의 자기자본(17.1.25 限)

③ 대부업 교육이수

④ 고정사업장

⑤ 대부사업 관련 벌금형 이상 선고사실 없을 것

⑥ 파산선고 받고 복권되지 않은 사실 없을 것

⑦ 최근 1년간 폐업사실 없을 것

⑧ 최근 5년간 대부법인 등록취소 처분사실 없을 것

⑨ 대표자 – 임원업무총괄 사용인 등 임원의 자격요건을 갖출 것

⑩ 겸업금지업(전기통신사업, 사행사업, 단란주점영업 및 유흥주점영업, 다단계판매업 등)을 영위하지 않을 것』 등이다.

5) 대부업법 상 대부채권매입추심업의 개념 정의와 영업범위

(1) 대부업법 상 대부업 영업은 금전대부업과 매입추심업으로 구분(대부업법 제2조 제1호)하고, 대부업자의 대부채권매입추심업(이하 "매입추심업")이라 함은 대부업자 또는 여신금융기관으로부터 대부계약에 따른 채권을 양도 받아 이를 추심하는 것을 업으로 하는 것을 의미한다.

(2) 금감위로 등록관청이 변경된 대부업자는 '금전대부업(=사채업)'과 '매입추심업(NPL 투자)' 모두 가능하다.

6) 대부업법 개정의 취지

정부가 말하는 주된 내용은

『① 무등록대부업자 등의 무리한 채권추심 관리 감독[60]

② 무등록 대부업자를 제도권으로 편입[61]

③ ②를 통해 금융위에서 상시 관리, 감독을 할 수 있도록 한다.

④ 고가낙찰과 대출액 규제를 통한 시장질서 확립 등

⑤ NPL투자로 발생한 수익에 대한 과세권 확립(국세청을 통한 법인세 과세)』

으로 정리된다.

7) 대부업법 위반자에 대한 처벌 조항

제6조의4(미등록대부업자 등에 대한 채권양도 금지)

- (법제9조4 제3항) "대부업자 또는 여신금융기관은 대부업자, 여신금융기관 등 대통령령으로 정한 자가 아닌 자에게 대부채권을 양도해서는 안 된다.[62] [63]

『법 제9조의4 제3항에서 "대부업자, 여신금융기관 등 대통령령으로 정한 자"란 다음 각 호의 자를 말한다.

1. 법 제3조 제2항 제2호에 따라 등록한 대부업자

---

60 NPL관련 전환무담보채권의 무리한 추심과 채무자의 민원이 다수 제기되었다(채무자가 「나의 채무는 금융기관이었는데 왜 대부업체로 채권양도가 되었는지」에 대한 민원제기가 관계기관에 많았다.
61 모든 채권거래를 제도권 내에서만 거래가 이루어지도록 하겠다는 의도다.
62 위반 시 3년 이하의 징역. 3천만 원 이하 벌금(매도인처벌규정).
63 여기서 "매입추심업자로 등록한 대부업자"란 법률에 따르면
    ① 자본금이 3억 원 이상이고
    ② 금융위원회에 등록이 되어 있는 대부업체
    ③ 5천만 원 이상의 보증금을 별로로 예탁(또는 보험. 공제 가입)해야 하며
    ④ 총 자산한도는 자기자본의 10배 이내로 제한된다.
    * (법2조2항. 제7조의3, 제11조의4.)
      위반 시 5년 이하의 징역. 5천만 원 이하 벌금(매수인처벌 규정)

2. 여신금융기관

3. 「예금자보호법」에 따른 예금보험공사 및 정리금융회사

4. 「금융회사부실자산 등의 효율적 처리 및 한국자산관리공사의 설립에 관한 법률」에 따른 한국자산관리공사

5. 「한국주택금융공사법」에 따른 한국금융공사

6. 그 밖에 제1호부터 제5호까지에 준하는 자로서 금융위원회가 정하여 고시하는 자」이다. 즉, "대부업자, 여신금융기관의 대부채권을 매입할 수 있는 자"가 여신금융기관, 매입추심업자로 등록한 대부업자, 공공기관, 부실금용기관의 정리금융회사로 제한되는 것이다.

8) 대부업법에서 말하는 총자산한도의 범위와 법인 유형

「① 자본금 3억 원 이상[64]이어야 하고,

② 주식회사, 유한회사, 합자회사, 합명회사」 중 택1

---

[64] 「- 대차대조표상 총 자산 ≤ 자기자본 × 10배
- 전년도말 대차대조표상 자산 기준(純자산 기준)
- 채권매입가격 기준
- OPB기준 아님」

04 개정된 대부업법의 문제점

1) 개정법의 문제점

『① 특별법 간에 충돌문제(자산유동화법과 대부업법 간의 충돌 문제 : 신법 우선주의)

② 부실기업 구조조정 채권처리에 문제점 발생

③ 채권투자자를 모두 대부업자로 만든다.

④ 무담보추심과 담보부 추심은 기본적으로 차이가 있다는 점을 간과하고 법제정』으로 문제점을 일부 인식하고 있는 관계 당국은 시행령의 수정을 통해 문제점을 해소하려고 하고 있음.

2) 유동화회사에 의한 대부업법 이의신청

『① 대부채권 개념에서 담보부근저당권은 제외해 달라고 요청 중

② 전환무담보채권 추심은 규제(제3자 매각 금지)

③ 위헌소송 검토 중

④ 유동화회사들은 자신들의 이익을 극대화하기 위하여 채권매각방식을 만들어 낼 것으로 보임.

가) 개인에게 매각할 수 있어야 한다.

나) 양도세 혜택을 받을 수 있어야 한다.』이다.

05
개정 대부업법 하에서 주된 NPL 투자 방법 세 가지[65]

1) 개정 대부업법 하에서 『론세일 배당』 투자 유형변화

	개정 전	개정 후
매입주체	1. 개인, 법인, 대부업체 모두 가능	1. 개인 : 채권매입을 할 수 없다. 2. 법인 : 자본금 3억 원 이상의 금감위 등록대부법인 3. 새마을금고채권은 자본금 50억 이상 대부업법인
세금혜택	1. 개인 : 이자소득세(양도세)혜택 2. 법인 : 법인세 납부	1. 개인 : 채권매입 못함 2. 법인 : 법인세 납부
특약사항	1. 농협, 새마을금고, 신협 등 조합채권에 전환무담보 추심제한 특약	1. 유동화회사도 론세일계약에 전환무담보채권 추심금지 특약이 들어갈 것으로 예상 2. 제3자에게 채권양도금지 제한 특약 (개인에게 채권매각금지 특약 - 재매각주체 제한)
대출제한	① ②	1. 개별 대부업법 법인에 대한 대출 계약 • 금융기관별 내부규정 ① 업체(법인)별 대출한도 제한을 두는 경우 ② 1~2개 대부법인에 한도 몰아주는 경우 2. 금융기관의 대부업법인에 대출 총량제 제한 규정 • 법에 의한 제한 규정 • NPL대출 한도 - 대출자산의 15%까지 가능 • 금전대부업 한도 - 300억원과 자산대비 5% 중 적은 금액

---

65 이영준 교수 자료(『1) 개정 대부업법 하에서 『론세일 배당』 투자 유형변화에서~3) 대위변제 개념과 대부업법 개정 후 대위변제 투자방법)까지』 참고.

	개정 전	개정 후
개인 투자방법	1. 금융기관NPL → 법인(AMC) → 개인 2. 유동화회사 NPL →개인 3. 법인에 지분투자(주주) 4. 법인에 개별투자 (2순위 질권 설정)	1. -------------------- 2. -------------------- 3. 법인에 지분투자(주주)
	1. 개인은 "업"이 아니면 세금면제	1. 법인세납부 또는 개인에 배당 시 세금납부 2. 투자자(개인 등) 원천징수 후 배당 (2,000만 원 이상은 종합소득세 신고시 납부) 3. 사업소득세(3%) 이자소득세(25%) 대부업자이자소득세(14%) 4. 주식배당세/주식양도세(분류과세)

2) 개정 대부업법 하에서 론세일 방식(채권 완전매각 방식)

대부업법 개정에 따른 론세일 방식일 때 유의 사항은 아래 표와 같다.

	유입 형태	유의 사항
법인명의 유입	대부업법인 채권매입 → 대부업법인이 유입	1. 취득세 중과규정 확인(수도권 과밀억제 권역) 　• 5년 이상 법인 2. 재매각 시 법인세납부 3. 대부업법인 대출제한 규정 참조
제3자 명의 유입	대부업법인 채권매입 → 제3자 명의 법인으로 유입	1. 취득세 중과규정 확인(수도권 과밀억제 권역) 　• 5년 이상법인 2. 배당투자로 되어서 법인세 납부 3. 적자법인 활용
개인투자 유입	대부업법인에 채권매입의뢰 → 개인낙찰 또는 일반법인 낙찰	1. 의뢰 대부업법인 - 자본금 한도 검토 2. 의뢰 대부업법인 - 법인세 문제 발생 3. 개인투자자는 양도세 혜택
법인소유 부동산 매각		1. 부동산매각 시 법인세 납부와 별개로 부동산 매각차익의 10%를 무조건 소득세로 징수한다. 2. 적자법인을 통한 법인세(실제 양도세 절약방업) 절약방법 일부 차단.

3) 개정 대부업법 하에서 『채무인수방식』[66] 투자 유형변화

	개정 전	개정 후
매입주체	1. 개인, 법인, 대부업체 모두 가능	1. 개인, 법인, 대부업체 모두 가능
매각주체	1. 유동화전문회사만 사용	1. 유동화회사 채권매각 시 사용 2. 기타 금융기관은 론세일방식만 사용하고 있음. 추후 채무인수방식 사용여부는 미지수이다.
매각구조 법률규정	1. 채권매각구조 + 채무감면구조 절충형태 2. 채권매각방식으로 응용	1. 채권매각 구조가 아니다.(계약서 양식 변경 함) 2. 부동산매입 후 채권자가 채무감면 구조이다. 민법상 사적자치의 원리가 적용된다. 3. 채무인수방식은 민집법 제143조1항에 근거한다.
세금혜택	1. 개인 : 이자소득세(양도세) 혜택 2. 법인 : 법인세 납부	1. 개인 : 이자소득세(양도세) 혜택 2. 법인 : ① 유입한 부동산을 재매각 시 흑자법인인 경우 채무감면이익에 대한 법인세 납부 ② 채무감면이익 부동산보유 시에는 세금 없고 매각시점에 세금부과 된다.
개인낙찰 시 대출제한		1. 금융기관 NPL구조를 이제는 이해하고 있다 2. 채무인수방식은 경매잔금납부를 채권자인 유동화회사 채무를 승계하는 형태이다. 3. 채무를 대환하기 위하여 채권자 이외의 제3자 (금융기관)에게는 대출을 받는 구조이다. 4. 대환대출금은 채권자인 유동화회사에 지급하고 근저당권자를 변경한다. 5. 금융기관은 유동하히사에 대출금을 지급하므로 NPL물건인지 알 수 있다. 6. 대출심사 시 채권계약서 제출을 요구 할 수 있다. • 경매낙찰가의 80% (×) • 채권계약가의 80% (○)

---

66 채무인수방식에 의한 입찰참가(이행)방식이다.

4) 대부업법 개정 전 입찰참가(이행)방식 구조

1	입찰참가방식	1. 단순 경매입찰참가를 약속하는 계약이다. 채권양도계약이 아니다. 2. 입찰일에 경매입찰금액을 얼마 이상으로 입찰하기로 하는 약정이다.
2	계약주체	1. 개인, 일반법인, 대부업법인 누구라도 가능하다.
3	입찰참가방식 절차	1. 경매입찰기일 입찰보증금을 유동화회사에 위탁해 놓는다. 2. 입찰 기일 유동화회사 직원과 함께 경매법원에 가서 위탁보증금을 가지고 약정금액 이상으로 입찰에 참여하면 된다. 3. 입찰가격은 약정금액 이상에서 매수인이 결정한다. 4. 입찰만 하면 유동화 회사는 모든 관계가 종료한다.
4	세금혜택	1. 약정금액 이상을 적어도 반환되지 않는다.(사후정산부와 다르다) 2. 채권양도계약이 아니므로 양도세 혜택을 받을 수 없다.
5	경매잔금대출	1. 부동산매매계약이 아니라 경매낙찰이므로 경매잔금대출을 받을 수 있다.

5) 대부업법 개정 후 입찰참가(이행)방식

입찰 이행 계약서

갑 : 유○○차유동화전문유한회사(주)
을 : 홍길동

법원 매각대상 물건의 표시 : 서울지방법원 2016타경 123456 부동산임의경매
부동산 목록은 별지 참고
갑과 을 쌍방은 상기 법원 매각대상 물건과 관련하여 아래와 같이 입찰이행 계약을 체결한다.

- 아래 -

제1조(이행보증금의 지급)
① 을은 갑에서 입찰 이행 보증금을 아래와 같이 지급하기로 한다.

이행보증금	일금일억사천사백사십만팔천이백(₩144,408,200)원정	지급기일	201*년00월 00일

제2조(계약의 이행방법 등)
① 을은 상기 법원매각대상 물건을 낙찰 받아 소유권을 취득하기 위하여 2016년 10월 ○○일의 입찰기일(입찰최저가 ₩144,408,200)에 금일십칠억이천만 원(₩1,720,000,000)이상으로 입찰한다.
② 을이 동조 ①항의 입찰기일에 금일십칠억이천만 원(₩1,720,000,000)이상으로 입찰하지 아니하여 낙찰자가 되지 못할 경우에, 을이 갑에게 지급한 이행보증금은 위약금으로 갑에게 귀속한다.
③ 갑과 을은 동조 ①항의 입찰 기일에 상기 이행보증금을 을이 상기 매각물건의 입찰보증금으로 사용하기로 한다.
④ 갑은 ①항의 입찰 기일에 금일십칠억이천만 원(₩1,720,000,000)이상의 제3의 낙찰사가 있을 경우에는 이행보증금을 ①항의 입찰 기일 일주일 이내에 을에게 반환한다.

제3조(하자담보책임의 면제) 을은 위 법원매각대상물건을 낙찰 받음에 있어 그 법원매각대상물건의 현상대로 낙찰 받는다는 점과 갑이 위 법원매각물건에 대하여 어떠한 진술 및 보장을 하지 아니한다는 점을 인정하고 갑이 명도책임을 지지 않는다는 점을 인정한다.

제4조(분쟁관할) 이 계약체결에 관련된 분쟁이 발생할 경우 관할 법원은 서울중앙지방법원으로 한다.

(특약사항) 갑은 본 경매사건의 경매기일에 을이 최고가 매수인이 될 수 있도록 최선의 노력을 한다.

(갑)	회 사 명	유○○제○○ 유동화전문유한회사	법인번호 등록번호	110000 - 0100000
	대표이사	○○○	전화번호	
	주 소	서울특별시 광진구 ○○동 00 - 0		
(을)	회 사 명		법인번호 등록번호	
	대표이사	○○○	전화번호	
	주 소			

6) 대위변제 개념과 대부업법 개정 후 대위변제 투자방법

(1) 대위변제의 개념 : 채권자가 가지고 있던 채권에 관한 권리(채권, 담보권 등)가 변제자에게 이전되는 것으로 임의대위와 법정대위가 있다.

『① 임의대위변제 : 변제할 정당한 이익이 없는 자(제3자 등)는 채권자의 승낙이 있어야만 대위할 수 있는데 이를 임의대위라 한다.

② 법정대위변제 : 변제할 정당한 이익이 있는 자(연대채무자, 보증인, 불가분채무자, 물상보증인, 담보물의 제 3취득자, 후순위담보권자 등)는 변제로 법률상 당연히 채권자를 대위하는데, 이를 법정대위라 한다. 민법(480-481조)』

(2) 부동산 등기부 상 표시 : "확정채권 대위변제"라 표시되는 것이 원칙이지만, 실무에서는 「대위변제증서」만 발행하는 것이 보통이다.

(3) 대위변제와 서류

『① 채권양수도계약서 : 대위변제 시 대위변제증서만 주는 것이 원칙이고, 채권양도계약서가 없다.

② 대위변제증서』

(4) 대위변제의 구조와 주체

『① 대위변제는 구조 상으로는 채권양도가 아니다.

② 법정대위변제를 위하여 제 2순위채권을 매입하는 것은 채권양도이다.

③ 금융위에서 대위변제 주체도 대부업법인으로 제한예정(특히 임의대위)』이다.

(5) 대위변제와 채권최고액, 연체이자율

『① 현행 - 채권최고액 120~150%(대부분 130%)

② 개선 - 채권최고액 120%로 변경 예정

③ 연체이자율 : 21% → 18~19%로 변경 예정(일부 저축은행 등)』

(6) 대위변제주체

『① 임의대위변제(채무자 동의 얻어서 대위변제)

　(1) 개인투자자 : 개인투자자에 의한 임의대위변제 어려워질 듯 – 질권대출 확인 후 매입 요망

　(2) 3억 원 이상 대부법인 : 자본금 3억 원 이상 대부업법인도 임의대위 변제 어려워 질 듯 – 질권대출은 가능

② 법정대위변제(후순위 채권을 이용하여 대위변제)

　(1) 개인투자자 : 개인투자자에 의한 법정대위변제는 가능 – 질권대출 확인 후 매입 요망

　(2) 3억 원 이상 대부 법인 : 자본금 3억 원 이상 대부업법인의 법정대위변제는 가능 – 질권대출은 가능

(7) 법정대위변제에 관한 기타

『① 법성대위변제의 취지는 후순위채권자의 권리보호이다.

② 대위변제를 목적으로 2순위 대출을 업으로 하는 자의 권리보호를 할 필요가 있는지는 논의가 더 필요해 보인다.』

06

대부업법 관련 개정 법령

대부업 등의 등록 및 금융이용자 보호에 관한 법률(16.7.25. 시행)

제2조(정의) 이 법에서 사용하는 용어의 뜻은 다음과 같다.〈개정 2015.7.24.〉

1. "대부업"이란 금전의 대부(어음할인·양도담보, 그 밖에 이와 비슷한 방법을 통한 금전의 교부를 포함한다. 이하 "대부"라 한다)를 업(業)으로 하거나 다음 각 목의 어느 하나에 해당하는 자로부터 대부계약에 따른 채권을 양도받아 이를 추심(이하 "대부채권매입추심"이라 한다)하는 것을 업으로 하는 것을 말한다. 다만, 대부의 성격 등을 고려하여 대통령령으로 정하는 경우는 제외한다.

제3조(등록 등) ① 대부업 또는 대부중개업(이하 "대부업 등"이라 한다)을 하려는 자(여신금융기관은 제외한다)는 영업소별로 해당 영업소를 관할하는 특별시장·광역시장·특별자치시장·도지사 또는 특별자치도지사(이하 "시·도지사"라 한다)에게 등록하여야 한다. 다만, 여신금융기관과 위탁계약 등을 맺고 대부중

개업을 하는 자(그 대부중개업을 하는 자가 법인인 경우 그 법인과 직접 위탁계약 등을 맺고 대부를 받으려는 자를 모집하는 개인을 포함하며, 이하 "대출모집인"이라 한다)는 해당 위탁계약 범위에서는 그러하지 아니하다.〈개정 2012. 12. 11.〉

② 제1항에도 불구하고 대부업 등을 하려는 자(여신금융기관은 제외한다)로서 다음 각 호의 어느 하나에 해당하는 자는 금융위원회에 등록하여야 한다. 다만, 대출모집인은 해당 위탁계약 범위에서는 그러하지 아니하다.〈신설 2015. 7. 24.〉

1. 둘 이상의 특별시·광역시·특별자치시·도·특별자치도(이하 "시·도"라 한다)에서 영업소를 설치하려는 자

2. 대부채권매입추심을 업으로 하려는 자

3. 「독점규제 및 공정거래에 관한 법률」 제14조에 따라 지정된 상호출자제한 기업집단에 속하는 자

4. 최대주주가 여신금융기관인 자

5. 법인으로서 자산규모 100억 원을 초과하는 범위에서 대통령령으로 정하는 기준에 해당하는 자

6. 그 밖에 제1호부터 제5호까지의 규정에 준하는 등 대통령령으로 정하는 자

제3조의5(등록요건 등) ① 제3조 제1항에 따라 등록하려는 자는 다음 각 호의 요건을 갖추어야 한다.

1. 1천만 원 이상으로서 대통령령으로 정하는 금액 이상의 자기자본(법인이

아닌 경우에는 순자산액)을 갖출 것. 다만, 대부중개업만을 하려는 자는 그러하지 아니하다.

2. 제3조의4에 따른 대부업 등의 교육을 이수할 것. 다만, 제3조의4 제1항 단서에 따라 등록 후 교육을 받는 경우에는 등록 후 교육을 이수할 것

3. 대부업 등을 위하여 대통령령으로 정하는 고정사업장을 갖출 것

4. 대표자, 임원, 업무총괄 사용인이 제4조 제1항에 적합할 것

5. 등록신청인이 법인인 경우에는 다음 각 목의 요건을 충족할 것

가. 최근 5년간 제4조 제1항 제6호 각 목의 규정을 위반하여 벌금형 이상을 선고받은 사실이 없을 것

나. 파산선고를 받고 복권되지 아니한 사실이 없을 것

다. 최근 1년간 제5조 제2항에 따라 폐업한 사실이 없을 것(둘 이상의 영업소를 설치한 경우에는 영업소 전부를 폐업한 경우를 말한다)

라. 최근 5년간 제13조 제2항에 따라 등록취소 처분을 받은 사실이나 제5조 제2항에 따라 폐업하지 아니하였다면 등록취소 처분을 받았을 상당한 사유가 없을 것

② 제3조제2항에 따라 등록하려는 자는 다음 각 호의 요건을 갖추어야 한다.

1. 신청인이 법인일 것

2. 1천만 원 이상으로서 대통령령으로 정하는 금액 이상의 자기자본을 갖출 것. 다만, 대부중개업만을 하려는 자는 그러하지 아니하다.

3. 제1항 제2호, 제3호, 제5호의 요건을 갖출 것

4. 임원, 업무총괄 사용인이 제4조 제2항에 적합할 것

5. 「전기통신사업법」에 따른 전기통신사업자, 「사행산업통합감독위원회법」에 따른 사행산업 등 이해상충 가능성이 있거나 대부업 이용자의 권익 및 신용질서를 저해할 우려가 있는 업종으로서 대통령령으로 정하는 업을 하지 아니할 것

6. 대주주(최대주주가 법인인 경우에는 그 법인의 주요경영사항에 대하여 사실상 영향력을 행사하고 있는 주주로서 대통령령으로 정하는 자를 포함한다)가 대통령령으로 정하는 사회적 신용을 갖출 것

7. 그 밖에 대통령령으로 정하는 사회적 신용을 갖출 것

제19조(벌칙) ① 다음 각 호의 어느 하나에 해당하는 자는 5년 이하의 징역 또는 5천만 원 이하의 벌금에 처한다.〈개정 2009.2.6., 2015.7.24.〉

1. 제3조 또는 제3조의2를 위반하여 등록 또는 등록갱신을 하지 아니하고 대부업 등을 한 자

2.~5.(생략)

부칙〈법률 제13445호, 2015.7.24.〉

제3조(대부업자 등에 대한 경과조치) 이 법 시행 당시 종전의 제3조에 따라 대부업 등의 등록을 한 자는 그 등록의 유효기간 만료일까지 제3조의 개정규정에 따라 대부업 등의 등록을 한 것으로 본다.

제5조(등록요건 및 임원 등의 자격에 관한 경과조치) ① 이 법 시행 당시 종전의

규정에 따라 등록한 대부업자 등이 이 법 시행 전에 발생한 사유로 인하여 제3조의5의 개정규정에 의한 등록요건에 적합하지 아니하게 된 경우에는 같은 개정규정에도 불구하고 종전의 관련 규정에 따른다.

② 제1항에도 불구하고 이 법 시행 당시 종전의 규정에 따라 등록한 대부업자는 이 법 시행 후 6개월 이내에 제3조의5 제1항 제1호 또는 제2항 제2호의 개정규정에 적합하게 하여야 한다.

③ 시·도지사 등은 대부업자가 제2항의 의무를 이행하지 아니한 경우에는 해당 대부업자의 대부업 등록을 취소하여야 한다.

④ 이 법 시행 당시 대부업자 등에 재직 중인 임원, 업무총괄 사용인이 이 법 시행 전에 발생한 사유로 인하여 제4조의 개정규정에 따른 임원 등의 결격사유에 해당하게 된 경우에는 같은 개정규정에도 불구하고 종전의 관련 규정에 따른다.

왕초보자 당신만을 위한

경매·NPL 투자 비법

Chapter 10

『경매·NPL 투자』로 1,000명 100억 만들기·동호회

Auction

- **01** 『경매·NPL 투자』로 1,000명 100억 만들기 카페
- **02** NPL 교육 어디서 받고, 물건 어떻게 찾나
- **03** 그 동안 필자가 써 낸 경매·NPL 관련 주요서적
- **04** 가위질로 책을 쓰는 신통한 능력을 가진 사람들에게

부실채권 경매투자를 위한 공부 방법은?

경매와 NPL 투자구조를 이해하기 위한 공부 방법을 살펴보자!

동영상과 책 등으로 독학하기!

초보 독자가 NPL 경매과정을 가장 손쉽게 공부를 시작할 수 있는 방법 중 하나다. 시중에는 들어볼만한 경매 동영상강좌는 몇 가지가 있지만 NPL 경매강좌는 그러지 못한 것이 사실이다. 여러분들도 이미 확인하셨겠지만 대한민국에서 NPL 경매관련 가장 많은 권수의 책과 영양가 높은 NPL 경매 책을 쓴 사람이 필자다. 이는 누구도 부정할 수 없는 사실이다. 책은 많이 썼지만 동영상강좌는 제작하지 않았었다. 필자의 게으름을 반성하고, 조만간 NPL 경매투자의 핵심만 명료하게 정리한 짧고 효율적인 동영상강좌도 제작하겠다. 저렴한 비용으로 동영상 수강이 가능하도록 배려할 생각이다.

오프라인 강좌 수강하기!

필자는 서울 지하철 2호선 강변역 인근의 테크노마트 지하층을 경매로 낙찰받아 본인 사무실 겸 동호회 전용 오프라인 강의장으로 사용하고 있다. 오프라인 수업은 주로 NPL 경매 수업의 주말집중반(중급과정)과 야간반(초보과정)을 운영하고 있다.

책이나 동영상 등에서는 들려드리기 어려운 NPL 경매 투자 세계를 생생히 보게 된다. 많은 회원분들이 이 과정을 거쳐 NPL 경매 투자를 경험하고 있다. 여러분도 수강하시면 같은 즐거움을 누리실 수 있고, 오프라인 강좌만의 장점인 선배 투자자들과 끈끈한 인연을 맺을 수 있는 장점도 누릴 수 있다.

필자가 직접 운영하는 NPL 경매 전문 강좌가 대한민국 최고라는 말은 하지 않겠지만, 낙찰받은 본인 소유 건물에서 전문적으로 NPL 경매과정 오프라인 강좌를 운영하는 사람은 대한민국에서 오직 필자뿐이다. 필자는 이곳은 평생 떠나지 않을 생각이다. 강좌의 구체적인 내용은 본문을 통해서 간략히 소개한다.

맘에 맞는 사람들끼리 스터디하기!

기본적인 NPL경매공부가 된 분들에게는 효과적인 방법이다. 비슷한 수준의 사람들끼리 학습은 자칫 혼자 할 때 발생할 수 있는 게으름과 나태함을 방지하는 좋은 방법이다. 서로 역할을 할당하면 더 큰 효과를 얻을 수 있다.

고수 가방 모찌하기!

투자 경험이 많은 고수를 따라다니면서 가방도 들어주고, 임장 갈 때 운전도 해주고, 밥도 사면서 한 1년 부지런히 따라다니다 보면 높게만 보이던 NPL 경매 세계의 대강이 보인다. NPL 경매를 공부하기 가장 효과적인 방법이지만, 투자노하우를 고스란히 전수해줄 고수를 만나기가 쉽지 않다.

01

『경매·NPL 투자』로 1,000명 100억 만들기 카페

필자가 운영자 중인 경매 NPL 인터넷 다음 카페 안내창

- 인터넷 다음카페 주소 : http://cafe.daum.net/goodexpressproject

필자가 운영 중인 인터넷 동호회와 『경매 – 부실채권』 전문 강좌

"경매강좌는 물론이고 부실채권 동호회도 많은 것 같아요?"

"다양한 형태로 운영되면 선택의 폭이 넓어지죠."

"박사님이 운영하는 동호회는 어떤가요?"

"대한민국 최고의 경매 부실채권 동호회를 목표로 알차게 진행하고 있습니다."

"박사님이 우리나라에서 경매, 부실채권 책을 가장 많이 쓰셨죠?"

"덕분에 그렇게 되었습니다."

"쉽지 않은 일인데 대단하세요?"

"누군가에게 도움이 된다는 일은 즐거운 일입니다."

"부실채권 관련 책은 박사님의 존재가 독보적인 것 같습니다."

"담보부 NPL을 재테크 투자 차원으로 지평을 확산시킨 장본인 맞습니다."

"요즘 여기저기서 한참 NPL 관련 교육이나 세미나 공개강좌 등이 열리고 있지만, NPL 입문서는 박사님 책만 있는 것 같아요!"

"몇 사람들만의 잔치판이었던 NPL 투자를 일반인들도 도전해 볼 수 있는 차원으로 지평을 넓혀 보겠다는 다짐으로 노력하고 있습니다."

"박사님이 운영하고 있는 동호회 강좌나 교육 프로그램에 참여하는 분들이 전국에서 오신다면서요?"

"서울이나 수도권에서는 그나마 들을만한 NPL 강좌가 개설되고 있어, 공부하려는 분들에게 도움이 되고 있지만, 지방은 아직까지 열악합니다. 그래서 비싼 교통비에 많은 시간 할애하면서 서울까지 오는 것 같습니다."

"지방분들의 NPL 인식 수준은 이제 걸음마 단계라면서요?"

"지방으로 내려가면 일반인들은 물론이고 심지어 금융기관의 직원들까지도 『저당채권』의 유동화에 대한 인식은 높지 않습니다."

"지금 공부해도 늦지 않을까요?"

"이제 막 시작이고, 열심히 공부하시면 좋은 결과 분명히 있습니다."

부실채권(NPL) 병아리 1개월 야간반 안내

– 병아리 주중 야간반 시간표 –

"NPL을 처음 접해보려는 사람들"만을 위한 단기 집중반
- 개강일 : 201?년 ?월 ??일부터
- 수업기간 : 201?. ?. ??(월요일). ~ 201?. ?.??(수요일)
- 정원 : **명(선착순)
- 오후 7시~ 9시 30분(2시간 30분 - 월, 수)
- 강의 장소 : 동호회 전용강의장
- 기 간 : 4주, 8회(총 수업시간 20시간)
- 회 비 : ??만 원(교재비, 간식비 일체포함)
- 필자가 책임교수인 단기 NPL전문 강좌
- 단기간 완성하는 최고의 NPL입문자 과정
- 원하는 분은 수강 중에 NPL 물건투자 가능
- 지원하신 분은 "우수회원"으로 등업
- 우수 회원이 되셔야 NPL 물건 검색이 가능

회차	강좌 내용	강사
1회차	개강식, 부동산경매 - NPL현황, NPL기본 구조 이해하기	우형달
2회차	임원진 구성, NPL 물건찾기, NPL과 부동산 경매와 상관관계	
3회차	돈되는 NPL 물건찾기, 매입방법, 처분방법, 실전사례	
4회차	자금동원, 융자받기, 질권 설정 개념 이해하기. NPL물건소개	
5회차	수익률 계산해보기(1) 최우선배당, 순위배당	
6회차	특수물건 이해하기(1) 토지별도등기, 유치권, 법정지상권	
7회차	NPL 물건추천 및 유동화회사 소개(특강 : 강사 - 이**교수)	
8회차	지분물건, 하자이용해서 우수물건 찾는 방법, 종강식	

우박사[NPL + 경매특수물건] 주말 집중강좌

[담보부 부실채권 + 경매특수물건] 주말 집중강좌

- 정원 : ??명까지(선착순)
- 수업 : 토요일 오후 2시부터 ~ 7시까지(5시간 집중강좌)
- 시간 : 총 6주(수업시간 총 30시간)
- 수업 후 식사 : 7시 30분부터 9시까지 식사(약간의 음주)와 환담
- 회비 : ???만 원(교재비 및 일체비용 포함)
- 강사 : 우형달, 이**교수, 김**교수
- 개강 : 201?. ?월 ??일 ~ ?월 ??일까지(6주간)
- 장소 : 등록자에 개별공지(서울 강변역 인근 - 지하철 2호선)

회차	강의 내용	강사
1회차	개강식, 부실채권 - 경매 시장현황, 기본 권리분석	우형달
2회차	임원선출, 물건 고르기, 부실채권물건특성 특강	이**
3회차	① 담보부 부실채권과 배당표연습(일괄경매, 별도등기)	우형달
4회차	② 담보부 부실채권과 특수물건(법정지상권, 유치권)	우형달
5회차	공매특강	김**
6회차	선배실전특강, 우수물건추천, 특수물건배당식, 종강식	우형달

우리나라 최고의 부실채권 및 경매강사
- 우형달(동호회 운영자)
- 이**(경매 및 부실채권 주임교수)
- 김**(한양대학교 평생교육원 부동산학과교수)

02 NPL 교육 어디서 받고, 물건 어떻게 찾나

이제 시작해도 참 좋다

부실채권투자가 새로운 투자처로 관심을 가져 볼 만하다는 소문을 듣고 그럴 가치가 있는 것인지 확인하려는 순간부터 궁금증은 시작된다.

- ▶ 초보자용 입문서는 어떤 것이 있는지,
- ▶ 제대로 된 부실채권 초보자용 서적이 있기나 한지,
- ▶ 어디에 부실채권교육을 한 번 제대로 받고 싶은데 교육하는 곳은 어딘지,
- ▶ 수강신청은 어떻게 하는지 강좌내용은 어떤지,
- ▶ 수강료는, 주당 수강횟수는, 수강조건은, 교재구성은 어떤지,
- ▶ 주중 수강요일은 어떻게 되는지,
- ▶ 주말반은 있는지,
- ▶ 수강내용과 강의수준은 어떤지,

- 어떤 사람들이 교육을 받는지,
- 교육장은 어딘지,
- 교수진은 어떤지,
- 지방의 수강생을 위한 인터넷 강좌는 없는지,
- 경매와는 어떤 차별성이 있는지,
- 돈 되는 물건소개는 어떻게 받는지,
- 지금 시작해도 되는지,
- 투자수단으로 향후 전망과 가치는 어떤지,
- 돈 되는 물건은 어떻게 투자하는지,
- 절차는 어떻게 되는지,
- 수익률 계산은 어떻게 하는지,
- 매입가격 산정은 어떻게 하는지,
- 투자형태는 어떻게 되는지,
- 투자 시 주의해야 할 점은 뭔지,
- 내 종자돈은 얼마가 되어야 하는지
- 모자라는 잔금은 어떻게 융통하는지,
- 수익이 나면 세금계산은 어떻게 되는지,
- 납부세금은 얼마나 되는지 등등 궁금한 사항이 한두 가지가 아니다.

몇 년 전까지만 해도 필자 역시 이런 점들이 몹시 궁금했다.

부실채권투자!!

궁금은 한데 속 시원히 풀어주는 곳이나, 책이 없던 답답함을 뚜렷이 기억한다. 지금도 "부실채권"에 대한 평가는 전문가들 사이에서도 극단적으로 나누어지고 있는 것이 현실이다. 그래서 이 부분을 여러분들에게 소개하기로 했다. 먼저 중요한 것이 부실채권 입문의 입구에 해당하는 교육기관의 소개일 것이다. 더 자세한 사항은 여러 사이트에 직접 접속해서 더 많은 것들을 여러분들의 것으로 하면 된다.

서울특별시라는 특별한 괴물!

"서울에 또 총 집결해 있네!"

"무슨 말씀이세요?"

"다른 것도 그렇지만 부실채권 수강하려고 해도 서울까지 오지 않으면 도대체가 들을 수가 없으니 하는 말입니다."

"그러기는 합니다!"

"이러니 서울이 우리나라 암덩어리라는 소리가 나오지!"

"그건 또 무슨 말씀이세요?"

"영양분을 다 빨아들여 저만 대책 없이 커져가다 지 몸뚱이까지 죽여 버리는 암 덩어리요!"

"나는 또 무슨 말이라고."

"시간이 지나면 지방에도 이런 재테크 강좌가 생기겠죠!"

"대충 그런 식이죠, 먹을 만한 것 생기면 서울 양반들이 먼저 싹 독식해버리고는 잔치판 소문나서 가보면 음식쓰레기만 산을 이루고 늘 그런 식이죠!"

"부실채권투자나 경매투자는 그렇지 않습니다."

"그렇지 않기는 뭐가 그렇지 않다는 말씀이세요, 혈압 오르려고 하네!"

"서울 – 수도권 사람들이 좋은 교육을 우선 받는 것은 맞지만, 그런다고 부실채권 투자판이 서울과 수도권 사람들 위주로는 되지 않는다는 말이죠!"

"지방에도 이런 강좌개설해주시면 안되나요?"

"조건만 맞으면 안 될 것도 없죠."

"알았습니다, 제가 한번 열심히 주선해 보겠습니다."

"너무 수고는 하지 않으셔도 됩니다."

"박사님 내려오기 싫으셔서 하시는 말은 아니시죠!"

"그럴 리가 있나요, 수고해주시는 것에 송구해서 드리는 말입니다."

"내려와 주신다는 말만 믿고 내가 책임지고 부실채권 투자반 하나 만들어 보겠습니다."

필자가 지방의 어느 분과 나눈 메일의 일부다. 마음이 짠하다. 아무리 생각해도 그 분의 항의성 이야기가 타당하다. 지금까지 대강 이런 식이었다. 상황이 이러니 지방분들이 기를 쓰고『서울 – 수도권』으로 올라오는 것을 생생히 보고 있다.

사실여부를 떠나서 이런 인식까지 생겼다

"경남 통영 바닷가보다 노량진 수산물시장에서 사 먹는 회가 더 싸고 싱싱한 것 아세요?"

"어이 설마 그럴리가요!"

"아니라니까요, 옷도 그렇고 소고기도 그렇고, 심지어 회도 서울이 더 좋고 싸고 싱싱하다니까요!"

"말도 안 됩니다, 어떻게 그럴 수가 있나요?"

"말이 안되기는 뭐가 안 되나요, 사람값도 서울이 더 비싸잖아요"

"저한테 시비까지는 마시고요, 먹고, 자는 값이 더 비싸니까 어쩔 수 없죠!"

"더 많이 벌고 더 싸게 산다니까요?"

"그래서 앞으로 온라인 강의도 개설할 예정입니다."

"이 나마라도 해주시니 감사하다는 말씀을 드리네요!"

온라인 강좌가 오프라인 수업에 비해서 반드시 불리한 것만은 아니다.

지방분들의 불만에 공감

지방분들의 불만에 공감한다. 다음에서 보는 것처럼 부실채권교육기관들이 서울에서도 강남에 집중적으로 몰려 있다. 눈을 다시 씻고 봐도 서울 말고는 없다. 지방에는 단 한곳의 정식 부실채권강좌가 아직까지 없다. 지방분들이 시비를 걸어와도 변명이 궁색하다. 당분간 서울까지 수강하러 올 상황이나 의지가 안 되는 지방분들은 온라인강좌나 책으로 공부하는 수밖에 없을 것 같다. 부실채권에 관한 즐거운 소통의 공간을 마련했다. 인터넷카페에도 가입하셔서 많은 것을 얻어 가시기 바란다.

필자가 운영하는 동호회 인터넷 카페주소는 책날개에 있다.

03 그 동안 필자가 써 낸 경매·NPL 관련 주요서적

제목	출판사	발행 년도
경매투자의 모든것	원앤원 북스	2009.5
부동산 경매 권리분석의 모든것	원앤원 북스	2009.10
부동산 경매 배당표 모는것	원앤원 북스	2010.4
위험한 경매 1. 2. 3	매일경제신문사	2010.2~8
행복한 경매	매일경제신문사	2011.2
NPL 투자비법	매일경제신문사	2012.4
NPL 투자 교과서	고려원 북스	2012.8
NPL실전 투자 케이스스터디	매일경제신문사	2013.5
NPL 부자들	매일경제신문사	2013.5
저요 저요 NPL이 뭐예요	매일경제신문사	2013.7
경매와 NPL 愛 빠지다	매일경제신문사	2014.1
경매 황금열쇠	매일경제신문사	2014.4
경매 NPL투자자를 위한 배당표	매일경제신문사	2014.9
차원이 다른 경매·NPL투자비법	한국경제신문사	2015.2
위험한 경매 개정판 1.2	한국경제신문사	2015.4~7
입문자를 위한 권리분석	한국경제신문사	2016.2
외 다수		

04

가위질로 책을 쓰는
신통한 능력을 가진 사람들에게

『경매 NPL 투자비법』 개정판 원고 작업을 마치며

『대부업법』 개정으로 기존의 책 내용 중 일부가 달라지는 바람에 시작한 『차원이 다른 경매·NPL투자비법』 개정판 원고 작업을 마치며, 현재 우리나라 경매 NPL 판에 만연해 있는 이 분야 관련 재테크 책을 쓴다는 일부 전문가(?)라는 분들에게 한마디만 하려고 한다.

가위질로 책을 쓸 줄 아는 신통한 능력을 가진 사람들!

글을 쓸 수 있는 작가로서의 초보적인 역량조차 갖추지 못해, 남의 책을 대신 써주는 것을 직업으로 하는 대필 작가의 도움까지 받아가며 신변잡기 수준의 투자 경험담만으로는 도저히 페이지가 채워지지 않아, 인터넷을 떠도는 남의 글까지를 아무런 죄의식 없이, 그리고 글 주인의 허락도 없이 아무렇게나

함부로 주어다가 달인 수준의 가위질과 짜깁기 실력을 발휘해서 간신히 한 두 권의 편집본을 생산해 내고서는, 100% 자기가 쓴 것 인양 시치미 뚝 떼고 아무 데나 가서는『내가 이래봬도 경매 - NPL 책 쓴 저자!!』라고 큰 소리로 우기는 사이비들이 일부 존재하는 것이 이 판이다.

더 무슨 말을 하겠는가. 그냥 어안이 벙벙해질 뿐이다. 가위질에 누구보다 자신과 소질이 있는 사람이라면『이·미용사』라는 딱 떨어지는 직업을 가지시면 칭찬과 돈이 몰려들 것이다.

독자를 기만하는 행위는 이제는 그만두어야

아무튼 가위질로 만든 그런 제품은 필자는 당연히 책으로 쳐 주지 않는다. 이는 귀한 돈 내고 책을 사주는 독자를 기만하고 우롱하는 범죄 중에 상 범죄다. 영혼이라고는 1g도 없을 것 같은 악당들도 그런 짓은 하지 않을 완전한 사기행위다.

소위 몇 줄 배웠다는 사람이 해서는 안 될 부끄럽고도 창피한 일이다. 범죄로 규정할 것도 아니다. 오해가 없기를 바란다. 경매 NPL 관련 재테크 책을 쓰는 사람들이 모두 그런다는 말은 절대 아니다. 이 대목은 그런 행동을 하는 무늬만 전문가인 사람들에게 하는 말이니 말이다.

육신은 천근만근 무겁지만, 마음은 무중력을

아마도 필자가 대한민국에서『경매 - NPL 투자』관련해서 가장 많은 책을 쓴 사람일 것이다. 그리고 자랑 좀 하자면 위의 책들 중에는 경매 NPL 시장에 오래 남을 책들도 몇 권은 있다. 필자는『경매 - NPL 투자』관련해서 현재까지

50여 권이 넘는 책을 쓰면서 단 한 권의 책도 누군가의 도움을 받은 일 없다.

특히 책의 컨셉 설정이나 문장을 구성할 때는 뇌는 터져버리고, 목은 부러져 떨어질 것 같고, 눈알은 제멋대로 튀어나와 빠져 버릴 것 같은 고통을 경험한다. 그런 고통에 대한 결과의 결정체가 책이다. 책을 쓸 때는 육신은 우주에 짓눌린 것처럼 무겁고 괴롭지만, 마음은 무중력을 경험한다. 책은 절대 가위로 쓰는 것이 아니라, 그렇게 쓰는 것이다. 이 책을 비롯해 앞에서 열거한 책들은 오로지 필자만의 노고의 산물이다. 가위질로 책을 만드는 사람들과 같은 그룹으로 분류당하고 싶지 않아 말이 길어졌다.

엉터리들에게는 재갈을, 독자들에게는 희망을!

필자는 이 책을 통해『대부업법』개정으로 어떤 해답이나 탈출구는 전달하지 못한 채, 사실과는 전혀 다르게 일반 투자자들은 직접 NPL투자가 불가능해졌다고 엉터리 헛소리만 크게 전달하는 사이비들에게는 재갈을 심하게 물려 이상한 소리를 더 못하게 만들어, 독자들에게는 더 이상 피해가 확산되지 않도록 하려고 하였다. 그리고『경매 NPL』투자로 세상을 한 번 뚫어 보려는 독자들에게는 희망의 등대 불빛을 비춰드리고 싶었다.

이를 위해 앞으로도 더 노력하고 공부하겠다는 다짐으로 이 책의 원고를 마무리 한다.

2016년 7월 개정된 대부업법에 맞춰『경매 - NPL 투자』내역을 완벽히 해부하여 두 차원 더 높은 내용으로 채워진 NPL 입문자 지침서이다.

- 대부업법 개정으로 오히려 블루오션으로 변한 NPL 시장

『대부업법 개정으로 병아리 투자자 대거 수장(水葬)

⇕

NPL 투자 시장 참여자 급감

⇕

NPL 투자 시장 급냉각

⇕

NPL 채권 소매가격 하락

⇕

NPL 투자자 투자수익 증가

⇕

유동화 전문회사인 NPL 유통업자 NPL POOL 매입 시 저가 입찰

⇕

응찰가격 하락에 따른 NPL 생산 공급자 수익감소

⇕

NPL 유통업자는 저가 입찰로 물건 확보 후

⇕

최종소비자인 일반 투자자에게 저가 매각

⇕

최종소비자인 일반 투자자, 저가 매입 수익증가』의

사이클이 완성된다.

떠날 것인가 남을 것인가는 독자 여러분들의 몫이다.

『NPL – 투자 경매관련 재테크 책』은 쉽게 읽히고, 이해되어야 한다는 저자의 집필 철학이 관통되고 있는 문제작이다.